Klaus Eichner / Ernst Langrock • **Der Drahtzieher. Vernon Walters**

Der Drahtzieher
Vernon Walters

Ein Geheimdienstgeneral des Kalten Krieges
Klaus Eichner/ Ernst Langrock

Kai Homilius Verlag, 2005
Edition Zeitgeschichte Band 17

„And ye shall know the truth and the truth shall make you free."

John XIII-XXXII

„Dann werdet ihr die Wahrheit erkennen, und die Wahrheit wird euch befreien"

Johannes 8,32
(Wandspruch in der Eingangshalle im
CIA-Hauptquartier in Langley/Virginia)

IMPRESSUM

© Kai Homilius Verlag 2005
Alle Rechte vorbehalten. Ohne ausdrückliche Genehmigung des Verlages
ist es nicht gestattet, dieses Werk oder Teile daraus auf fotome-
chanischem Wege (Fotokopie, Mikrokopie) zu vervielfältigen oder in
Datenbanken aufzunehmen.

Kai Homilius Verlag
Christburger Staße 4, 10405 Berlin
Tel. 030 283 88 510, Fax 030 283 88 518
www.kai-homilius-verlag.de
home@kai-homilius-verlag.de

Autor:	Klaus Eichner/Ernst Langrock
Cover:	Joachim Geißler
Satz:	KM Design, Berlin
Druck:	Ueberreuter Tschechien
ISBN:	3-89706-877-X
Preis:	€18

Die Deutsche Bibliothek-CIP-Einheitsaufnahme
Klaus Eichner/Ernst Langrock
Der Drahtzieher. Vernon Walters–
Ein Geheimdienstgeneral des Kalten Krieges /
Eichner, Klaus, Langrock, Ernst- Berlin
Kai Homilius Verlag, 2005

ISBN 3-89706-877-X

Ne: GT

INHALTSVERZEICHNIS

Einführung

Geschätzte Leserin, geschätzter Leser,
Sie haben sicher den einen oder anderen James-Bond-Film gesehen. Es sind sehr unterhaltsame Filme mit viel Klamauk, Gewalt und Sex. Aber glauben Sie wirklich, daß dort die Realität dargestellt wird? Ein solcher Frauenheld wird in einschlägigen Kreisen immer als Sicherheitsrisiko gelten. Wenn sich Bond fast ohne fremde Hilfe und mit komplizierter Technik zurechtfindet und immer genau die technischen Mittel bei sich führt, die ihm später dann punktuell von Nutzen sind, werden das Fantastische und Unreale besonders deutlich. Real sind bei den Bond-Filmen die Zielrichtungen: mal war es die Sowjetunion, mal war es China und mal waren es individuelle Terroristen. Auch die rücksichtslose und gewalttätige Art entspricht weitgehend der Realität.

Aber letzten Endes sind und bleiben es Unterhaltungsfilme, die jedoch die Akzeptanz von Gewalt beim Zuschauer erhöhen sollen.

Andererseits gab und gibt es Geheimdienste mit Spionageaktivitäten sowie verdeckten Aktionen, und der politisch interessierte Mensch versucht sich ein Bild darüber zu machen. Dabei wird häufig die Rolle solcher Dienste überschätzt und überhöht dargestellt. Es gibt eine ganze Zunft von „Verschwörungstheoretikern", die alle Weltgeschichte nur über diese Schiene zu erklären versuchen. Andererseits gibt es Politiker, die die Dienste überhaupt nicht ernst nehmen. Die Wahrheit liegt, wie so oft, in der Mitte.

Das vorliegende Buch stellt beispielhaft mit Vernon Walters einen der übelsten Vertreter der Geheimdienstzunft vor. Man wird sich fragen, wie zwei so unterschiedliche Autoren wie Eichner und Langrock ein solches Buch vorlegen. Halten wir uns an den chronologischen Ablauf. Da ist zunächst der Naturwissenschaftler Langrock, der stets versuchte, sich zu politischen Fragestellungen eine eigene Meinung zu erarbeiten. Dem fiel das Buch „Das RAF-Phantom" von Wisnewski, Landgraeber und Sieker in die Hand. Dessen Autoren stellen plausibel dar, daß es gegen Ende der 8oer Jahre keine echten RAF-Terroristen in Deutschland gab. So wird im „RAF-Phantom" dargelegt, daß die Morde an Herrhausen und Rohwedder in einer für die RAF untypischen Form (Scharfschützen!) abliefen. Bei der gnadenlosen Jagd nach RAF-Leuten ist es durchaus staunenswert, wenn bis auf den heutigen Tag keine Täter gefunden worden sind.

In einem solchen Fall stellt man gern seit Alters her die Frage: „cui bono?".

Ja, wem kann es denn nützen, wenn ein Bankmanager, der wie Herrhausen versucht, in das amerikanische Bankwesen einzudringen, gewaltsam beseitigt wird? Wer zieht seinen Nutzen aus dem Tod von Rohwedder, dessen erklärtes Ziel es war, die Treuhandbetriebe in den neuen Bundesländern noch mindestens zehn Jahre in der öffentlichen Hand zu belassen? Warum schreibt die führende Wirtschaftspolitikerin der Modrow-Regierung Prof. Christa Luft in einem Buch „...Rohwedder wurde von unbekannter Hand ermordet...“? Da türmen sich Fragen über Fragen auf. Wisnewski, Landgraeber und Sieker suggerieren unterschwellig, dies sei auf Veranlassung von US-amerikanischer Seite geschehen. Sie weisen auf ein Zitat in der FAZ vom Januar 1989 hin, wo Walters seine Aufgabe als „Verabreichung der letzten Ölung“ darlegt. Heute ist klar, die letzte Ölung galt dem gesamten sozialistischen Lager. Aber dass Walters so offen und unverblümt zu Beginn des Jahres 1989 seine Ziele dargelegt hatte und dies noch in der Presse reflektiert wurde, schien doch mehr nach einer publizistischen Falschdarstellung auszusehen.

So begab sich denn Langrock eines Tages in die Deutsche Bücherei nach Leipzig und bestellte sich die zitierte FAZ. Zu seiner Verblüffung musste er die korrekte Wiedergabe des Zitats feststellen. Damit war sein Interesse geweckt; aber wie der Sache auf den Grund gehen?

Hier half der Zufall, der bekanntlich die notwendige Ergänzung zur gesetzmäßigen Dialektik darstellt. Langrock lernte als Mitglied der Redaktionskommission der Reihe „Spurensicherung“ III, IV, V einen ausgefuchsten Nachrichtendienstmann kennen. Nicht nur, dass ihm Oberst a.D. Klaus Eichner durch sein Buch „ Headquarters Germany“ bekannt war, nein, ihm imponierte auch die aufrichtige Darstellung einer Demonstration von Stasi-Mitarbeitern Ende November 1989 im Gebäudekomplex der Normannenstraße im Band IV von Spurensicherung (S. 187 f). Das war ein Mann, der mehr tat, als Nebelkerzen zu werfen. Schnell wurden beide näher bekannt. Zunächst reagierte Eichner auf den Problemkreis Walters sehr zurückhaltend und machte große Ausführungen über Verschwörungstheorien. Beide unterhielten sich öfters bei verschiedenen Anlässen, und plötzlich fand Eichner die Angelegenheit spannend. Er vertiefte sich immer mehr. Beide fassten den Vorsatz, ein Gesprächsbuch zu schreiben. Schließlich entstand die vorliegende Darstellung. Dabei konnte es gar nicht anders sein, dass Eichner den Hauptanteil der Mühen trug. Jedoch muss gesagt werden, inhaltlich und bei den Schlußfolgerungen haben die Autoren die gleichen Auffassungen, gleichgültig, wer für welches Kapitel die Federführung hatte.

Es wird in den folgenden Kapiteln herausgestellt, was für ein US-amerikanischer Experte der Destruktion und Infiltration die Fäden an einem der schicksalsträchtigsten Vorgänge von Bonn aus zog. Wie auch S. Prokop ausführt, gibt es hierfür einen aktuellen Bedarf.

Leicht kann man zu der Auffassung kommen, die Autoren seien Amerikanerhasser. Das ist keineswegs der Fall.

Beide Autoren haben genügend sympathische, friedvolle Amerikaner kennengelernt oder von ihnen oder über sie gelesen.

Daher widmen wir dieses Buch allen anständigen Amerikanern in der Hoffnung, daß ihre Zahl ständig wächst und sie eines Tages solche Politganoven, wie Walters einer war, in die gebührenden Schranken weisen.

Ernst Langrock
Januar 2005

Kapitel I

Ein Geheimdienst-General als Botschafter in Bonn

Im April 1989 wird in Bonn Vernon A. Walters als Außerordentlicher und Bevollmächtigter Botschafter der Vereinigten Staaten von Amerika akkreditiert. Er ist damals 72 Jahre alt und eigentlich nach einem abenteuerlichen Leben schon längst im „wohlverdienten Ruhestand". Nun vertritt er die Weltmacht USA in der Bundesrepublik Deutschland, in diese Funktion berufen vom Präsidenten der Vereinigten Staaten, George W. H. Bush, sen.

Generalleutnant Vernon A. Walters erläutert uns mit seinen eigenen Worten die Ausgangslage:

„Kurz vor Neujahr rief der gewählte Präsident mich persönlich zu sich und drängte mich, die Botschaft in Deutschland zu übernehmen....Dann fügte er die geradezu prophetischen Worte hinzu: ‚Dort wird es ums Ganze gehen. Dick, willst du mir helfen oder wirst du mich im Stich lassen?‘ Das genügte für einen alten Soldaten. Ich antwortete, ich fühlte mich sehr geehrt, ihn in Deutschland vertreten zu dürfen."[1]

Ist das nicht eine gespenstische Situation? Da sitzen zwei CIA-Veteranen im Oval Office des Weißen Hauses zusammen, der frühere CIA-Direktor George W. Bush sen. und sein früherer CIA-Stellvertreter, General Vernon A. Walters; einer jetzt Präsident der USA, der andere schon länger im Ruhestand. Sie sprechen darüber – jetzt geht es ums Ganze ! Was ist dieses „Ganze?" Warum und wie soll „das Ganze" gerade in Bonn entschieden werden?

Welche politischen Konstellationen, welche besonderen Gründe müssen Anfang 1989 vorliegen für die Reaktivierung eines Geheimdienstgenerals mit mehr als 30 Jahren Fronterfahrung im Kalten Krieg für einen Einsatz in Deutschland unter der Tarnung eines Botschafters der USA? Diese und weitere Fragen werden uns im Verlaufe dieses Buches genauer beschäftigen.

Die besondere Pikanterie dieser Personalentscheidung enthüllt eigentlich Vernon Walters sehr offen selbst. Er wird Anfang 1989 mit folgenden Worten zitiert: „Ich werde nicht geschickt, wenn ein Erfolg wahrscheinlich ist. Eine meiner Hauptaufgaben ist es, die Letzte Ölung zu geben, kurz bevor der Patient stirbt."[2]

Das ist wohl der entscheidende Schlüsselsatz, der uns hinter die Strategie der

---

1 - Vgl. Vernon A. Walters: „Die Vereinigung war voraussehbar" Hinter den Kulissen eines entscheidenden Jahres; Siedler-Verlag 1994 (weiter zitiert als Walters, Vereinigung), S. 19

2 - Vgl. FAZ v. 10. Januar 1989, S. 10 „Ein Globetrotter"

Bush-Administration in den Jahren 1989/90 und hinter die Aufgabenstellung, die Walters von Bush erhalten hatte, blicken lässt.

Nun wird ja wohl niemand ernsthaft behaupten, dass die BRD zu dieser Zeit kurz vor dem Sterben war und nur noch der „letzten Ölung" bedurfte oder dass es bezüglich des Verhältnisses USA-BRD „ums Ganze" ging.

Aber die Agonie des realsozialistischen Systems in Europa, einschließlich der Sowjetunion, zeichnete sich schon deutlich ab.

Bush sen. und seine Berater – von denen die meisten in der heutigen Bush jun.-Administration eine entscheidende Rolle spielen – waren selbst mit den Ergebnissen der aggressiven Politik von Ronald Reagan gegenüber der Sowjetunion und dem sozialistischen Lager (Kampf gegen das „Reich des Bösen") unzufrieden. Nach ihrer Auffassung habe die Politik der Rüstungskontrolle, der Sicherung des Gleichgewichts des Schreckens nur der Erhaltung des Status quo und damit der Sowjetunion gedient. Sie aber wollten Bedingungen schaffen und nutzen, die ein immer weiteres Entgegenkommen der Sowjetunion ohne jede Konzession von westlicher Seite erzwingen sollte – bis hin zur Aufgabe des sozialistischen Gesellschaftssystems.

Sie erkannten auch, dass in der neuen Führungsmannschaft der Sowjetunion mit Gorbatschow an der Spitze Kräfte am Werk waren, die aus verschiedensten Gründen bereit waren, ihnen sehr weit entgegen zu kommen. Für den Rest der Wegstrecke konnten die Verantwortlichen in der UdSSR auch durch vielfältige Maßnahmen getrieben werden.

Die Analyse der US-Strategen besagte also: Die Supermacht UdSSR und ihre mehr oder weniger sicheren Bündnispartner in Osteuropa sind sturmreif. Das wurde bei einem vertraulichen Treffen zwischen dem neugewählten Präsidenten Bush, dem zukünftigen Außenminister Baker, dem designierten Sicherheitsberater Scowcroft und Henry Kissinger am Sonntag, dem 18. Dezember 1988 im kleinen Arbeitszimmer des Vizepräsidenten im Westflügel des Weißen Hauses deutlich. Kissinger erklärte, dass Bush der erste Präsident der USA sei, der eine reale Chance habe, den Kalten Krieg zu beenden. Dazu entwickelte Kissinger folgende Überlegungen:

Warum sollte man nicht diskret einen Handel abschließen? Wenn Gorbatschow versprach, Reformen und Liberalisierungstendenzen in Osteuropa nicht mit Waffengewalt zu unterdrücken, könnte ihm der Westen im Gegenzug zusichern, man werde ökonomische oder politische Veränderungen keinesfalls zum Schaden der ‚legitimen' Sicherheitsinteressen der Sowjetunion einsetzen. Kissinger schlug vor, Gorbatschow eine feste Zusage des Westens zu offerieren, dass keine verdeckten Operationen der Geheimdienste von Osteuropa aus gegen die Sowjetunion geführt würden und man nichts unternehmen

werde, um die osteuropäischen Länder aus dem Warschauer Vertrag heraus-
zulösen. Kissinger zog die Schlussfolgerung: Wenn Gorbatschow nicht mehr
die Möglichkeit hätte, militärisch einzugreifen, dann müsste er Osteuropa den
politischen Spielraum lassen, um sich enger an den Westen zu binden. Noch
vor seiner Amtseinführung als Präsident beauftragte Bush Henry Kissinger,
bereits im Januar 1989 Gorbatschow einen Brief zu überbringen und mit
dessen Beratern entsprechende Gespräche zu führen.[3]

Mittlerweile arbeiteten in den Planungsstäben des Nationalen Sicherheitsrates (National Security Council – NSC), des Pentagon und des Außenministeriums erfahrene Subversionsspezialisten bereits die „große Strategie" aus
zur Zerschlagung des Sozialismus in Europa. Sie wissen um die Schwächen
des Systems, kennen ziemlich genau die ständig anwachsenden Widersprüche
in den Ländern des europäischen „Realsozialismus", können auch exakt die
politischen Kräfteverhältnisse und ihre möglichen Veränderungen studieren –
die Residenturen ihrer Geheimdienste vor Ort arbeiten unermüdlich (im
Gegensatz zu der Zusicherung, die Kissinger gegenüber Gorbatschow empfohlen hatte) und finden immer mehr bereitwillige Gesprächspartner, vor allem
in den Kreisen der „Bürgerbewegung". Das geheimdienstliche Lagebild steht
und wird ständig weiterentwickelt.

Jetzt geht es ums Ganze!

Unmittelbar nach seiner Amtseinführung drängte Bush weiter auf die Ausarbeitung und Präzisierung der Strategie gegenüber der Sowjetunion. Bereits Ende Januar 1989 beauftragte er seinen Sicherheitsberater, Brent Scowcroft, eine
Gesprächsrunde mit den besten Sowjetexperten zusammenzurufen, da er eine
Antwort haben möchte, wie die Welt im nächsten Jahrhundert aussehen wird
und was die USA tun müssen, um an dieses Ziel zu gelangen. Er wolle die Meinung der Experten über die Sowjetunion und speziell über Gorbatschow
hören.[4]

Die Ergebnisse der aktualisierten Analysen flossen ein in die Direktive des
Nationalen Sicherheitsrates Nr. 3 vom 13. Februar 1989, die den grundlegenden Auftrag enthielt, die nationale Sicherheitspolitik der Vereinigten Staaten
gegenüber der Sowjetunion zu überprüfen. Darin heißt es, dass sich die vier-
zigjährige Politik des containment „ausgezahlt" habe, die UdSSR aber immer
noch ein Gegner mit einem beträchtlichen Rüstungspotential sei, weshalb es
unvernünftig sei, eine solche Politik aufzugeben, die solche für die USA posi-

---

3 - Vgl. Beschloss, Michael R./Talbot, Strobe: Auf höchster Ebene; Econ, 1993, (im weiteren zitiert
   als: Beschloss, Höchste Ebene); S. 19f.
4 - Vgl. Beschloss, Höchste Ebene, S, 30

tiven Ergebnisse erbracht hatte. In gleicher Richtung argumentierte Vernon Walters noch im November 1990 bei einem Vortrag vor der Deutschen Gesellschaft für Auswärtige Politik (vgl. Anlage III).

Auf der Grundlage dieser Direktive erstellten Mitarbeiter des Außenministeriums unter Einbeziehung anderer Kräfte einen umfangreichen politischen Lagebericht, der am 14. März 1989 dem Präsidenten vorgelegt wurde. Der Bericht begann mit dem Satz: „Wir leben in einer Übergangszeit, die möglicherweise ähnliche Bedeutung erlangt wie die unmittelbare Nachkriegszeit." Die amerikanischen Diplomaten erklärten ihrem Präsidenten, er dürfe nicht vergessen, dass Moskau weiterhin nach dem Status einer „konkurrenzfähigen Supermacht" strebe. Gorbatschows „Wunsch nach weniger auf Konfrontation ausgerichteten Beziehungen" sein ein „zweischneidiges Schwert", das das westliche Bündnis entzweien könnte.

Gorbatschows Ansatz mit der „Perestroika" sei im Interesse der USA und „gibt uns Einflussmöglichkeiten, die wir vor acht Jahren noch nicht für möglich gehalten hätten." Die amerikanische Politik dürfe nicht auf Hilfe für Gorbatschow orientiert sein, sondern müsse die Sowjets in einer Weise herausfordern, die sie zwinge „die Richtung einzuschlagen, die wir uns wünschen."

Der Lagebericht enthielt auch eine Wunschliste möglicher Veränderungen in der UdSSR. Z. B.: „eine größere Zahl von institutionell verankerten Garantien für bürgerliche, politische und wirtschaftliche Freiheiten; liberalere Gesetze und eine liberalere Wahlpraxis, einschließlich geheimer Stimmabgabe; eine unabhängige Rechtsprechung; eine ‚kritischere Presse'; ‚florierende nichtstaatliche Organisationen'; größere Bewegungsfreiheit; Fortschritt ‚in Richtung auf größere wirtschaftliche Freiheiten' durch dezentrale Entscheidungsfindung; das Recht auf privaten Land- und Kapitalbesitz; ein Ende der Kommandowirtschaft – und, als ehrgeizigstes Ziel, ‚ein Ende des Monopols der Kommunistischen Partei und die Abschaffung des Polizeistaats.'"[5]

Der stellvertretende Direktor des Nationalen Sicherheitsrates, Robert Gates, forderte, von der Art und Weise des Umgangs mit den Sowjets unter Reagan Abschied zu nehmen. „Mit einem Mal hat sich in den amerikanisch-sowjetischen Beziehungen sehr viel bewegt. Doch bisher haben wir im Verhältnis zu den Sowjets lediglich eine reaktive Politik betrieben – oder es zumindest versucht – anstatt eine Strategie zu entwickeln, die sich von unseren Zielen herleitet."[6]

---

5 - Vgl. Beschloss, Höchste Ebene, S. 58ff.
6 - zitiert in Beschloss, Höchste Ebene, S. 36

Aber dieses Programm war den Führungsspitzen der Administration im Weißen Haus zu vorsichtig, noch zu sehr im konservativen Denken der Reagan-Zeit verankert. Sie forderten eine grundlegend neue, großangelegte Strategie. Sicherheitsberater Scowcroft beauftragte seine Mitarbeiter Condoleezza Rice und Robert Blackwill, diesen farblosen Lagebericht „aufzupeppen" und ihn offensiver zu gestalten. Daraus entstand dann die NSC-Direktive Nr. 23. Die Grundintentionen der neuen Direktive waren, über die Politik der Eindämmung hinauszugehen und zu einer neuen US-amerikanischen Politik gegenüber der Sowjetunion vorzustoßen. (Vgl. dazu Kapitel IV)

Kommen wir zurück zu unserem Geheimdienst-General und zu seiner Berufung als Botschafter in der Bundesrepublik Deutschland. Warum wird der erfahrenste Destabilisator im Rahmen der sich abzeichnenden Strategie zur Zerschlagung des Realsozialismus in Europa gerade in Bonn eingesetzt?

Es wäre wohl für die Vereinigten Staaten aus taktischen Gründen nicht klug gewesen, Vernon Walters als Botschafter nach Moskau zu schicken. Man kann auch davon ausgehen, dass er bei seiner Vita kein Agrément vom Außenministerium der UdSSR erhalten hätte.

Bonn ist traditionell in Europa die östlichste und technisch-organisatorisch am besten vorbereitete Basis für Geheimdienst-Operationen nach dem Osten, denn die BRD war schon jahrzehntelang der Ausgangspunkt, Versorgungsstützpunkt und auch Rückzugsbecken für CIA-Aktivitäten in Osteuropa. Es darf auch als gesichert angesehen werden, dass die westlichen Geheimdienste in Osteuropa ein mehr oder weniger dichtes Netz von Agenten und Kontaktpartnern geknüpft hatten.

So erklärt es sich, den Experten für verdeckte Geheimdienstaktionen und für die „letzte Ölung" auf diesem Vorposten einzusetzen.

Andererseits brauchte er einen seinem Rang und seinen „Verdiensten" entsprechenden Posten und konnte nicht als „Chief of Station" (COS) der CIA im Range eines ersten Botschaftsrates der USA-Vertretung eingesetzt werden.

Außerdem: Jede Betonung eines Sonderstatus für diesen weltweit bekannten „Troubleshooter" der geheimen amerikanischen Außenpolitik hätte eben diese Sondermission deutlich hervorgehoben. Da blieb also als maximale Variante nur der „Außerordentliche und Bevollmächtigte Botschafter der Vereinigten Staaten von Amerika" übrig.

Die geheimdienstkritische Zeitschrift GEHEIM aus Köln kommentiert den Einsatz von Walters in Bonn in einem redaktionellen Beitrag, überschrieben mit „Ein Terroristenfreund in Bonn" mit folgenden Worten:

„Im Moment wird man wohl kaum damit rechnen können, dass der neue CIA-Haudegen aus Washington den Sturz der Regierung Kohl betreiben wird. Doch vom Amtszimmer des frisch gekürten US-Botschafters wird ein eisiger Wind durch die Bundeshauptstadt fegen, der gefährlich frisch für alle Frühlingsboten der Ost-West-Entspannung und einer stärkeren europäischen Position gegenüber den USA sein wird. Zudem wird sich der alte Geheimdienstler Walters darauf konzentrieren, das CIA-Netzwerk in der Bundesrepublik weiter auszubauen. Wie wir bereits mehrfach in unserem Magazin nachgewiesen haben, ist das Territorium der BRD einer der größten geheimdienstlichen Außenposten der USA. Er richtet sich nicht nur gegen die sozialistischen Staaten Ost-Europas, sondern auch gegen die ‚Freunde Washingtons' in den benachbarten westeuropäischen Ländern; aber auch gegen die Länder des Nahen Ostens und Afrikas....

Die Ernennung Walters' zum US-Botschafter in Bonn passt sich nahtlos ein in die Strategie der neuen Bush-Administration in Washington, hinter dem Vorhang der propagierten Entspannung die weitgefächerte Klaviatur offener und verdeckter Einmischungen zu vervollkommnen."[7]

Es reichte schon, dass Insider sich verblüfft die Augen rieben, als dieser „Rambo" der Weltpolitik von seinem Präsidenten auf den Posten in Bonn geschickt wurde.

Aber die Fragen an die Geschichte bleiben: Haben die Verantwortlichen der Außenpolitik und der Geheimdienste in der Sowjetunion und in der DDR dieses Signal erkannt und entsprechend bewertet? Weder in den Memoiren sowjetischer Diplomaten noch in denen leitender Mitarbeiter der Geheimdienste der DDR und der UdSSR findet sich dazu ein Hinweis. Haben wir nicht immer gesungen: „Völker hört die Signale..."– aber die andere Seite bläst zum „... letzten Gefecht" und wir hören keine Signale mehr?

Es ist zwar davon auszugehen, dass das beste und ausführlichste Dossier über General Walters, seine Vita, seine „Verdienste" im internationalen Klassenkampf, selbst über die konkreten Aufgaben seines Einsatzes, nichts mehr am Ergebnis hätten ändern können. Aber irgendwie wäre speziell in dieser Hinsicht unsere Niederlage etwas ehrenvoller gewesen.

Seine erste Rede als US-Botschafter in der BRD hielt der Geheimdienstexperte Walters wenige Tage nach seiner Akkreditierung bei der Karl-Heinz-

---

7 - Vgl. GEHEIM, Nr. 1 (Vol 10) 1989, S. 2

Beckurts-Gedächtnisveranstaltung des US-Lobby-Vereins Atlantik-Brücke e.V. in Hannover.[8]

Die Rede des CIA-Mannes Walters bei der Beckurts-Gedächtnisveranstaltung ist von besonderem Interesse, enthält sie doch bei allen diplomatischen Floskeln zwischen den Zeilen neben einigen interessanten Informationen äußerst bedrohliche Untertöne.

Zunächst weist Walters darauf hin, dass seine Tätigkeit als US-Botschafter bei den Vereinten Nationen „nicht meine erste Station auf dem Wege internationaler Zusammenarbeit für den Frieden" gewesen sei. Wir werden noch genug Gelegenheit haben, diesen „Weg der internationalen Zusammenarbeit für den Frieden" nachzuzeichnen, seine Blutspur zu verfolgen und diesen staatsterroristischen „Friedensengel" etwas genauer kennen zu lernen.

Dann nimmt er Bezug auf die umstrittene COCOM-Liste, die es den USA und ihren Verbündeten verbietet, sensible Elektronikgüter und andere für die Rüstung geeignete Materialien in den Ostblock zu exportieren. Offenbar hat es hier einigen Ärger gegeben, weil Walters darauf hinweist, amerikanische Unternehmen hätten „mehr potentielle Aufträge verloren als irgendein anderes Land, indem sie sich an ihre COCOM-Verpflichtungen gehalten haben." Die amerikanische Öffentlichkeit, so Walters, „muß die Gewissheit erhalten, dass auch unsere Verbündeten diesen entscheidenden Bestandteil unserer gemeinsamen Verteidigung weiterhin unterstützen..."

Bereits für einen Diplomaten waren das recht deutliche Worte; aus dem Mund des CIA-Strategen Walters klangen sie wie eine Drohung oder vielleicht sogar wie ein Befehl und das gilt auch für die Schlusspassagen seiner Rede. Nach den üblichen Floskeln über die gesunden und dynamischen Beziehungen zwischen den USA und der Bundesrepublik stößt Walters für die, die Ohren haben zu hören, äußerst ernste Warnungen aus:

„Wir sehen uns jedoch mit Gefahren konfrontiert, die vermieden werden müssen, wenn unsere Partnerschaft weiterhin gedeihen soll. Auf deutscher Seite nehme ich eine Tendenz zu der Auffassung wahr, die Bundesrepublik werden ungerechterweise zur Zielscheibe amerikanischer Kritik. Das gibt mir das Gefühl, ständig ihre Loyalität (die Loyalität der Deutschen; Anm. der

---

8 - Vernon Walters: Die deutsch-amerikanische Partnerschaft auf dem Prüfstand. Herausforderungen der neunziger Jahre. Ansprache vom 27. April 1989;

Autoren) unter Beweis stellen zu müssen. Ich darf Ihnen versichern, dass Präsident Bush und Außenminister Baker keinerlei Zweifel an der Loyalität unserer deutschen Freunde bezüglich gemeinsamer Vorstellungen oder der Prinzipien des Atlantischen Bündnisses hegen."[9]

Zu den aggressiven Forderungen nach Einhaltung der Verpflichtungen aus den COCOM-Vereinbarungen von 1950 – einem wesentlichen Element des Wirtschaftskrieges der imperialistischen Staaten gegen die sozialistischen Länder – erinnern wir hier an einige Hintergründe.

Die Ursprünge von COCOM gehen auf den März 1948 zurück. Das USA-Handelsministerium (damals unter Leitung von Averell Harriman; wir werden ihm und an seiner Seite Vernon Walters noch öfter begegnen) hatte damals bereits Embargolisten erarbeitet. Liste I A enthielt Rüstungsgüter, deren Export nach Osteuropa und in die Sowjetunion grundsätzlich untersagt war und Liste I B enthielt die später so genannten dual-use-Güter, die auch für die Rüstung genutzt werden konnten, deren Export aber nicht vollständig verhindert werden konnte. Da der Außenhandel der USA und ihre wirtschaftlichen Interessen traditionell relativ gering auf Osteuropa fixiert waren, passierten solche Embargolisten unkompliziert das Bestätigungsverfahren im US-Kongress. Größere Probleme gab es mit den westeuropäischen Verbündeten, deren Interessenlage wesentlich stärker mit Osteuropa verbunden war. Die Vereinigten Staaten mussten hier die Möglichkeiten zur Ausübung von Druck, die der Marshall-Plan bot, ziemlich massiv einsetzen, um ein Einlenken der Westeuropäer zu erreichen. Emotionale Hilfe erhielten sie durch die aufgeheizte Atmosphäre im Zusammenhang mit der sogenannten Berlin-Blockade. Besondere Schwierigkeiten ergaben sich bezüglich der Regelungen des Interzonenhandels, der für westdeutsche Firmen eine unverzichtbare Profitquelle war, von den Amerikanern aber immer wieder im Sinne des Embargos restriktiv behandelt wurde. Die USA hatten in Frankfurt/M dazu eine Institution „Economic Cooperation Administration – ECA" gebildet, die alle Maßnahmen im Osthandel zu bestätigen hatte.

Aus Sicht der USA waren diese Embargo-Regelungen so bedeutsam, dass sie im Februar 1951 in einer NSC-Direktive Nr. 104 mit dem Titel: „Export-Kontroll-Politik hinsichtlich der Sowjetunion und ihrer osteuropäischen Satelliten" zusammengefasst wurden. Die Embargo-Bereiche wurden in

---

9 - Auszüge aus: Wisniewski/Landgraeber/Sieker: Das RAF-Phantom, Knaur, 1992, S. 221f.

der NSC-Direktive auf „alle Güter, die bedeutsam sind auf dem Gebiet der Atomenergie, auf alle Waffen, Munition und andere Ausrüstungen für den Krieg, ..., und alle anderen Waren, deren Export zur Stärkung des Kriegspotentials der Sowjetunion beitragen könnten"[10]erweitert.

Natürlich ergaben sich hieraus auch Aufgabenstellungen für die Geheimdienste. In der CIA-Zentrale arbeitete z.B. ein Bereich Aufklärung des illegalen Technologie-Transfers (mit der Bezeichnung Technology Transfer Assessment Center). Über die vorhandenen Partnerdienstbeziehungen wurde mehrfach versucht, Druck auf die Geheimdienste der BRD auszuüben, damit diese intensiver auf diesem Gebiet tätig werden. Etwa 1986/87 sandten die USA ein umfangreiches Memorandum an die Regierung der BRD. Dort wurden in anmaßender Art und Weise heftige Vorwürfe gegen die BRD erhoben, dass sie aus politischen und wirtschaftlichen Gründen nicht willens sei, einen angemessenen Beitrag zur Aufdeckung und Unterbindung des illegalen Technologietransfers in die Ostblockländer zu leisten. Eine Quelle der Hauptverwaltung A des Ministeriums für Staatssicherheit der DDR berichtete, dass Außenminister Genscher über die Diktion dieses Memorandums ungeheuer erzürnt gewesen sei. Aber die Leitung des Verfassungsschutzes lehnte jede Verantwortung dafür ab und verwies auf die Kompetenz des Zollkriminalamtes in dieser Frage. Intern äußerte man sehr konkret, dass kein Interesse besteht, sich Vorgänge dieser Art auf den Tisch zu holen. Dabei spielte hintergründig die Befürchtung eine Rolle, dass der Verfassungsschutz bei intensiver Bearbeitung solcher Vorgänge sehr schnell die Interessen großer und einflussreicher Firmen tangieren würde.

Als ein markantes Beispiel dafür zählt die Tatsache, dass der Stacheldraht, der im August 1961 für die Grenzsicherung der DDR eingesetzt wurde, zuvor von der Firma Krupp in die DDR geliefert wurde. Geschäft ist eben Geschäft!

Der Minderheitenbericht des KoKo-Untersuchungsausschusses des Deutschen Bundestages zitiert dazu eine Analyse des MfS, in der es heißt, dass der Verfassungsschutz davon ausging, „dass die Bearbeitung des illegalen Technologietransfers grundsätzlich nicht Gegenstand der Spionageabwehr des Verfassungsschutzes ist, sondern in die zollrechtliche Kompetenz fällt. Die Spionageabwehr des Verfassungsschutzes versucht bei der Bearbeitung des illegalen Technologietransfers, sich streng an die gesetzlich festgelegten

---

10 - Vgl. Stöver, Bernd: Die Befreiung vom Kommunismus; Böhlau Verlag Köln, 2002; S. 469f.

Kompetenzen zu halten. Das bedeutet, dass grundsätzlich in Zweifelsfragen die Sachverhalte an die zuständigen Zollorgane zur Bearbeitung abgegeben und von der Spionageabwehr keine Aktivitäten unternommen werden, Fälle außerhalb ihrer Zuständigkeit an sich heranzuziehen. Eine Zuständigkeit der Spionageabwehr des Verfassungsschutzes wird grundsätzlich nur dann begründet, wenn ein nachrichtendienstlicher Hintergrund derartiger Transaktionen offenkundig ist und die nachrichtendienstliche Relevanz nicht ausschließlich aus konspirativen Verhaltensweisen der Beteiligten abgeleitet wird.[11]"

Aber bereits im Februar 1990, wenige Monate nach dem Vorstoß des neuen Botschafters der Vereinigten Staaten in Bonn zur Disziplinierung der Deutschen, forderte Außenminister Baker in Prag die westlichen Länder auf, ihre Märkte für den Handel mit Osteuropa zu öffnen und durch eine Liberalisierung der COCOM-Bestimmungen diesen Ländern den Zugang zu High-Tech-Entwicklungen des Westens zu gestatten.[12]

Immerhin dauerte es noch mehr als vier Jahre, bis diese Einrichtung des Kalten Krieges endgültig aufgelöst wurde. Dazu war folgende Meldung zu lesen:

NATO plant neue Ost-Exportkontrolle
COCOM-Listen entfallen
Den Haag (dpa/ND) Der Export von Waffen und Hochtechnologie aus den Ländern des Westens in die früheren Ostblock-Staaten wird von diesem Freitag an nicht mehr wie bisher von einer länderübergreifenden Stelle kontrolliert. Hochrangige Vertreter der NATO-Staaten mit Ausnahme Islands sowie Australiens und Japans kündigten am späten Mittwoch Abend in Den Haag die Auflösung der COCOM-Überwachungsstelle in Paris zum 1. April an. Bis zum Oktober dieses Jahres wollen die 17 Staaten allerdings eine Nachfolgeorganisation gründen. Diese soll zum Beispiel verhindern, dass Massenvernichtungswaffen in die Hände von Terroristen oder Diktatoren fallen. An der Planung der

11 - Vgl. Erster Untersuchungsausschuss des Deutschen Bundestages; Minderheitenbericht der Gruppe Bündnis 90/Die Grünen, S. 93; unter Bezug auf Quelle: MAT A 142, BKK 209, S.94
12 - Vgl. Hutchings, Kalter Krieg, S. 238f.

neuen Organisation sollen sich auch ehemals sozialistische Länder wie Russland, Polen, Ungarn, die Tschechische
Republik und die Slowakei beteiligen. Auch China erhält
die Möglichkeit zur Mitarbeit und zum späteren Beitritt.
    Die COCOM hatte seit 1950 die Ausfuhr „rüstungsrelevan-
ter Güter" aus dem Westen in die Ostblock-Staaten über-
wacht. Seit dem Fall der Mauer war die Kontrollstelle
jedoch sowohl von westlicher als auch von östlicher Seite
als überholt und hinderlich kritisiert worden.[13]

Da stellt sich eine nächste Frage:

Woher kommt es, dass Walters in seinen Erinnerungen sehr penetrant seine
frühe Voraussage über eine schnelle Vereinigung Deutschlands „verkauft"?
Ist das nicht doch bloß ein Nebelvorhang, um seine anderen Sondermissionen,
Aktivitäten und politischen Ziele zu verbergen?

Denn die Vereinigung war auch nur eine notwendige Teiloperation, aber
unerlässliche Vorbedingung für das Hauptziel. Es ging ihm und seinen Auf-
traggebern um den Zusammenbruch des gesamten Systems in Osteuropa und
der Noch-Supermacht Sowjetunion.

    Aber betrachten wir erst einmal den Komplex der Vereinigung Deutschlands
etwas näher. Die meisten Autoren interpretieren den Einsatz von General Walters in der BRD mit der Unzufriedenheit von Präsident Bush sen. mit einigen
Entwicklungen und Haltungen der Regierung der BRD. Solche Widersprüche
waren offensichtlich vorhanden, denn Vernon Walters bemerkt dazu:[14] Im
Auswärtigen Amt schien das Hauptziel darin zu bestehen, Deutschland fest in
die Europäische Gemeinschaft einzubinden. Man befürchtete, dass die europäischen Nachbarn negativ auf das Entstehen eines großen Deutschlands mit
über 8o Millionen Einwohnern reagieren könnten. Das erschien ihnen wichtiger als die Stärkung des Atlantischen Bündnisses.

Genscher schien der amerikanischen Präsenz in Europa nicht mehr die gleiche
Bedeutung beizumessen wie früher. Er ging davon aus, dass Gorbatschow die
deutsche Einheit aus innenpolitischen Gründen nicht akzeptieren könnte. Erst
müsse die sowjetische Öffentlichkeit davon überzeugt werden, dass ein vereinigtes Deutschland keine Bedrohung sowjetischer Interessen darstelle.

Etwas andere Positionen registrierte Walters im Bundeskanzleramt: Kohl,
Kanzleramtschef Seiters und Kohls Berater Teltschik maßen nach seiner Ein-

---

13 - Vgl. Neues Deutschland vom 2.4.1994;
14 - nach Walters, Vereinigung, S. 89ff. Kapitel: Nach dem Mauerfall

schätzung der Einheit Deutschlands höchste Priorität bei. Sie waren der Überzeugung, dass zu diesem Zeitpunkt, etwa ab der zweiten Hälfte des Jahres 1989, eine Gelegenheit für die Vereinigung gekommen sei, die so bald nicht wieder kommen würde. Die Vereinigung „hatte für sie sogar Vorrang vor dem Erhalt der Machtpositionen Gorbatschows."

Walters fand selbst bei seinen ersten Gesprächen ab April 1989 mit den Deutschlandexperten der amerikanischen Botschaft in Bonn keine Zustimmung zu seinen Hypothesen für eine „Wiedervereinigung in Windeseile". Nach ihrer Meinung bildete trotz Perestroika und Glasnost die fortgesetzte Teilung Deutschlands nach wie vor einen Eckpfeiler der sowjetischen Außenpolitik.

Er begründete ihnen gegenüber u.a. seine Position wie folgt:

Der sowjetische Abzug aus Afghanistan sei eine Niederlage und ein Zeichen dafür, dass die Breshnew-Doktrin nicht mehr angewandt werden könnte, nach der die Rote Armee immer ausgesandt werden würde, um bedrohte kommunistische Regimes zu stützen.

Mit Stolz auf seine hellseherischen Fähigkeiten verkündete Walters:

„Es war unmöglich geworden, die Entwicklung abzubremsen. Die Geschichte hatte sich in Marsch gesetzt, es gab kein Halten mehr. Ich sagte vielen meiner Gesprächspartner in diesen Tagen: ‚Die Flut steigt'."[15]

Selbst Egon Bahr war noch Anfang 1990 von dieser Position überrascht. Er schreibt in seinen Erinnerungen:

„Anfang des Jahres suchte ich den amerikanischen Botschafter Vernon Walters auf. Ich schlug dem bewährten diplomatischen Schlachtross vor, im April durch offizielle Beteiligung den Jahrestag herauszuheben, an dem sich Amerikaner und Sowjets 1945 in Torgau begegnet waren. Kalt und schlau dachte er ein paar Sekunden nach. Das sei keine gute Idee; ‚denn es wäre nicht gut, die Deutschen an ihre Niederlage zu erinnern.' Soweit waren wir also gekommen! In dem anschließenden Gespräch verkündete er seinen Glauben, noch während seiner Botschafterzeit die deutsche Einheit zu erleben, und ergänzte diese Überraschung durch die Überzeugung, das werde wie eine Flut kommen; wer sich ihr entgegenstelle, werde fortgespült. Er war der einzige Mensch, den ich getroffen habe, der sie vorausgesehen hat."

---

15 - Vgl. Walters, Vereinigung, S. 93

Aber auch Egon Bahr bekam dann noch einmal eine Vorstellung von einem möglichen schnellen Ende der DDR. Er schreibt weiter:

„Im März machte mich ein Parteifreund aus Berlin auf ‚Die Troika' von Markus Wolf aufmerksam. Als ich sie gelesen hatte, eilte ich zu Brandt: ‚Das musst du lesen. Wenn ein solcher Mann mit seinen Kenntnissen so etwas schreiben darf, dann kann die DDR wie ein Kartenhaus über Nacht zusammenbrechen.' Willy verzog das Gesicht: ‚übertreib nicht.' – ‚Na gut, aber in Monaten.'" [16]

Walters vertiefte die Gedanken über eine baldige Vereinigung Deutschlands aber bereits im Verlaufe des Jahres 1989 zu den verschiedensten Gelegenheiten, z.B. in Gesprächen mit Präsident Bush und dessen Familie in Camp David, anlässlich des Besuches von Bundeskanzler Kohl Mitte 1989 bei Bush:

„Ich sprach erneut die Überzeugung aus, dass die deutsche Einheit sehr nahe sei. Die Bevölkerung im Osten verstehe, dass die Sowjets nicht länger bereit seien, die Rote Armee zur Unterstützung der kommunistischen Marionettenregierungen in Osteuropa einzusetzen. Die Leute würden bald auf die Straße gehen. In der Bundesrepublik sei ein Magnet der Freiheit und Demokratie geschaffen worden, der auf alle Deutschen anziehend wirke, auch auf die Menschen in der DDR. Freilich seien die Briten und Franzosen von der deutschen Einheit nicht begeistert. Es liege deshalb nun an uns, die Deutschen zu unterstützen, wenn wir sie vor der Versuchung der Neutralität bewahren wollten, die ihnen von den Sowjets ohne Zweifel angeboten werden würde." [17]

Aber selbst in den Führungskreisen des Nationalen Sicherheitsrates war Walters' aufdringliche Interpretation der Möglichkeiten eines schnellen Vereinigungsprozesses umstritten. So ironisieren die damaligen Mitarbeiter des NSC, Condoleezza Rice (heute immerhin Außenministerin von Präsident Bush jr.) und Philip Zelikow in ihrem Buch „Sternstunde der Diplomatie" diese Position von Vernon Walters in einer Fußnote:

„Der US-Botschafter in Bonn, der ehemalige General und Geheimdienstoffizier Vernon Walters war dagegen überzeugt, dass die

---

16 - Vgl. Egon Bahr: „Zu meiner Zeit", Karl Blessing Verlag, 1996, S. 570
17 - Vgl. Walters, Vereinigung , S. 52

deutsche Vereinigung bald bevorstehe (Walters: Die Vereinigung war voraussehbar, S. 25-41). Walters hatte seine Prophezeiung allerdings nicht durch eine Analyse der politischen Lage untermauert und auch keine Empfehlung darüber abgegeben, wie die USA sich verhalten sollten. Selbst in seinen Memoiren scheint er weniger an den politische Fragen als vielmehr daran interessiert zu sein, mit Baker und dessen Stab, die ihn angeblich ignoriert und schlecht behandelt haben, ins Gericht zu gehen."[18]

In Walters' Vortrag vor dem Präsidenten in Camp David deuten sich die strategischen Aspekte der US-Politik in Fragen der Einheit Deutschlands ziemlich klar an.

Die Vereinigten Staaten stärkten letzten Endes ganz konsequent der Regierung Kohl den Rücken, damit diese nicht zu viele der von ihnen befürchteten Bedingungen der sowjetischen Seite akzeptieren musste. Zugleich bestärkten sie Kohl in all seinen Bemühungen, die DDR so schnell und gründlich wie möglich zu liquidieren. Dazu der DDR-Diplomat Karl Seidel:

„Helmut Kohl verwandelte ab Ende Dezember 1989 mit Unterstützung von George Bush die angestrebte sozialistische Erneuerung der DDR in einen Prozeß zur Beseitigung der DDR. Bonn und Washington gingen nun in engstmöglicher Kooperation nach der Devise vor: je schneller desto besser. Helmut Kohl war dabei die treibende Kraft. Aus dem Wandel im System wurde nun die Restauration der alten Verhältnisse.

Die USA stellten sich voll hinter die Linie Kohls, auch unter Loslösung der deutschen Vereinigung vom sogenannten europäischen Prozeß. Die Haltung Washingtons war durch den Nationalen Sicherheitsrat Ende Januar durch folgende Prämissen bestimmt worden: Vereinigung so schnell wie möglich, ganz Deutschland in die NATO, evtl. das Gebiet der DDR außerhalb der militärischen Strukturen der NATO, 2+4-Verhandlungen für die Regelung der äußeren Aspekte der deutschen Einigung und begrenzt auf die Fragen der Vier-Mächte-Rechte."...[19]

---

18 - Vgl. Zelikow, Philip/Rice, Condoleezza: Sternstunde der Diplomatie – Die deutsche Einheit und das Ende der Spaltung Europas; Propyläen, 1997, S- 530, Fn. 71

19 - Vgl. Karl Seidel: Berlin-Bonner Balance, edition ost, 2002 (weiter zitiert als Seidel, Balance), S. 419

Damit unterstreicht Karl Seidel noch einmal, dass es eine der Hauptsorgen der Bush-Administration war, die Zukunft der NATO zu sichern und alle Bestrebungen in Deutschland und anderswo abzuwürgen, die auf eine Minderung der Rolle der NATO oder gar des Einflusses der USA in Europa über die NATO hinauslaufen könnten.

Dabei galt es auch, Widersprüche mit den anderen westeuropäischen Partnern zielstrebig zu überwinden. Es gab einflussreiche Kräfte in führenden Staaten Westeuropas, die mit dem Blick auf das Ende des Kalten Krieges und auf eine mögliche Neugestaltung der Beziehungen in Europa auch die traditionelle Funktion der NATO in Frage stellten. Das ging immerhin bis hin zu Überlegungen über die Schaffung einer Pufferzone neutraler Staaten in Europa.

Der Wunsch nach Neutralität war und ist noch in Europa präsent. Man stelle sich folgendes Europa vor: Beginnend im Norden mit Finnland und Schweden, sich fortsetzend mit Deutschland, Österreich und der Schweiz, wäre ein neutraler „cordon sanitaire" in Europa entstanden, der zu mehr Hoffnung auf Frieden berechtigt hätte, als es die derzeitige Weltsituation Anfang des 21. Jahrhunderts gestattet. Das hätte zwar den Interessen der Völker Europas entsprochen, nicht aber denen der amerikanischen Politik, die weiter auf militärische Präsenz in Europa, Ausbau der NATO und Anwendung des Faustrechts setzt. Besonders hier wird sichtbar, wie wichtig es war, einen so versierten „Kulissen-Strategen" wie Walters im hohen Alter ein weiteres Mal zu aktivieren.

Seine Verdienste um die Durchsetzung amerikanischer Zielvorstellungen sind kaum zu überschätzen.

Eine eindeutige Position zur Rolle der NATO und zur weiteren militärischen Präsenz der USA in Deutschland vertrat Vernon Walters in einem Vortrag vor der Deutschen Gesellschaft für Auswärtige Politik in Bonn, am 7. November 1990 (vgl. Anlage III):

„Seit 1949 verbindet die NATO die Vereinigten Staaten mit Europa. Es gibt keinen Grund, warum sich dies ändern sollte. Natürlich entwickelte sich die NATO während des Kalten Krieges als Teil der Bemühungen zur Eindämmung der sowjetischen Expansion. Aus gutem Grund wird die Sowjetunion im Nordatlantikvertrag mit keinem Wort erwähnt. Dieser Vertrag ist zudem unbefristet. Denn der grundsätzliche Zweck der NATO ging über die Politik des Containment hinaus. Eine transatlantische Sicherheitspartnerschaft sollte dem langfristigen Ziel dienen, eine stabile Sicherheitsstruktur in Europa zu gewährleisten.

Die NATO bei Verwirklichung dieses Ziels preiszugeben, würde nicht mehr Sinn ergeben als die Abschaffung der EG beim Aufbau des europäischen Binnenmarktes....

Das westliche Bündnis war stets eine politische Institution, ein Forum der Koordinierung und des Dialogs von Staaten mit gemeinsamen Interessen. Die sich verändernden Bedingungen von heute bedeuten, dass neue Punkte auf seiner Tagesordnung erscheinen werden: Verbreitung von Raketen, Verifizierung von Rüstungskontrollabkommen und regionale Konflikte. Unsere Konsultationen zu Osteuropa und der Golfkrise unterstreichen den Wert der NATO in dieser Hinsicht....

Der politische Einfluß der NATO kann nicht wachsen, wenn man ihre grundlegende militärische Komponente nicht bewahrt....

Bestimmte militärische Elemente lassen sich jedoch nicht reduzieren. Die amerikanische Militärpräsenz in Europa ist ein wichtiger Schutz vor Instabilität. Amerikanische Nuklearwaffen geben der transatlantischen Sicherheit Gewicht und tragen dazu bei, dass Krieg undenkbar wird: Solche Waffen müssen in der einen oder anderen Form in Europa stationiert bleiben....

Dennoch sollte eine Friedensdividende nicht auf Kosten unserer Investitionen in die europäische Sicherheit erzielt werden. Obwohl die NATO nunmehr politische und zivile Anliegen effektiver berücksichtigen kann, bleibt ihre wichtigste Aufgabe die Sicherheit. Das Bündnis hat militärische Aufgaben, zu deren Erfüllung unsere Truppen bereit sein müssen....

Aus diesem Grund bleiben amerikanische Stützpunkte für unsere Arbeit hier entscheidend."[20]

Damit schreibt Walters den aus seiner Sicht unsicheren Kantonisten im Auswärtigen Amt der BRD noch einmal nachträglich in das Stammbuch, dass für die USA die NATO-Mitgliedschaft Deutschlands und die US-Präsenz in Deutschland nicht verhandelbar waren.

---

20 - Vgl. Die Vereinigten Staaten und die europäische Sicherheit nach der Vereinigung Deutschlands; Vortrag von Botschafter Vernon A. Walters vor der Deutschen Gesellschaft für Auswärtige Politik in Bonn, am 7. November 1990; aus: Europa-Archiv, Folge 22/1990, S. 655ff.

Kehren wir noch einmal zurück zu den Ereignissen, die letzten Endes in der Herstellung der staatlichen Einheit Deutschlands mündeten.

Selbstverständlich war das Schlüsselereignis für den Verlauf des Prozesses der Vereinigung die Öffnung der Grenzen zu West-Berlin in der Nacht des 09. November 1989. Noch heute gibt das unkonzentrierte Gestammel des damaligen Mitglieds des Politbüros der SED, Günter Schabowski, auf der Pressekonferenz am Abend des 09. November Rätsel auf. Zeitzeugen bestätigen, dass Schabowski eine Pressemitteilung über den Entwurf einer Reiseverordnung bei sich hatte, auf der eine Sperrfrist bis zum 10. November vermerkt war. Statt am Abend des 9. November auf die Frage eines Journalisten über die Gültigkeit der neuen Verordnung auf den 10. November zu verweisen, reagierte Schabowski mit den Worten: „Wenn ich richtig informiert bin, nach meiner Kenntnis unverzüglich."[21] Nun war ja Schabowski kein heuriger Hase, sondern ein erfahrener Journalist und Mitglied des Politbüros der SED. Das Rätsel besteht darin, ob es wirklich nur eine Unsicherheit war oder ob mehr dahinter steckte. Die Grenzöffnung wäre dann auch per 10. November gültig gewesen, daran hat Schabowski nichts geändert. Aber die Umstände in der Nacht vom 9. zum 10. November waren doch besorgniserregend.

Tatsache ist, dass bei den Kommandeuren der Grenztruppen der DDR, bei den verantwortlichen Offizieren an den Grenzübergangsstellen noch keinerlei Weisungen oder Orientierungen über ihr Verhalten in einer solchen Situation vorlagen. Für sie galt immer noch der Grundsatzbefehl, jede Grenzprovokation zu verhindern. Was aber ist der massenhafte Ansturm von Menschen, die den sofortigen und freien Übergang über eine bisher geschlossene Grenze fordern, anders als eine Provokation – zumindest in den Augen der Verantwortlichen in diesen Stunden und an diesen Orten. Es ist der Besonnenheit aller Sicherungskräfte an der Grenze zu Westberlin und zur BRD zu verdanken, dass kein Schuss gefallen ist und es keine Opfer dieser unvorbereiteten „Entscheidung" in der Nacht des 9. November gegeben hat.

Walters reagierte als erfahrener Geheimdienstgeneral sofort. Er ließ für Kohl, der sich am 09. 11. 1989 noch ahnungslos in Warschau aufhielt, eine amerikanische Militärmaschine zum Weiterflug von Hamburg nach Westberlin bereitstellen. Damit kam Kohl noch rechtzeitig in Westberlin an, um zusammen mit den anderen Akteuren das Deutschlandlied nach Ostberlin „schallen zu lassen". Die Tatsache, dass Kohl wie der Premier einer mittelamerikanischen Bananenrepublik zum Ort des Geschehens mit einer amerikanischen Militär-

---

21 - Vgl. Prokop, Siegfried: Die kurze Zeit der Utopie; Elefanten Press, 1994; dort: Krenz, Egon: Der 9. November 1989, S. 80

maschine herangeschafft wurde, blieb in der deutschen öffentlichen Meinung weitgehend unreflektiert.

Beispielsweise ein französischer Spitzenpolitiker hätte das nie hingenommen. Aber im jetzigen politischen Deutschland ist Würde eine längst entsorgte Wertvorstellung.

Walters war natürlich auch am 10. 11. 1989 in Berlin und unternahm als alter Militär mit einem US-Hubschrauber einen Aufklärungsflug, der ihn bis über das Brandenburger Tor führte. Sein pathetischer Kommentar lautete:

„Es war ein Augenblick, wie kaum ein anderer in meinem Leben. Plötzlich wurde mir bewusst, dass der lange Krieg um Freiheit und Demokratie, der fast mein ganzes Leben gedauert hatte und in dem ich an so vielen Kriegsschauplätzen mitgekämpft hatte, nun zu Ende ging. Die Freiheit hatte gesiegt."[22]

Welche und wessen „Freiheit" hatte eigentlich gesiegt? Die Freiheit des Geldes; die Freiheit zur Beseitigung von Arbeitsplätzen,...?

Wir erinnern uns, dass der erste Ministerpräsident der DDR, Otto Grotewohl, als Entgegnung auf die westliche Freiheits-Demagogie häufig zitierte: „Freiheit, die ich meine - welche meinst du, sprich! Deine oder meine, darum dreht es sich."

Die Stunde der staatlichen Vereinigung am Morgen des 03. 10. 1990 war für Walters ein ganz besonderer Augenblick.

„Nicht nur angesichts der Wiedervereinigung Deutschlands, sondern weil hier die Freiheit über die kommunistische Diktatur gesiegt hatte. Der kalte Krieg ging ganz offensichtlich seinem Ende entgegen; doch er würde erst dann endgültig der Geschichte angehören, wenn die Reformkräfte in der Sowjetunion triumphiert haben würden."[23]

Mit diesem Satz deutet Walters an, dass die Vereinigung Deutschlands nicht das Endziel seiner Mission, sondern nur ein bedeutender Zwischenschritt dazu war. Denn ein „Triumph der Reformkräfte" in der Sowjetunion bedeutete doch nur die endgültige Beseitigung des Sozialismus in der Sowjetunion und damit der Sowjetunion selbst. (Vgl. dazu Kap. IV)

Fast beiläufig charakterisiert Walters auch seine feindselige Haltung zur DDR. So schreibt er über den Besuch von Außenminister Baker 1990 in Berlin:

---

22 - Vgl. Walters, Vereinigung, S. 83
23 - Vgl. Walters, Vereinigung, S. 116

„Unter anderem fragte mich Baker, ob ich der Meinung sei, er solle Modrow, der inzwischen Egon Krenz als Regierungschef (welch
ein präzises DDR-Bild des Geheimdienstlers! – Anm. K. E.)
abgelöst hatte, in Potsdam besuchen. Das sei ihm von unserem
Botschafter in Ostdeutschland, Dick Barclay, empfohlen worden,
der auch mir gegenüber mehrmals den törichten Gedanken geäußert
hatte, etwas von der in den letzten Jahrzehnten entstandenen
besonderen Identität der Ostdeutschen müsse erhalten bleiben.
Ich hatte eher fassungslos auf solche Äußerungen reagiert. Was
sollte denn da erhalten werden – die Diktatur, die sozialistische Misswirtschaft, die mit Mauer und Stacheldraht befestigte
Grenze?

Ich riet Außenminister Baker entschieden von einem Treffen
mit Modrow ab. Meiner Meinung wäre es ein großer Fehler, dies
zu tun. Hans Modrow sei nur noch eine kurze Zeit Regierungschef,
dann könne er wegen seiner Verstrickung in die Verbrechen des
SED-Regimes in Schwierigkeiten geraten. Es sei nicht auszuschließen, dass er im Gefängnis ende. (Hier deutet sich schon
das Konzept der Delegitimierung der DDR an. Es ist nicht auszuschließen, dass auch dieses Konzept amerikanischen Ursprungs
ist. – Anm. E. L.) Ein Besuch des amerikanischen Außenministers zu diesem Zeitpunkt werde nur die Westdeutschen irritie-
ren und Modrow ein internationales Ansehen verschaffen, das er
nicht verdiene."[24]

Auch hier wieder eine Vernebelung. Er hätte ehrlicherweise sagen sollen: „...
das unsererseits nicht erwünscht war."

Das Resümee Walters' lautete:

„Die Deutschen in der Bundesrepublik bauten einen Staat auf, der
auf all jene Deutschen eine unwiderstehliche Anziehungskraft
ausübte, deren Schicksal es war, jenseits des Eisernen Vorhangs
zu leben. Denn die Mauer wurde nicht gebaut, um Unwillkommene
nicht in diesen Staat hineinzulassen, wie die zynische Propaganda Ulbrichts und Honeckers behauptete, sondern um die un-
glücklichen Menschen festzuhalten, die die Geschichte hier in
eine Falle gelockt hatte.

---

24 - Vgl. Walters, Vereinigung, S. 65f.

Vor dem Bau der Mauer konnten die Ostdeutschen relativ leicht über Westberlin in den Westen gelangen. Bis 1961 wanderten so viele Ärzte, Ingenieure und andere hochqualifizierten Fachkräfte aus, dass diese Massenflucht unter Kontrolle gebracht werden musste, wollte man verhindern, dass die DDR gleichsam ausblutete. Der Bau der Mauer war deshalb für die ostdeutsche Regierung und ihre sowjetischen Verbündeten einfach unumgänglich. Damit versuchten sie zu verbergen, was für eine Katastrophe das marxistische System tatsächlich war, und die Fiktion eines anderen deutschen Staates als realer Alternative zur Bundesrepublik aufrechtzuerhalten. Teilweise hatte das sogar Erfolg: Eine geraume Zeit lang betrachteten insbesondere viele westdeutsche Intellektuelle die DDR als einen Staat, der zwar mit manchem Makel behaftet war, aber gerade im Hinblick auf seine ‚sozialen Errungenschaften‘ durchaus Vorzüge gegenüber der bundesrepublikanischen ‚Ellbogengesellschaft‘ besaß....

Dabei wurde häufig genug der repressive Charakter des SED-Regimes übersehen, der doch schon an schlichten Zahlen abzulesen war. So bestand Hitlers Staatssicherheitsapparat aus etwa 55.000 Beamten, mit denen er 80 Millionen Deutsche überwachte. Im Staatssicherheitsapparat der Deutschen Demokratischen Republik überwachten 150.000 Beamte ganze 17 Millionen Menschen. (Der „scharfsinnige Analytiker" Walters hat hier mit ganz willkürlichen Zahlenspielen, die keinerlei reale Bezüge haben, die These von den „beiden deutschen Diktaturen" bedient – Anm. K.E.)... Jedenfalls waren binnen kürzester Frist die Spuren so vieler Jahre nationalsozialistischer Indoktrination ausgelöscht und die Deutschen verwandelten sich in ein Volk mustergültiger Demokraten.".[25]

(Das ist keine Satire, sondern eine der vielen dreisten und schamlosen Lügen, die bis auf den heutigen Tag ihre Wirkung tun. Wer die Geschichte der „Aufarbeitung" der faschistischen Vergangenheit in der Bundesrepublik auch nur in Ansätzen kennt, wird bei diesem Satz über die „mustergültigen Demokraten" – nennen wir nur den „Demokraten" Filbinger – zumindest den Kopf schütteln. Anm. d. A.)

---

25 - Vgl. Walters, Vereinigung, S. 184f.

Wenn schon Walters selbst seine obskure Position zum Ministerium für Staatssicherheit der DDR offenbart, dann wollen wir uns doch einmal ansehen, ob er eine Rolle in der bedeutendsten nachrichtendienstlichen Operation der CIA gegen die Aufklärung der DDR, bei der Beschaffung der sogenannten „Rosenholz-Dateien" gespielt hat. Um gleich einem weitverbreiteten Irrtum vorzubeugen. Die Bezeichnung „Rosenholz" wurde nicht für diese Operation der CIA vergeben. Sie diente lediglich dem Bundesamt für Verfassungsschutz (BfV) als Deckbezeichnung für den ersten Einsatz von Mitarbeitern des BfV im CIA-Hauptquartier in Langley/Va., als die CIA dem deutschen „Partner" 1993 erstmalig gestattete, sich die Namen von Quellen der HVA der DDR unter westdeutschen Bürgern aus den mikroverfilmten Karteien abzuschreiben.

Obwohl der Verlauf dieser CIA-Operation nach wie vor nicht aufgeklärt ist, und von der CIA auch sehr sorgfältig geheimgehalten wird, können einige äußere Umstände rekonstruiert werden. Wir wissen mit relativer Sicherheit, dass die CIA-Operation zur Beschaffung der mikroverfilmten Dateien der HVA von der Residentur in Bonn, gemeinsam mit der Operationsbasis Berlin, geführt wurde.

In einer gut funktionierenden Botschaft der USA bilden der Botschafter, der CIA-Resident und der Sicherheitschef das sogen. Country-Team, in welchem regelmäßig die Lagebeurteilung abgestimmt wird und in allgemeiner Form über nachrichtendienstliche Operationen informiert wird. Abhängig von den Persönlichkeiten der beteiligten Führungskräfte funktioniert dieses Country-Team in einigen US-Botschaften sehr gut, in anderen gibt es ein gestörtes Verhältnis zwischen Botschafter und CIA-Resident.

Aber in Bonn entstand Anfang 1989 eine einmalige Konstellation: Der Botschafter ist zugleich Drei-Sterne-General und ehemaliger Operativchef der CIA, einer der höchstdekorierten Geheimdienstexperten der USA. Welches Verhältnis hat dann der CIA-Resident zu ihm? Er kann es sich gar nicht leisten, diesen de facto Vorgesetzten uninformiert zu lassen.

Eine solche bedeutsame Operation wird der CIA-Resident Edwin Pechous (dienstinterner Spitzname: „Giftzwerg") niemals ohne Abstimmung mit Walters durchgeführt haben. Also kannte Walters zumindest die geheimdienstlichen Rahmenbedingungen dieser CIA-Operation.

Die Einflussnahme auf nachrichtendienstliche Operationen durch den Botschafter ging jedoch weit über die Kontakte zum CIA-Residenten hinaus. So schaltete sich Vernon Walters direkt in eine höchst dubiose und diffizile Geheimdienstoperation ein. Es ging um nicht mehr und nicht weniger als um die illegale Entführung eines deutschen Staatsangehörigen amerikanischer Herkunft am 22. April 1991, also lange nach der Herstellung der staatlichen Einheit, aus Ost-Berlin, durch Angehörige des Luftwaffen-Abwehrdienstes (Office of Special Investigation – OSI) in die USA.

Der frühere Sergeant Jeffrey Martin Carney (MfS-Deckname: KID), Angehöriger einer Einheit der fernmelde-elektronischen Spionage der USA-Luftwaffe in Westberlin-Marienfelde (6912th Electronic Security Group) belieferte seit 1983 die Hauptverwaltung A der DDR mit hochbrisanten Dokumenten über die elektronische Aufklärung und Kampfführung der USA.

Bei einem späteren Einsatz in einem Militärobjekt in den USA desertierte Carney und wurde auf verschlungenen Wegen in die DDR gebracht. Dort setzte ihn das MfS für spezielle technische Aufklärungsmaßnahmen gegen Objekte der USA-Geheimdienste und -Streitkräfte in Westberlin im Auftrag der Hauptabteilung III (Funkaufklärung) ein. Er erhielt die Staatsbürgerschaft der DDR und die entsprechenden Personaldokumente auf den Namen Jens Karney.

Mit der Auflösung des MfS arbeitete Jens Karney als U-Bahn-Fahrer. Durch einen Überläufer aus der Hauptabteilung III (Funkaufklärung) des MfS erhielt das Bundesamt für Verfassungsschutz Kenntnis über die Identität von Carney und informierte die Partner in den USA. Dann kam es am 22. April 1991 in Berlin-Prenzlauer Berg zu der spektakulären Entführung in Mafia-Manier durch eine Einsatzgruppe des OSI, ohne jede Information oder Zusammenarbeit mit deutschen Behörden. Carney wurde sofort in die USA ausgeflogen und danach zu 38 Jahren Haft verurteilt.

Im Prozeß kam zur Sprache, dass Botschafter Walters nicht nur den Sachverhalt kannte, sondern auf die Realisierung der illegalen Entführung direkten Einfluss nahm. Zitat: „US-Botschafter Vernon Walters war direkt in den Vorgang eingeschaltet und drängte auf Eile."[26]

Ob ein solches Vorgehen mit der für einen Botschafter gebotenen Achtung gegenüber Recht und Gesetz seines Gastlandes vereinbar war, dürfte nachdrücklich in Frage gestellt werden. Aber wenn es den Interessen von Uncle Sam dient, agieren amerikanische Botschafter immer noch wie die Generalgouverneure von Kolonien, zumal wenn sie Walters heißen und in Deutschland akkreditiert sind.

---

26 - Vgl. „Der Tagesspiegel" vom 8. November 1999: Jürgen Schreiber: „Der amerikanische Freund"

Kapitel II

Führungskraft des Staatsterrorismus

„Wo Beweise dafür auftauchten, dass ein Land ins Gleiten gerät und eine kommunistische Machtübernahme droht ... können wir nicht auf eine schriftliche Einladung warten, wir müssen kommen und Hilfe bringen."

Allan Dulles[1]

---

1 - aus einem Brief von Allan Dulles an den Korrespondenten Chalmers Roberts von der Washington Post unter Bezugnahme auf die CIA-Operationen im Iran und in Guatemala; zitiert bei Marchetti/Marks: CIA, Heyne Sachbuch, 1974, S. 59

Die USA kämpfen für Öl - Operation AJAX
Iran 1953

Vernon Walters war 1953 vor Ort beteiligt am Putsch gegen die Regierung von Ministerpräsident Muhammad Mossadegh im Iran, um den gestürzten Schah wieder einzusetzen, aber insbesondere, um die Interessen der großen Ölkonzerne durchzusetzen mit dem „Nebeneffekt", dass nunmehr die amerikanischen Ölkonzerne im Iran das Sagen hatten und die Briten eine weitere Bastion ihrer Wirtschaftsmacht einbüßten.

1941 wurde der Schah Reza Khan zur Abdankung gezwungen, aber die Engländer sorgten dafür, dass sein Sohn, Mohammad Reza Pahlawi, den Thron besteigen konnte. Iran hatte im Zweiten Weltkrieg große Hoffnungen darauf gesetzt, mit Hilfe der deutschen Faschisten ein großiranisches Imperium zu schaffen.

Auf der Konferenz der <<großen Drei>> in Teheran (Ende 1943) war beschlossen worden, dass der Iran nach Kriegsende von den alliierten Mächten verwaltet wird, aber sechs Monate nach Kriegsende sollten die ausländischen Truppen abgezogen und die territoriale Integrität des Landes wiederhergestellt werden. Diese Jahre brachten einen Aufschwung der nationalen und demokratischen Kräfte im Iran. Insbesondere die Gewerkschaften und die 1941 als Nachfolgerin der Kommunistischen Partei des Iran gegründete Tudeh-Partei mobilisierten die Bevölkerung, vor allem für die nationale Nutzung der Ressourcen des Landes, insbesondere des Ölreichtums.

Am 20. März 1951 verabschiedete das iranische Parlament das Gesetz zur Verstaatlichung der Erdölindustrie. Am 29. April 1951 übernahm einer der Anführer der Bewegung im Lande, der bürgerliche Politiker Muhammad Mossadegh, das Amt des Ministerpräsidenten. Nach Inkrafttreten des Gesetzes wurde die „National Iranian Oil Company (NIOC)" als Nachfolgerin der „Anglo-Iranian Oil Company" gegründet.

Die USA-Position bezüglich der geostrategischen Interessenlage wird in einem Leitartikel der *Harald Tribune* vom 18. Mai 1951 deutlich ausgesprochen:

„Das amerikanische Interesse an der Lage ist vielseitig und tief. Wenn diese Expropriation, welche Nationalisierung genannt wird, durchgeht, werden die amerikanischen Investitionen in Saudi Arabien nicht mehr lange sicher sein. Das ganze schwankende Gleichgewicht im Mittleren Osten wird unwiederbringlich gestört sein. ... Von jedem Gesichtspunkt aus sind die

USA gezwungen, sich hinter Großbritannien zu stellen, dessen Bemühungen bei Verhandlungen zu unterstützen und unzweifelhaft klarzustellen, dass wir unter keinen Umständen technische Hilfe zum Betrieb der Ölfelder und der Raffinerie leisten, wenn die Briten vertrieben werden."

US-Botschafter Grady erklärte noch deutlicher:

„Wenn es uns gelingt, den Iran ordentlich in ein Wirtschaftschaos zu bugsieren, dass wir den Mossadegh loswerden, kommt schon alles zurecht."

Der englische Premier Eden schrieb später in seinen Memoiren:

„Ich dachte, dass es besser ist, wenn wir versuchen, Mossadegh abzulösen, als ihn zu kaufen. In einem Gespräch mit Eisenhower gelangten wir zur Übereinstimmung in dieser Frage..."

Im Sommer 1953 lief die CIA-Operation AJAX an. Sie wurde koordiniert von General Norman A. Schwarzkopf (Vater des Kommandierenden Generals Norman A. Schwarzkopf im Golfkrieg 1991).

Die Leitung der Operation AJAX war im Juni 1953 von CIA-Direktor Allan Welsh Dulles persönlich übernommen worden. Bei einem Treffen in der Schweiz mit dem US-Botschafter Loy Henderson und CIA-General Schwarzkopf gemeinsam mit der Zwillingsschwester des Schahs, Prinzessin Ashraf, wurden die notwendigen Abstimmungen getroffen.

Die operative Leitung vor Ort übernahmen der CIA-Resident William E. Warne und CIA-Major Kermit Roosevelt. Er war als Leiter des Referates Naher und Mittlerer Osten in der Operationsabteilung der CIA-Zentrale seit März 1953 unter tiefer Tarnung in Teheran eingesetzt. In seinen Erinnerungen heißt es: „Was die Zahl der Agenten (gemeint hier offensichtlich: eingesetzte Mitarbeiter der CIA – Anm. K.E) betrifft, bin ich nicht ganz sicher, ob es sechs oder acht Personen waren. Etwa 700.000 oder 800.000 Dollar waren vorhanden. Während der ganzen Operation wurden etwa 10.000 Dollar ausgegeben. ... Nun, einige Iraner haben auch gearbeitet, und was sie brauchten, war praktische Einweisung und Unterstützung. ... So schwer war die Arbeit nicht, denn es gab viele Iraner, die gegen die Regierung waren und bereit zuzuschlagen. Was sie nötig hatten, war etwas Unterstützung, Hilfe und manchmal geringe Summen Geld."

Vorrangig erfolgte die Werbung von Agenten unter Offizieren des Schah-Geheimdienstes und unter den hohen Militärs. Die Amerikaner setzten besonders auf das Militär, da das Offizierskorps traditionell eng mit dem

Hof verbunden war und dem Zivilisten Mossadegh feindselig gegenüberstand. Der hatte auch noch gewagt, 200 Offiziere zu entlassen. Die militärische Seite des Putsches beleuchtete Generalmajor George Stewart von der US-Militärmission im Iran:

„Als die Krise begann und die Situation ins Wanken geriet, haben wir unsere Prinzipien beiseite geschoben und – in Verbindung mit anderen Maßnahmen – die Armee in Alarmbereitschaft versetzt. Alle Gewehre, die die Soldaten in den Händen hielten, die Lastwagen und Panzerspähwagen stammten aus amerikanischen Hilfeleistungen für die Armee. ..."[2]

Im Unterschied zur CIA gab die Militärmission mehr als 10 Millionen Dollar für die Anwerbung von Agenten und Provokateuren aus.

Der Anführer der Putschisten auf iranischer Seite war General Fazlullah Zahedi, ehemaliger Generalinspekteur der Armee und Polizeiminister, der bereits in früheren Jahren zu den führenden Kollaborateuren mit den deutschen Faschisten gehörte. Am Morgen des 18. August 1953 erschien US-Botschafter Henderson bei Mossadegh und erklärte ihm unumwunden: „Die Vereinigten Staaten erkennen nur General Zahedi als Ministerpräsidenten an. Weiter habe ich Ihnen nichts zu sagen."[3]

Am 19. August 1953 fuhr ein amerikanischer Schützenpanzerwagen Zahedi zum Offiziersklub in Teheran, dort erklärte er die Regierung Mossadegh für abgesetzt. Die Armee stürmte den Regierungssitz, besetzte strategisch wichtige Punkte und nahm erste Verhaftungen vor. Danach wurden alle demokratischen Organisationen verboten, Zehntausende wurden verhaftet, gefoltert oder verschwanden spurlos. Es gab Massenhinrichtungen, darunter vieler demokratischer Offiziere.

Der damalige CIA-Chef für Geheime Operationen, Tom Ryden, fasste als Resümee der Operation AJAX zusammen:

„Das war nicht der erste Erfolg dieser Organisation (gemeint ist die CIA –Anm. K.E.) im Ausland, aber es war ein sehr großer Erfolg, weil es eine komplizierte, schwere und gefährliche Aktion war und mit einem Minimum an menschlicher Kraft und Geld mit Erfolg durchgeführt wurde. Das hatte die Folge, dass die CIA mehr Selbstvertrauen bekam..."

---

2 - alle vorstehenden Zitate aus: in Günter Neuberger/Michael Opperskalski: CIA im Iran, Lamuv-Verlag,1982, S.24f.;
3 - Vgl. ND vom 16./17. August 2003: Klaus Polkehn: Ein klassischer Coup d'Etat;

Der weitere Lebensweg von Vernon Walters wird zeigen, dass er auch ganz persönlich vieles von diesem Selbstvertrauen in die Wirksamkeit verdeckter Aktionen, die mit Folter und Mord einhergehen, mitgenommen hatte.

Er war zum Zeitpunkt des Putsches noch zu gering in der Geheimdienst-Hierarchie, als dass er schon 1953 nachvollziehbare Spuren hinterlassen hätte, aber seine ersten Staatsstreich-Erfahrungen im Iran hatten prägenden Charakter für sein weiteres Wirken.

In seinen Memoiren widmet Walters diesem Einsatz zwar mehrere Seiten, aber das liest sich alles ganz harmlos. Er habe als Assistent von Averell Harriman nur bei den verschiedensten Gesprächen als Dolmetscher fungiert. Harriman war von Präsident Truman in Sondermission in den Iran geschickt worden.[4]

Sonderbotschafter Avarell Harriman mit Vernon Walters (Mitte) im Gespräch mit Ministerpräsident Mossadegh

---

4 - Vgl. Vernon A. Walters: In vertraulicher Mission; Bechtle-Verlag, 1990 (im weiteren zitiert: Walters, Mission); S. 160ff.

In den folgenden Jahren hinterließ Walters vor allem Spuren in seiner Tätigkeit als Militärattaché an verschiedenen Brennpunkten der Weltpolitik.

Sehen wir uns die Funktion eines Militärattachés einmal etwas genauer an.

Er ist offiziell der Vertreter der Streitkräfte seines Landes im jeweiligen Einsatzland.

In den Vereinigten Staaten ist ein Militärattaché prinzipiell Mitarbeiter des Geheimdienstes des Verteidigungsministeriums, der Defense Intelligence Agency - DIA.

In der DIA-Zentrale ist die Leitung des Einsatzes der Militärattachés direkt mit dem Direktorat für Operationen verbunden (Directorate for Attaches & Operations). Das Direktorat für Operationen der DIA ist der Führungsstab für alle nachrichtendienstlichen Aktivitäten des zentralen militärischen Geheimdienstes der USA.

Auch in der Grundsatzanweisung des Präsidenten der USA für die Tätigkeit der sogenannten Intelligence Community (Gesamtheit der Geheimdienststrukturen der USA), der Executive Order 12333 vom 4. Dezember 1981 wird als Punkt 4 der Hauptaufgaben der DIA die „Leitung des Systems der Militärattachés" definiert.

Operation „Piano solo": Gegen Sozialisten und Kommunisten
Heeresattaché in Italien, 1960 - 1962

In seiner Autobiographie beschreibt Walters seine Vorbereitung auf den Einsatz als Militärattaché in Italien mit folgenden Worten:

„Zunächst wurde ich auf die Attache-Schule in Washington geschickt, obwohl ich ja bereits als stellvertretender Attache in Brasilien tätig gewesen war. Auch erhielt ich in dieser Zeit Instruktionen im Pentagon und bei der CIA, aus denen ich den Eindruck gewann, dass die Italiener zwar über einen recht effektiven Nachrichtendienst verfügten, aus finanziellen Gründen jedoch nicht mit den großen Geheimdiensten dieser Welt mithalten konnten."[5]

Die Vereinigten Staaten waren äußerst besorgt über die politische Entwicklung in Italien. Die ersten Direktiven des 1947 gebildeten Nationalen Sicherheitsrates der USA legten Ziele und Aufgaben der Geheimdienst- und

---

5 - Vgl. Walters, Mission, S. 236

Sicherheitspolitik gegenüber den Entwicklungen in Italien fest. Das betraf die NSC-Direktiven 1/1 vom 14. November 1947, 1/2 vom 10. Februar 1948 und 1/3 vom 8. März 1948 – alle im Vorfeld der Wahlen vom 18. April 1948 in Italien.

Dabei war Italien nur eines von vielen Sorgenkindern der USA-Politik. Infolge der herausragenden Rolle der Sowjetunion bei der Zerschlagung des Faschismus, der aktiven Beteiligung der Kommunisten am antifaschistischen Widerstand, stieg das Ansehen der Kommunisten in Europa steil an. Das zeigte sich sowohl im Wachstum der Mitgliederzahlen der kommunistischen Parteien als auch in den Wahlergebnissen. Bei Parlamentswahlen bis 1948 errangen die Kommunisten in Westeuropa u.a. folgende Ergebnisse: Frankreich 28,6% (1946), Finnland 20% (1945), Italien 19% (1946), Norwegen 11,9% (1945). In den ersten Nachkriegsjahren wirkten auch in vielen europäischen Ländern kommunistische Minister in den Regierungen mit. In konzertierten Aktionen der inneren Reaktion, meist ein Bündnis vom katholischen Klerus über rechte Sozialdemokraten bis zu faschistischen Gruppierungen, und im Zusammenspiel mit den entsprechenden Organen der USA und Großbritanniens wurde bis 1948 erreicht, dass alle kommunistischen Minister in Westeuropa aus den Regierungen entfernt wurden. Aber für die Reaktion blieb dieses „Gespenst des Kommunismus" immer eine reale Bedrohung.

Dieses Szenario von der Bedrohung durch den Kommunismus bestimmte auch noch den Einsatz von Vernon Walters in Italien von 1960 bis 1962. Die Vereinigten Staaten organisierten den Widerstand gegen die in Italien vorgesehene Politik einer „Öffnung nach links". Nach der Kommunistenfurcht der vergangenen Jahre lösten bereits die Überlegungen, Vertreter der italienischen Sozialisten in Regierungsverantwortung einzubinden, panikartige Reaktionen aus und riefen die amerikanischen Geheimdienste im engen Verbund mit den italienischen Geheimdiensten zur Verhinderung einer solchen politischen Entwicklung auf den Plan.

Walters unterhielt enge Kontakte zum Leiter des italienischen Geheimdienstes, General Giovanni De Lorenzo, den er bereits während des Krieges kennen gelernt hatte.

Claire Boothe Luce, die amerikanische Botschafterin in Italien und Frau des Verlegers der Wochenzeitschriften *Time* und *Life*, betrieb 1956 erfolgreich die Ernennung des Generals Giovanni De Lorenzo zum Chef des Geheimdienstes SIFAR, der die Führung der Gladio-Aktivitäten übernahm. 1962 sorgte die CIA dafür, dass De Lorenzo Chef der nationalen Polizeieinheiten, der Carabinieri, wurde, zugleich aber den Zugriff auf den Geheimdienst behielt. Zusammen mit 17 SIFAR-Offizieren säuberte De Lorenzo nun die Carabinieri von Kräften, die einer ausreichend rechten Gesinnung ermangelten.

Der amerikanische Militärattaché Vernon Walters legte dem italienischen Geheimdienstchef in einer Denkschrift nahe, doch künstlich eine nationale Krise herbeizuführen, um so den Weg zu einer Mitte-Links-Regierung zu verbauen, innerhalb der Sozialisten für Spaltung zu sorgen und im übrigen Kräfte zu unterstützen, die für die Erhaltung des Status quo in Italien eintraten.[6]

Eines der Instrumente zur Erzeugung und Verschärfung nationaler Krisen in einzelnen Ländern war die unter der Bezeichnung GLADIO bekannte Untergrundorganisation der NATO, inspiriert und gesteuert von den US-Geheimdiensten. GLADIO ist die Bezeichnung für das römische Kurzschwert, in Abwandlung davon wurde diese Organisation auch schon als das „blutige Schwert der CIA"[7] bezeichnet, denn GLADIO ist eine geheime nachrichtendienstliche und paramilitärische Widerstandsorganisation. Sie war in vielen europäischen Ländern, einschließlich neutraler Staaten wie Österreich, vorgesehen, im Falle eines Angriffes der Sowjetunion auf Westeuropa sich von den kämpfenden Einheiten überrollen zu lassen und dann im Hinterland Widerstand zu organisieren. Dazu wurden geeignete Kader rekrutiert, ausgebildet und es wurden umfangreich Depots mit Waffen, Sprengstoff und Kommunikationsausrüstungen angelegt.

Bei dem Konzept der Überrollgruppen hatten die amerikanischen Experten eine Anleihe bei den deutschen Faschisten aufgenommen. Das Reichssicherheitshauptamt (RSHA) hatte mit den Kollaborateuren in den einzelnen Ländern ein umfangreiches Programm des Aufbaus von „Überrollgruppen" beim Rückzug aus den besetzten Gebieten realisiert. Die Werwolf-Organisation der deutschen Faschisten war wohl ein Beispiel dafür. Spezialkommandos des OSS (Office of Strategic Services – militärischer Geheimdienst der USA im II. Weltkrieg), aus dem Bereich Gegenspionage (dem X-2-Dienst des OSS) waren mit den Kampftruppen vorgerückt, um die „Stay-behind-Agenten" der Faschisten aufzuspüren. In Italien gehörte zum X-2-Dienst u.a. James Jesus Angleton, der spätere langjährige (1954-1974) Leiter der Abteilung Gegenspionage der CIA. Er entwickelte die Konzeption, erkannte Stay-behind-Agenten nicht zu liquidieren, sondern sie anzuwerben.[8] Es ist bezeichnend für die Geisteshaltung von Angleton, den eine krankhafte Furcht beherrschte, überall von Feinden umgeben zu sein, dass er bezüglich der aufgespürten aktiven Faschisten solcherart Bedenken offensichtlich nicht hegte. Die Organisation GLADIO beruht auf der NSC-Direktive 10/2 vom

---

6 - Vgl. Andreas von Bülow: Im Namen des Staates; CIA, BND und die Machenschaften der Geheimdienste; Piper, 1998 (im weiteren zitiert: Bülow, Staat); 312f

7 - so u.a. der SPD-nahe Parlamentarisch-Politische Pressedienst; vgl. DER SPIEGEL 47/1990, S. 19

8 - lt. Peter Tompkins, OSS Rom, in einem dreiteiligen Beitrag des Senders VOX vom August 1993

18. Juni 1948 (Vgl. Anlage: Dokumente), mit der die Aufgabe gestellt wurde, „geheime paramilitärische Operationen sowie eine politische und ökonomische Kriegführung" zu realisieren.

Die NSC-Direktive 10/2 bestätigte ein Programm geheimer „Propaganda, des Wirtschaftskrieges, vorbeugender direkter Aktionen wie Sabotage, Sabotage-Abwehr, Zerstörungen und Organisierung von Fluchtbewegungen", forderte „subversive Maßnahmen gegen feindliche Staaten, darin enthalten Hilfe für Widerstandsgruppen im Untergrund, für Guerillas und für Flüchtlingsorganisationen sowie Unterstützung für alle antikommunistischen Kräfte innerhalb gefährdeter Länder der freien Welt."[9]

Um es noch einmal deutlich auszusprechen: Die „Stay-behind-Organisationen" in allen Ländern waren auch darauf ausgerichtet, bei einem friedlichen Machtwechsel im Lande wirksam zu werden.

Die Entstehung von GLADIO in Italien wird auf ein Abkommen aus dem Jahre 1951 zwischen dem italienischen Geheimdienst und der CIA zurückgeführt. Nach diesem Abkommen sollte eine im Untergrund arbeitende Sondertruppe aufgebaut werden, um den „weichen Bauch" der NATO besser gegen sowjetische Einbrüche zu schützen. [10]

Es dauerte jedoch nicht lange, und die GLADIO-Gruppen erfüllten zunehmend innenpolitische Aufgaben. Nach der Überzeugung vieler Autoren wurden sie genutzt, um in Italien eine „Strategie der Spannungen" durchzusetzen, indem ganze Serien von Terrorakten linksextremistischen Organisationen zugeschrieben wurden, die aber letzten Endes nur dazu dienten, eine mögliche Zusammenarbeit mit Sozialisten und Kommunisten in Italien zu diskreditieren.[11]

Wir werden dieser Art der Destabilisierung im Leben von Vernon Walters noch mehrfach begegnen. Spuren des Wirkens von Vernon Walters in der Zeit seines Einsatzes als Militärattaché in Italien sind genügend aufzufinden.

„Der frühere italienische Geheimdienstchef Gerards Seravalle sagte aus, CIA-Agenten, die schon den Sturz Mossadeghs im Iran und die Machtübernahme durch den Schah betrieben hätten, hätten in Italien mit allem Nachdruck auf ein Vorgehen der Geheim-

9 - Vgl. Prouty/Fletcher: „JFK, The CIA, Vietnam and the Plot to Assasinate John F. Kennedy, New York 1992, S. 26
10 - Vgl. Frankfurter Rundschau vom 06.11.1990: Horst Schlitter: „Ein ‚Schwert' gegen Italiens Opposition?
11 - Vgl. dazu auch eine dreiteilige Dokumentation des Senders VOX vom August 1993

dienste gegen die Kommunisten nach vietnamesischem Vorbild (Phoenixprogramm) gedrängt."[12]

Noch deutlicher wird Walters' Rolle durch Andreas von Bülow beschrieben:

„1962 hatte Vernon Walters, der damalige Sprecher der CIA (Walters war zu diesem Zeitpunkt Heeresattaché in Italien und keineswegs Sprecher der CIA – Anm. K.E.) in Rom, die Anweisung gegeben, in verdeckter Weise auf die Vorbereitung und den Ausgang der Wahl in Italien Einfluß zu nehmen. Alle Gruppen, die sich einer Veränderung der politischen Verhältnisse widersetzten, sollten finanziell unterstützt werden. Ferner sollten Aktionen zur Schwächung und Spaltung der Sozialisten in Szene gesetzt werden. Im Bereich der Medien sollten alle Kräfte gestärkt werden, die die öffentliche Meinung in diesem Sinne beeinflussen könnten. Daraufhin eröffneten die italienischen Dienste eine Kampagne, die die schlechte wirtschaftliche und politische Lage des Landes zum Gegenstand hatte. 1963 wurde aus einem Kreis von 2.000 ausgewählten Personen Gruppen gebildet, die willens und in der Lage waren, Bomben zu legen, Attentate zu verüben und diese Aktivitäten zur Beeinflussung der öffentlichen Meinung in Szene zu setzen."[13]

„Der damalige Militärattaché der US-Botschaft in Rom vertrat bei Treffen mit den CIA-Verantwortlichen (die Position), dass die USA nicht zögern dürften, im Falle eines Regierungsantritts der PSI in Italien einzumarschieren."[14]

Lassen wir noch einen Italienexperten zu Wort kommen, den Publizisten Dr. Gerhard Feldbauer: „Bereits der ersten, 1963 von Moro gebildeten linken Zentrumsregierung wollte man in Washington mit einem neofaschistischen Staatsstreich begegnen. Die militärische Leitung lag vor Ort in den Händen des amerikanischen Militärattachés, Oberst Vernon Anthony Walters, der Italien bereits aus der Zeit des Zweiten Weltkrieges kannte, in dem er Adjutant bei General Mark Clark war.

---

12 - Vgl. Jonathan Kwitny: An International Story: The CIA's Secret Armies in Europe, The Nation, 6.4.1992; zitiert in Bülow, Staat, Fn 680

13 - Vgl. Bülow, Staat, S. 355; lt. Fn. 770 aus: Willems, Jens Dossier Gladio, Edition EPO, Brüssel,1991,S. 84ff

14 - Vgl. Jens Mecklenburg (Hrsg): GLADIO; Die geheime Terrororganisation der NATO; Elefanten Press, 1997, S. 30; lt. Fn. 20 zitiert nach Mario Coglitore und Sandro Scarso: La notte die gladiatori; Padova, 1991, S. 26

Interventionsdrang bestimmte das Handeln Walters auch bereits 1963 in Italien. Für die Linksöffnung Moros forderte er, dass, wenn die Sozialistische Partei in die Regierung eintritt, die Vereinigten Staaten ohne zu zögern das Land militärisch besetzen müssten.'(zitiert bei Faenza, S. 310). Unter dem Decknamen ‚Piano solo' arbeitete die CIA mit dem italienischen Geheimdienst SIFAR einen exakten Staatsstreichplan aus. Chef des SIFAR war zu dieser Zeit General Giovanni De Lorenzo, ein neofaschistisch orientierter General, Mitglied der Monarchistischen Partei, der Ende der 60er Jahre zur neofaschistischen Partei Movimento Sociale Italiano überwechselte. Auf Betreiben der CIA übernahm De Lorenzo Anfang 1963 das Kommando über das Carabinieri-Korps, mit dem der Putsch bewerkstelligt werden sollte. Den SIFAR-Oberst Renzo Rocca beorderte die CIA nach Langley, wo er Instruktionen über den Aufbau spezieller Gladio-Einheiten erhielt, die bei dem De Lorenzo-Putsch eingesetzt werden sollten. ...

Ab 1966 mußte sich auf Antrag der linken Opposition eine Parlamentskommission mit der Affäre De Lorenzo befassen. Als ungeheuerlichster Tatbestand kam heraus, dass der SIFAR unter direkter Regie von Oberst Walters einen, wie man heute sagt, ‚Lauschangriff' gegen zahlreiche hohe und höchste Persönlichkeiten des Staates, beileibe nicht nur Kommunisten und Sozialisten, sondern ebenso Gewerkschaftsführer, Antifaschisten und Politiker bürgerlicher Parteien geführt und 157.000 Personen als ‚unzuverlässig' eingestuft und auf ‚schwarzen Listen' erfasst hatte. Darunter befanden sich Moro und sein gesamter Mitarbeiterstab. Die Personen sollten bei Beginn des Militärputsches verhaftet und auf zwei Sardinien vorgelagerte Inseln gebracht und dort in Konzentrationslager gesperrt werden. ... Das Vorgehen gegen Moro wurde vor allem durch die CIA und führende NATO-Militärs der USA geprägt. Bestimmenden Einfluß darauf nahm Vernon Walters."[15]

General Vito Miceli, früherer Chef des Geheimdienstes SID, konferierte

---

15 - Vgl. Feldbauer, Gerhard: Agenten, Terror, Staatskomplott; Der Mord an Aldo Moro, Rote Brigaden und CIA; PapyRossa Verlag, 2000; S. 25ff, Anmerkung: die Unterschiede in den Zeitangaben konnten nicht verifiziert werden.

1978 eine Woche lang in den USA mit führenden Politikern, hohen Militärs, Experten der CIA und führenden Mafia-Vertretern. Lt. der Zeitschrift *Panorama* Nr. 662/78 war er sich mit seinen Gesprächspartnern einig, um die IKP aus der Regierung zu vertreiben, „den NATO-Mechanismus (…) der geheimen politischen und militärischen Klauseln des Paktes für Italien" in Gang zu setzen.

```
„Wenn Miceli vom Ingangsetzen der ,geheimen politischen
und militärischen Klauseln des Paktes' sprach, denkt man für
gewöhnlich an eine offene militärische Intervention, wie sie
General Walters im Falle der ersten Apertura à sinistra Moros
1963/64 hatte durchführen wollen. Im Kenntnis von Gladio kann
man jedoch auch davon ausgehen, dass Miceli den Einsatz der
geheimen CIA-geführten NATO-Truppe meinte, um Moro zu liqui-
dieren und die Kommunisten ,wieder aus der Regierung zu wer-
fen'. Diese Aufgabe hatten CIA und Gladio bereits beim De
Lorenzo-Putsch wahrgenommen und forciert im Rahmen der Ende
der 60er Jahre in Szene gesetzten Spannungsstrategie."¹⁶
```

Ein enger Freund des Putsch-Generals - Operation „Brother Sam"
Brasilien, Militärattaché von 1962 bis 1967

Im Rahmen recht ehrgeiziger Entwicklungsprojekte der brasilianischen Bourgeoisie unter Einschaltung des Staates war bis Anfang der sechziger Jahre auch ein Zweckbündnis der Brasilianischen Arbeiterpartei und der Sozialen Demokratischen Partei entstanden. Unter den Präsidenten Quadros und Joao Goulart (1961-1964) wurde versucht, die wirtschaftliche Infrastruktur des Landes mit Hilfe staatlicher Regulierungen und Planungen beschleunigt zu entwickeln, ohne die Interessen der Werktätigen außer Acht zu lassen und ohne sich dem Auslandskapital völlig zu unterwerfen. Das war verbunden mit einem Aufleben einer breiten demokratischen Volksbewegung, inspiriert vom Sieg der kubanischen Revolution und als Gegenkraft gegen die kapitalistischen Krisenerscheinungen. Eine solche Entwicklung rief den Widerstand führender Kreise der brasilianischen Großbourgeoisie und auch der USA hervor.

---

16 - ebenda, S. 8of.

Am 31. März 1964 wurde Präsident Goulart von reaktionären brasilianischen Militärs mit aktiver Unterstützung der USA in einem blutigen Putsch gestürzt. USA-Botschafter Lincoln Gordon bezeichnete diesen Putsch als eines der bedeutendsten Weltereignisse der zweiten Hälfte des 20. Jahrhunderts, vergleichbar mit dem Marshall-Plan und dem Koreakrieg.[17]

Die CIA führte die Geheimoperation zur Unterstützung der brasilianischen Militärs unter der Deckbezeichnung „Brother Sam". Die nachfolgende Militärdiktatur wurde angeführt von Castelo Branco.

Hier kreuzen sich zwei Lebenswege. Im Rahmen seiner Tätigkeit an Lehreinrichtungen der Militäraufklärung der USA war Walters ca. 1943 verantwortlich für die Ausbildung von brasilianischen Militärs im Fort Leavenworth/Kansas. Dort freundete er sich mit einem jungen brasilianischen Offizier an, Humberto Castelo Branco. Walters setzte seine Militärlaufbahn fort als Gehilfe von General Mark W. Clark in Italien. Dort war er auch bis nach Kriegsende Verbindungsoffizier zur 1. Brasilianischen Infanterie-Division in Italien. Er wohnte in dieser Zeit auf dem gleichen Flur wie sein Freund Castelo Branco.

Von 1945 bis 1948 war Walters stellvertretender Militärattaché in Brasilien. Er begleitete Präsident Truman und Außenminister Marshall bereits 1945 bei einem Besuch in Brasilien und nahm 1947 an der Pan-Amerika-Konferenz in Bogota/Kolumbien teil. Hierbei kam er erstmalig in Berührung mit breiten sozialen Protestaktionen. Die massiven Proteste gegen die Konferenz wurden blutig niedergeschlagen, mehr als 2.000 Todesopfer waren zu beklagen. Interessanterweise erhielt Walters für seine Dienste während dieser Ereignisse eine Medaille – das führte in Lateinamerika zu Spekulationen über seine Rolle während dieser Ereignisse.

Walters war zum Zeitpunkt des Putsches in Brasilien bereits seit zwei Jahren Chef der Militärattachégruppe der USA in Brasilien. Im Rahmen seiner vielfältigen Kontakte zu den Militärs machte er ihnen ziemlich deutlich klar, dass die USA gegen einen Putsch nichts einzuwenden hätten. Diese Kontakte können auch als Vermittlung zwischen den verschiedenen konspirativen Verschwörergruppen angesehen werden. Immerhin beschreibt er in seinen Memoiren eine Szene während eines Besuches bei einem brasilianischen Offizier. Dieser wurde im Verlauf des Besuches angeblich hinausgerufen und bemerkte nach seiner Rückkehr: „Walters, da draußen ist

17 - Vgl. Manfred Uschner: Lateinamerika - Kleines Nachschlagewerk, Dietz Verlag Berlin, 1985, S. 30f.

jemand, der für fünftausend Dollar garantiert, Goulart umzule-
gen. Was sagen Sie dazu?" Natürlich habe Walters das abgelehnt.[18] Aber
welch ein Vertrauen muss dieser brasilianische Offizier zum Militärattaché
der USA gehabt haben, wenn er ihn mit der Frage konfrontiert, was er davon
halte, wenn jemand den rechtmäßig gewählten Präsidenten seines Gastlandes
ermorden will. Walters bestreitet in seinen Memoiren die Kenntnis der
Deckbezeichnung der CIA-Operation „Brother Sam", er habe erst 1977 nach
der Veröffentlichung von entsprechenden Dokumenten davon Kenntnis erhalten, aber immerhin konnte er bereits eine Woche vor dem Coup den exakten
Tag des Putsches nach Washington melden.

Wie auch im Zusammenhang mit seiner Vorhersage über die deutsche
Vereinigung will Walters uns auch diesbezüglich auf seine „hellseherischen
Fähigkeiten" hinweisen, aber wir sehen es wohl besser als Beweis für die tief-
gehende Kenntnis über Details der geheimdienstlichen und militärischen
Operationsplanung. Dazu gehört auch, dass Walters bereits am nächsten
Morgen nach Beginn des Putsches mit Castelo Branco frühstückte (ein Sekt-
frühstück auf den gemeinsamen Erfolg?) und ihn angeblich bedrängte, die
Präsidentschaft zu übernehmen.

Ein Bestandteil der Geheimoperation „Brother Sam" war außerdem die
Planung des Einsatzes von Einheiten der US-Marine, wenn der Putsch fehl-
schlagen sollte. Diese Planungen können jedoch nicht ohne Zuarbeiten des
Militärattaché-Stabes vor Ort realisiert werden, also kannte Walters zumindest den militärischen Teil der Operation „Brother Sam".

Den Sinn solcher angeblicher „Eventualplanungen" (eine äußerst demago-
gische Umschreibung für die Planung von Staatsstreichen) begründet Walters
mit folgenden Argumenten: „Alle Nationen befassen sich unter fast
allen Umständen damit, um nicht von plötzlichen Veränderungen
überrollt zu werden. Dahinter steckt nur selten böser Wille,
sondern allenfalls kluge Voraussicht. Die Kommunisten hatten
vor kurzem die Macht in Kuba übernommen, und diese Planung
gründete sich nun auf die Eventualität, dass die Sowjets ihren
brasilianischen Freunden beizuspringen gedachten. Die Veröffentlichung solcher Eventualpläne ist dazu benutzt worden, den
Nachweis zu erbringen, dass die Vereinigten Staaten in irgend-
einer Weise hinter der brasilianischen Revolution von 1964
steckten, was aber keineswegs der Fall war."[19]

18 - Vgl. Walters, Mission, S. 259
19 - Vgl. Walters, Mission, S. 251

Die antikommunistische Stoßrichtung dieser Argumentation ist Beweis genug, dass diese Planungen in erster Linie vom „bösen Willen" diktiert waren, jede demokratische Entwicklung in den Einflusssphären der Vereinigten Staaten zu verhindern.

Walters hat auf diese Jahre seine eigene Sicht. Stellen wir sie den historischen Tatsachen gegenüber: Der US-Botschafter in Brasilien, Lincoln Gordon, forderte Walters an, „weil in Brasilien eine gefährliche Situation entstand, in der das Militär eine Schlüsselrolle spielen würde, und weil er wohl meinte, das ich der geeignete Mann wäre, zu beurteilen, was in den Köpfen der Militärs vorging und was überhaupt los war."[20]

„Botschafter Gordon war beunruhigt: einerseits über den wachsenden kommunistischen Einfluss und andererseits über die fortschreitende Abkühlung der Beziehungen der Vereinigten Staaten. Dann sagte er: ‚Von Ihnen erwarte ich drei Dinge: Erstens will ich wissen, was in den Streitkräften vor sich geht; zweitens will ich durch Sie einen gewissen Einfluss auf sie ausüben; und drittens – das ist das Wichtigste – verschonen Sie mich mit Überraschungen!' "[21]

Natürlich hatte Walters nach seiner Darstellung absolut nichts mit einer Verschwörung oder der Vorbereitung eines Putsches zu tun. Damit wir ihm das auch glauben, kolportiert er folgendes Gespräch mit dem brasilianischen Botschafter in den USA:

„Einmal nahm mich Roberto Campos, ein Wunderkind der Wirtschaftswissenschaften und damals Goularts Botschafter in den Vereinigten Staaten, beiseite und sagte: ‚Walters, was steckt eigentlich hinter diesen Verschwörungsgeschichten, die man sich von Ihnen erzählt? Präsident Goulart höchstpersönlich hat mich gefragt, ob er Sie des Landes verweisen soll.'

Darauf gab ich zur Antwort: ‚Herr Botschafter, ich gebe Ihnen mein Ehrenwort als Offizier der US-Armee, dass kein Fünkchen Wahrheit daran ist. Ich kenne die Brasilianer zu gut, um nicht zu wissen, wie sauer sie auf einen Ausländer reagieren würden, der sich in ihre inneren Angelegenheit mischt. Dies würde auch meinen Instruktionen völlig widersprechen. Ich gebe mir lediglich alle Mühe herauszufinden, was im Lande vor sich geht und was passieren

20 - Vgl. Walters, Mission, S. 264
21 - Vgl. Walters, Mission, S. 255

könnte, genauso wie Sie oder sonst ein brasilianischer Offizier es in jedem Lande tun würde, wo er gerade akkreditiert ist.'"[22]
An anderer Stelle betont Walters noch einmal die „Harmlosigkeit" des Wirkens der CIA und der DIA vor Ort:

„Goulart gab die Schuld an der verfahrenen Situation der CIA, was natürlich völliger Blödsinn war; die CIA folgte den Geschehnissen und führte sie nicht an, und das gleiche galt für meine Dienststelle, die mit der CIA nichts zu tun hat te."[23]

Eine authentische Spur über die Operationen der CIA zur Unterstützung des Putsches finden wir in einer Publikation über erfolgreiche Operativoffiziere der CIA: „Tim Hogan wurde unter tiefer Tarnung in Brasilien eingesetzt. Er begann, Gruppen von Bauern und Arbeitern gegen die Kommunisten zu organisieren. Er erinnert sich: ‚Es waren meine Leute, die gegen ihre Leute antraten. Die Chinesen, Russen und die Kubaner hatten ihre Agenten vor Ort. ... Unsere politischen Aktionen realisierten wir über die katholische Kirche. Ich fühlte mich wie an der Grenze, um unsere Werte gegen subversive Kräfte zu verteidigen.'

Rebellen mit Waffen, die von der CIA gestellt wurden, stürzten Brasiliens linken Präsidenten, Joao Goulart, im April 1964."[24]

Über den Kontakt zum Anführer des Putsches, Castelo Branco, berichtet uns Walters folgendes Rührstück: „Es wurde später oft kolportiert, ich hätte ihn auf die eine oder andere Weise dazu gedrängt, die Führung der Verschwörer zu übernehmen und Goulart zu stürzen. Castelo Branco war jedoch ein stolzer Brasilianer, und hätten ich oder sonst ein Ausländer es jemals gewagt, ihm mit solchen Vorschlägen zu kommen, so hätte er das gewiss entrüstet von sich gewiesen, und es hätte sogar das Ende unserer Freundschaft bedeuten können. Dies wusste ich und kam deshalb nie in Versuchung, ihn beeinflussen zu wollen oder Informationen aus ihm herauszubekommen – dafür war mir seine Freundschaft zuviel wert. Am Abend des 13. März 1964 saßen wir bei ihm zu Hause und sahen uns die Massenkundgebung an,

---

22 - Vgl. Walters, Mission, S. 257
23 - Vgl. Walters, Mission, S. 262
24 - Vgl. Evan Thomas: The Very Best Men, Simon & Schuster, 1995, S. 323

zu der Goulart vor dem Kriegsministerium aufgerufen hatte. Hammer-und-Sichel-Embleme waren allgegenwärtig. Goulart hielt eine flammende Rede. Castelo Branco stellte den Apparat ab und sagte: ‚Dieser Mann wird nicht erst gehen, wenn seine Amtszeit abgelaufen ist.‘ Etwas Weitergehendes zur internen Lage der Nation habe ich nie von ihm zu hören bekommen.“[25]

Im stolzen Resümee von Vernon Walters über diesen Putsch, den Walters hier Revolution(!) nennt, klingen auch die politischen Hintergründe der Operation „Brother Sam“ noch einmal an: „Ein den Vereinigten Staaten unfreundlich gesonnenes Regime war durch ein sehr viel freundlicher gesonnenes abgelöst worden. Manchen mag das nicht gefallen; ich hingegen bin überzeugt, hätte die Revolution keinen Erfolg gehabt, so wäre Brasilien den Weg Kubas gegangen. Zwar mag es unter der neuen Regierung im Übereifer zu vereinzelten Übergriffen gekommen sein, doch war dies nichts im Vergleich zu einem neuen Archipel Gulag, zu dem es unter einer kommunistischen Herrschaft unweigerlich gekommen wäre.“[26]

Aber diese Wertung bedarf doch für unsere Leser eines Kommentars:
Die Politik des Demokraten Goulart war „unfreundlich“ gegenüber den USA, also musste diese Regierung „abgelöst“ werden.

Außerdem führte sie angeblich „unweigerlich“ zu einer kommunistischen Herrschaft, zu einer Entwicklung wie in Kuba, deshalb war sie wegzuputschen.

Eine „kommunistische Herrschaft“ ist identisch mit einem „Archipel Gulag“, also mit einer Schreckensherrschaft mit Straflagern.

Ein solches simples Welt- und Feindbild können nur verbohrte Antikommunisten haben.

Auf der Suche nach Beweisen über die Beteiligung der USA an diesem Putsch stießen wir auf einige am 31. März 2004 freigegebene Dokumente, aus denen eindeutig hervorgeht, dass US-Präsident Johnson, der Außenminister, Verteidigungsminister und der CIA-Direktor fortlaufend im Detail informiert waren und Entscheidungen zur weitreichenden geheimdienstlichen und militärischen Einflussnahme getroffen haben.

In einem Telefongespräch am 31. März 1964, dem Tage des Putsches, von

25 - Vgl. Walters, Mission, S. 263
26 - Vgl. Walters, Mission, S. 268

seiner Ranch in Texas aus, welches als Videoaufzeichnung freigegeben wurde, äußerte Lyndon B. Johnson: „Ich denke, wir sollten jeden Schritt tun, den wir können sowie vorbereitet sein auf alles, was wir auch nur tun könnten." CIA-Direktor John McCone entgegnete, „er würde jeden begrüßen, der ihm eine Idee oder einen genialen Einfall vermitteln könnte" und Verteidigungsminister Robert McNamara ergänzte, „wenn er nur sicherstellt, dass der Putsch vorwärts schreitet."

Bereits am 27. März hatte US-Botschafter Lincoln Gordon in einem längeren Telegramm die Lage analysiert und nachdrücklich die direkte Unterstützung der Verschwörer unter Leitung des Stabschefs der brasilianischen Armee, Humberto Castello Branco, gefordert. Gordons Schlussfolgerung lautete: „Wenn unser Einfluss dazu dient, mitzuhelfen, hier ein schweres Desaster zu vermeiden – welches Brasilien zu einem China der 60er Jahre machen würde – dann, so bin ich mit meinen Beratern der Überzeugung, sollten wir diese Unterstützung geben."

Aber Botschafter Gordon hat auch konkrete Vorschläge parat, wie diese Unterstützung aussehen sollte. Er forderte, „dass schnellstens Maßnahmen ergriffen werden sollten. um uns auf eine geheime Lieferung von Waffen vorzubereiten, die keine Zeichen auf US-Herkunft tragen sollten und die den Helfern von Castillo Branco in Sao Paulo zugänglich gemacht werden sollten."

In einem früheren Telegramm hatte Gordon gefordert, dass diese Waffen bereits vor Ausbruch der Gewalttätigkeiten zur Verfügung stehen müssten, damit sie von paramilitärischen Kräften und „freundlichen Militärs gegen feindliche Militärs" eingesetzt werden könnten.

Gordons Telegramme bestätigten auch die verdeckten Maßnahmen der CIA, „um mitzuhelfen, dass die Widerstandskräfte in Brasilien gestärkt werden." Diese Maßnahmen beinhalteten „verdeckte Unterstützung für pro-demokratische Straßendemonstrationen und Ermunterung (von) demokratischen und antikommunistischen Stimmungen im Kongress, bei den Streitkräften, bei befreundeten Gewerkschaften, Studentengruppen, Kirchen und Wirtschaftskräften."

Aber der US-Botschafter ging noch weiter. Er forderte die gedeckte Entsendung eines Tankers mit Treibstoffen und Schmiermitteln und eine vorsorgliche Dislozierung von Marinestreitkräften für ein direktes Eingreifen, um die Unterstützer von Präsident Goulart einzuschüchtern und um für eine

Intervention zur Stelle zu sein, falls die Auseinandersetzungen zu lange andauern sollten.

In einem Telegramm vom 31. März bestätigte Außenminister Dean Rusk, dass alle erforderlichen Maßnahmen bestätigt worden sind.

Nach einem Gesprächsvermerk der CIA über ein Treffen am 1. April im Weißen Haus berichtete Verteidigungsminister McNamara Präsident Johnson, dass die Marine-Einsatzgruppe unterwegs sei, ein ESSO-Tanker mit Motoren- und Flugbenzin in Kürze auf der Höhe von Santos auftauchen wird und ein Transportflugzeug mit Munition in New Jersey vorbereitet werde und innerhalb von 16 Stunden nach Brasilien entsandt werden könnte.[27]

Von all diesen Planungen, vorbereiteten Maßnahmen und Abstimmungen mit Washington – vorwiegend auf militärischem Gebiet – will der Militärattaché, Oberst Vernon Walters, der höchste Militär vor Ort, nichts gewusst haben? Wer auch nur ungefähre Vorstellungen von den Wirkungsmechanismen zwischen Botschaften und der Administration in Washington hat, der weiß, dass Walters direkten Einfluss auf diese Planungen und ihre Umsetzung in Brasilien genommen hat.

Übrigens: Walters' Verdienste um diesen Putsch in Brasilien wurden 1965, also nach einer Schamfrist von einem Jahr nach dem Putsch, mit der Ernennung zum Brigadegeneral gewürdigt.

Geheime Asienpolitik in Paris
Militärattaché in Frankreich, 1967 bis 1972

Der Einsatz von Walters als Militärattaché in Frankreich erfolgte unmittelbar nachdem die Französische Republik sich aus der integrierten Kommandostruktur der NATO herausgelöst hatte und die USA aufgefordert waren, ihre dortigen Militärbasen zu räumen. Erst kurz vor Ende des Einsatzes in Paris informierte ein französischer Nachrichtenoffizier Walters, dass führende Kreise der französischen Geheimdienste der Überzeugung waren, dass Walters nach Paris entsandt wurde, um die Streitkräfte im Sinne der NATO und gegen General De Gaulle aufzuwiegeln. Deshalb stand Walters unter scharfer Bewachung und wurde direkt operativ bearbeitet. Aber weder Mädchen noch Männer konnten Erfolge verbuchen (bei der spartanischen Lebensweise des Generals kein Wunder). Walters registrierte amüsiert

---

27 - Vgl. www.gwu.edu/~nsarchive/Brazil

die Meinungsäußerung seines französischen Gesprächspartners: „Als es mit beiden nicht klappte, meinten wir, dass Sie es wie der traditionelle Bischof hielten, der es niemals in der eigenen Diözese treibt."[28]

Aber auch in Frankreich waren führende Persönlichkeiten der Überzeugung, dass General Walters für die CIA tätig sei. Selbst General De Gaulle war dieser Meinung. Und wieder einmal musste Walters einem Berater des Präsidenten sein Wort geben, dass dies nicht der Fall sei. Wie sich die Bilder gleichen!

Während der Jahre in Paris war Walters vorwiegend damit beschäftigt, Bedingungen für geheime Verhandlungen der USA mit Vertretern Nordvietnams und der Volksrepublik China zu schaffen. Er nahm konspirativ Kontakt mit Vertretern der Botschaft der VR China in Paris auf und baute somit einen geheimen Informationskanal zwischen China und Präsident Nixon in den USA auf. Außerdem ermöglichte er nach seinen eigenen Angaben, dass Henry Kissinger, damals Sonderberater des US-Präsidenten für die nationale Sicherheit und Außenpolitik, mehrfach inkognito nach Paris einreisen konnte, um Geheimverhandlungen mit einer Delegation der Sozialistischen Republik Vietnam über die Bedingungen für die Beendigung des Vietnamkrieges zu führen.

Das Resümee von Walters über diese Zeit: „Meine Teilnahme an den beiden Verhandlungen mit den Kommunisten Chinas und Nordvietnams – zusammen mit meiner langen Laufbahn im militärischen Nachrichtendienst – führte zu meiner Ernennung zum stellvertretenden Direktor der Central Intelligence Agency und damit zur stürmischsten und turbulentesten Zeit im Dienste meiner Regierung. Im Frühjahr 1972 ging deshalb mein Aufenthalt als Militärattaché in Paris und damit meine Geheimmission bei Nordvietnamesen und Chinesen zu Ende."[29]

28 - Vgl. Walters, Mission, S. 285
29 - Vgl. Walters, Mission, S. 339

Operativchef der CIA
Stellvertretender CIA-Direktor 2. Mai 1972 bis 7. Juli 1976

Das Jahr 1972 brachte einen weiteren Sprung in der Geheimdienstkarriere des „Dick" Walters. Präsident Nixon ernannte ihn zum stellvertretenden Direktor der CIA (korrekt zum Deputy Director of Central Intelligence, der traditionell immer die operativen „Geschäfte" der CIA führt).

In seiner Autobiographie erklärt Walters recht lapidar: „Fast meine ganze Armee-Karriere hatte ich mit nachrichtendienstlichen Aufgaben verbracht. Zur Zeit meiner Ernennung zum Vizedirektor war ich der dienstälteste Armeeoffizier, der ununterbrochen im Nachrichtendienst tätig war.

Bevor ich am 2. Mai 1972 den Diensteid ablegte, hatte ich niemals bei der CIA gedient. In gewissem Sinne war ich für das Konkurrenzunternehmen, die Defense Intelligence Agency (Militärischer Nachrichtendienst) tätig gewesen. Auf allen meinen Auslandsposten hatte ich gute Beziehungen zum örtlichen CIA-Dienststellenleiter unterhalten."[30]

Nach den Regularien der Intelligence Community (Sammelbezeichnung für die Gesamtheit der Geheimdienste) der USA ist der Direktor der CIA traditionell in Personalunion der Leiter der gesamten „Geheimdienstgemeinde" (Director of Central Intelligence - DCI). Das bedeutet u.a., dass er sich relativ wenig um die laufenden operativen Aufgaben der CIA kümmern kann. Dafür ist sein stellvertretender Direktor zuständig, er fungiert de facto als Operativchef der CIA. In dieser Funktion bestätigt und leitet er alle wichtigen Operationen, insbesondere auch die „verdeckten Aktionen".

Vier Jahre Operativchef unter der Leitung von vier CIA-Direktoren – Richard Helms, James Schlesinger, William Colby und George Bush – das hinterließ tiefe Spuren in der amerikanischen und internationalen Öffentlichkeit, nicht zuletzt geprägt von General Vernon Walters.

In diese Zeit fielen der Watergate-Skandal, der Putsch in Chile mit der Ermordung von Salvador Allende, die Planung der Ermordung von Orlando Letelier, die Operationen gegen die „Nelken-Revolution" in Portugal und

---

30 - Vgl. Walters, Mission, S. 381

gegen Angola – und diese Periode endete mit den laufenden Untersuchungen des Church-Komitees und anderer Ausschüsse des amerikanischen Kongresses über illegale Praktiken der CIA, über Staatsstreiche und Attentate gegen ausländische Staatsmänner.

Chile 1973 - CIA-Operation „Centauro"

Wenn schon Vernon Walters in seinem Memoiren jede Bezugnahme auf seinen Anteil als stellvertretender CIA-Direktor an der Vorbereitung und Durchführung des blutigen Militärputsches in Chile vermeidet, dann müssen wir ihm nachträglich doch ein wenig auf die Sprünge helfen.

Der 11. September 2001 hat die Erinnerung an den 11. September 1973 bei vielen verdrängt. An diesem Tag putschten die chilenischen Militärs unter Führung von General Augusto Pinochet gegen die demokratisch legitimierte Regierung des Präsidenten Salvador Allende und hatten den Tod Allendes und vieler seiner Anhänger zu verantworten.

Vom 3. Juli 1973 bis 3. September 1973 war Walters amtierender CIA-Direktor und damit in voller Verantwortung für die Vorbereitung und Durchführung aller Operationen der CIA.

Walters gilt als Autor des Operationsplanes „Centauro" der CIA.

Er kannte nicht nur alle Detailpläne, eingesetzte Kräfte etc., sondern hat sie unmittelbar beeinflusst und mitgestaltet. Das war bei seinen Erfahrungen bei der Organisierung eines Militärputsches gegen demokratisch gewählte Regierungen für ihn kein Problem. Dem Plan „Centauro" lag ein vertrautes Szenario zugrunde, von Walters in früheren Staatsstreichen vielfach erprobt und immer weiter verfeinert. Dazu gehörte auch die von ihm maßgeblich mit beeinflusste „Strategie der Spannungen" in Italien, nach diesem Szenario verlief auch der Putsch der schwarzen Obristen 1967 in Athen, abgesehen von Walters' direkten Erfahrungen im Iran und in Brasilien.

Wie so oft in seinem Leben, war ihm auch einer der Akteure des Putsches in Chile schon früher begegnet. „An der berüchtigten ‚Escuela de los Assasinos', der in der Panama-Kanalzone liegenden Mörderschule, wie die ‚US-Militärakademie beider Amerikas' (gemeint ist die ‚School of America' in Fort Gulick - Anm. K.E.)in ganz Lateinamerika genannt wird, hielt Walters Vorlesungen. Zu seinen gelehrigen Schülern gehörte dort Hauptmann Roberto Garrida von den chilenischen Special Forces, der beim Sturm auf die Moneda seinen Präsidenten Allende und dessen Sekretärin Miriam Ruppert erschoss."[31]

Die USA-Geheimdienste führten eine größere Zahl von Einflussagenten in den Streitkräften und im chilenischen Geheimdienst. Immerhin waren Hunderte Offiziere in Armee, Polizei und nicht zuletzt im Geheimdienst DINA in den USA ausgebildet worden. Daraus waren umfangreiche Dossiers mit diversen Ansatzpunkten für weiterführende Kontakte entstanden. (Z.B. hatten zwischen 1950 und 1968 3.667 Chilenen die Kriegsakademie Ft. Gulick in der Panamakanalzone absolviert.)

So konnten wir in der Zeitung *Neues Deutschland* vom 28.10.1974 lesen:

„Baeza seit Jahren CIA-Agent
Mexiko-Stadt (ADN/ND)
Der Chef des Geheimdienstes der faschistischen chilenischen Militärjunta ist ein langjähriger Günstling und Agent des USA-Geheimdienstes CIA, berichtet Prensa Latina. Die Agentur führt den Nachweis, dass General Ernesto Baeza, heute Chef des Junta-Geheimdienstes DINA, von der CIA seit Jahren bis zu seiner maßgeblichen Beteiligung am blutigen Militärputsch vom 11. September 1973 gegen die legitime UP-Regierung systematisch aufgebaut wurde.

General Baeza war während der ersten zwei Jahre der UP-Regierung Chef des militärischen Sicherheitsdienstes SIM. In dieser Zeit, so heißt es in der Korrespondenz, unternahm er auf Anweisung der CIA mehrere Reisen in die USA. Danach wählte er selbst die Offiziere aus, die zur Ausbildung in die USA entsandt wurden. Als späterer Chef der Kriminalpolizei Chiles lancierte er CIA-Agenten in maßgebliche Posten."

Seit Anfang der sechziger Jahre war die Politik der USA in Chile auf ein einziges Ziel ausgerichtet: Salvador Allende von der Macht fernzuhalten (1958 und 1964 hatte sich S. Allende an den Präsidentschaftswahlen beteiligt).

Abgesehen davon, dass die CIA bereits seit 1963 intensive Bemühungen

---

31 - Vgl. Feldbauer, Gerhard: Agenten, Terror, Staatskomplott; Der Mord an Aldo Moro, Rote Brigaden und CIA; PapyRossa Verlag, 2000; S.26

zur Stärkung der Christdemokraten und Zurückdrängung der Sozialisten/ Kommunisten in Chile unterstützte und finanzierte, war der 15. September 1970 ein entscheidender Wendepunkt. Darüber liegt ein CIA-Dokument vor.

Am Vormittag des 15. September 1970 hatten Donald Kendall (Mitglied des Business Council on Latin America, d.h. der führenden Wirtschaftsvereinigung, die die Interessen der amerikanischen Konzerne in Lateinamerika durchsetzen sollte) und Augustin Edwards (Großverleger, Herausgeber der größten chilenischen Tageszeitung „El Mercurio" und Inhaber der Pepsi-Cola-Kette in Chile) mit dem Berater des US-Präsidenten für Fragen der Nationalen Sicherheit, Dr. Henry Kissinger, gefrühstückt.

Danach erfolgte eine Beratung im engsten Kreis im Oval Office des Weißen Hauses. Es nahmen lediglich Präsident Nixon, Henry Kissinger, Justizminister John Mitchell und CIA-Direktor Richard Helms teil .

Von dieser Beratung ist ein Notizzettel des CIA-Direktors erhalten geblieben, der auch dem Senatsuntersuchungsausschuss von 1975 über die CIA-Aktivitäten vorgelegen hat.

Helms hatte sich notiert:

```
„Vielleicht nur eine Chance von eins zu zehn, aber rettet
Chile!
Die Ausgabe lohnt sich
Keine Risiken scheuen.
Keine Beteiligung der Botschaft.
10.000.000 Dollar verfügbar, wenn notwendig, mehr.
Ganztagsbeschäftigung - für die besten Männer, die wir
haben.
Ablaufplan
Aufruhr in der Wirtschaft erzeugen.
In 48-Stunden Aktionsplan."
```

Vor dem Senatsuntersuchungsausschuss sagte Helms später:

```
„Das war ein Befehl, der so ziemlich alles einschloss.  Wenn
ich jemals einen Marschallstab im Tornister getragen habe,
dann an jenem Tage, als ich das Oval Office verließ."[32]
```

---

32 - sinngemäß zitiert in: Ilse und Horst Schäfer: Mord-Report; Sonderdruck der Zeitung Ossietzky; Dezember 2001

Am Abend des gleichen Tages kam es auch noch zu einem Treffen von CIA-Direktor Richard Helms mit Kendall und Edwards, die ihn nochmals dringend darum baten, dass die CIA die Amtsübernahme Allendes verhindern sollte.

Der CIA-Direktor stellte bereits am nächsten Tag eine Task Force Chile unter Leitung seines Stellvertreters Karamessines zusammen, der die erfahrensten und am besten ausgebildeten operativen Agenten zugeordnet wurden.

Laut Sitzungsprotokoll erklärte Helms: „Der Direktor teilte der Gruppe die Entscheidung Präsident Nixons mit, dass ein Allende-Regime für die Vereinigten Staaten nicht akzeptabel sei. Der Präsident verlange von der CIA, die Amtseinsetzung Allendes zu verhindern oder aber ihn zu stürzen. Der Präsident stelle für diesen Zweck 10 Millionen Dollar zur Verfügung."

Die Umsetzung dieser Orientierung erfolgte am 21. September in zwei Telegrammen an den CIA-Residenten in Santiago. Dort heißt es u.a.: „Zweck der Aktion, Allende an der Machtübernahme zu hindern. Parlamentarische Kniffe scheiden aus. Militärische Lösung ist das Ziel."

Im Oktober 1970 präzisierte die Task Force Chile in zwei Telegrammen die Aufgabenstellung in einem Drei-Punkte-Programm:

A) Informationen sammeln über Offiziere, die Neigung zu Putsch erkennen lassen;

B) Putschklima schaffen durch Propaganda, Desinformation, Terroraktionen, die geeignet sind, die Linken zu provozieren und so einen Vorwand für einen Staatsstreich zu schaffen;

C) putschgeneigte Offiziere informieren, dass die US-Regierung ihnen volle Unterstützung bei Putsch zusichert, bis an die Grenze einer direkten militärischen Intervention der USA.[33]

Die Intensität der Vorbereitungen der US-Administration und der CIA auf einen Putsch in Chile belegt ein weiteres CIA-Dokument:

---

33 - Vgl. Ilse und Horst Schäfer: Mord-Report; Sonderdruck der Zeitung Ossietzky; Dezember 2001; S. 30f.:33 - CIA-Kabel Nr. 236 und 240 vom 21.09.1970 und Nr. 611 vom 07.10.sowie 762 vom 14.10.1970

Memorandum
über ein Gespräch zwischen Dr. Kissinger, Mr. Karamessines und General Haig im Weißen Haus am 15. Oktober 1970

(das Originaldokument trug den Sicherungsvermerk „EYES ONLY")

1. -geschwärzt-

2. Danach unterrichtete Mr Karamessines... mit etlichen Details über die allgemeine Situation in Chile aus Sicht der Möglichkeiten für einen Staatsstreich.

3. Uns steht eine Anzahl von Informationen zur Verfügung über die mögliche Unterstützung eines von General Viaux ausgelösten Putsches durch die chilenischen Militärs.

Wir haben auf der Grundlage unserer Analysen, die auf guten Informationen etlicher Quellen beruhen, die Position von General Viaux sehr sorgfältig beurteilt.

Unsere Schlussfolgerung ist klar: Viaux's Chancen stehen 1 zu 20, wenn nicht noch weniger, einen Putsch erfolgreich zu realisieren.

4. Es wurden die negativen Reaktionen - in Chile und international - eines fehlgeschlagenen Staatsstreiches diskutiert.

Dr. Kissinger unterbreitete eine Aufstellung der möglichen negativen Folgen. Seine Auffassungen stimmten ziemlich genau mit den Darlegungen von Mr. Karamessines überein.

5. Durch die Anwesenden wurde entschieden, dass die CIA an General Viaux eine Botschaft übermittelt, um ihn vor jeder überstürzten Aktion zu warnen.

Im Prinzip soll diese Botschaft enthalten: „Wir haben Ihre Planungen beurteilt. Auf der Grundlage Ihrer und unserer Informationen sind wir zu dem Schluß gekommen, dass Ihre Planung für einen Umsturz zu diesem Zeitpunkt nicht erfolgreich sein kann.

Wenn Sie keinen Erfolg haben, dann beeinträchtigt das erheblich Ihre zukünftigen Möglichkeiten.

Schützen Sie Ihre Quellen.

Wir bleiben in Kontakt. Die Zeit wird kommen, dass Sie und Ihre Freunde wieder etwas unternehmen können. Sie werden weiterhin unsere Unterstützung haben."

6. Nach der Entscheidung, die Putschplanungen von General Viaux zumindest zeitweilig zurückzustellen, instruierte Dr. Kissinger Mr. Karamessines, die Quellen der CIA in Chile sorgfältig zu schützen, um die Voraussetzungen der CIA für Operationen gegen Allende auch für die Zukunft zu bewahren.

7. Dr. Kissinger sprach über seine Forderung, dass unsere Beziehungen zu den chilenischen Militärs auch zukünftig so geheim wie möglich zu halten seien. Mr. Karamessines unterstrich nachdrücklich, dass die CIA alles erdenklich Mögliche in diesem Sinne unternommen habe.
[-- ein Satz geschwärzt --]
Aber wir und auch andere haben bisher viele Gespräche mit einer Vielzahl von Personen geführt. Zum Beispiel können auch die Gespräche von Botschafter Korry mit zahlreichen Persönlichkeiten, in denen er auf einen Umsturz drängte, „nicht wieder zurück in die Flasche gebracht werden".
[-- ein Absatz geschwärzt --]

8. Die Teilnehmer des Treffens entschieden auf Anregung von Dr. Kissinger, dass die CIA weiterhin Druck ausüben sollte auf alle bei Allende erkennbaren Schwachstellen - im Augenblick, nach dem 24. Oktober, nach dem 5. November und auch in Zukunft - bis zu jenem Zeitpunkt, da es einen weiteren Marschbefehl geben wird.
Mr. Karamessines bestätigte, dass die CIA so verfahren wird.[34]

Der Einsatz von Vernon Walters als Operativchef der CIA erfolgte in der Phase der unmittelbaren Vorbereitung des Putsches. Er übernahm vom DDCI Karamessines die Leitung der Task Force Chile und konnte so nahtlos an die bisherigen Vorbereitungen des Putsches anknüpfen.

Dabei konnte er auf seine langjährigen und intensiven Beziehungen zum brasilianischen Geheimdienst zurückgreifen, der die Putschpläne mit einer Anzahl von Spezialisten unterstützte. Die Operation „Centauro" bestand aus zwei Teilen: Der erste Teil „Track I" enthielt die direkte praktische Umsetzung aller Techniken der verdeckten Aktionen mit dem Ziel, Ereignisse auszulösen bzw. zu beeinflussen mit der Hauptorientierung der Destabilisierung der Regierung Allende, um Bedingungen für einen Militärputsch zu schaffen.

---

34 - Vgl. www.foia.cia.gov: Electronic Reading Room: Memorandum of Conversation; Dr. Kissinger, Mr. Karamessines, Gen. Haig at the WH; 10/15/1970

Die meisten der Track I-Aktivitäten, einschließlich der Schmiergelder in Höhe von 250.000 Dollar für die Bestechung von chilenischen Kongressabgeordneten, wurden zur Unterstützung der Wiederwahl von Eduardo Frei eingesetzt. Diese Wiederwahl war nur unter Verletzung der chilenischen Verfassung möglich, so dass selbst Frei diesen Coup ablehnte.

Während der Präsidentschaft von Allende ab 24. Oktober 1970 gab die CIA über 6 Millionen Dollar für verdeckte Aktionen aus, davon allein 1.665.000 Dollar zur Unterstützung der großbürgerlichen Zeitung *El Mercurio*, die im Verlauf von Track I von der CIA-Residentur täglich mit Artikeln versorgt wurde, die die Kampagne immer weiter anheizten.

Bedeutend verschärft wurden die verdeckten Aktionen im Zeitraum zwischen den Wahlen und der Entscheidung des chilenischen Kongresses über den Sieger der Wahlen.

CIA-Gelder flossen in Propagandaaktionen, um Arbeiter und andere Gruppen zum Widerstand zu ermuntern; insbesondere gingen Gelder an die rechtsgerichtete paramilitärische Gruppe *Patria y Libertad*, die besonders provokative und gewalttätige Aktionen inszenierte.

Parallel setzten die USA geheime und offene Mittel der wirtschaftlichen Strangulierung Chiles ein. Botschafter Edward Korry machte klar, dass es nicht erlaubt wird, dass auch nur eine Schraube nach Chile kommen kann, solange Allende dort regiert. Internationale Konzerne, wie ITT und Anaconda, unterstützten die Aktionen der CIA im vollen Umfang.

Der Chef der Abteilung Westliche Hemisphäre im Direktorat Operationen der CIA, William Broe, hatte sich im September/Oktober 1970 mehrfach mit leitenden Vertretern der ITT und einiger anderer Konzerne mit umfangreichen Investitionen in Chile getroffen und einen Vier-Punkte-Plan wirtschaftlicher Sabotage vorgeschlagen.

Der Plan war so berechnet, dass die chilenische Wirtschaft bis zu einem Punkt geschwächt wird, dass die Militärbehörden sich zum Eingreifen veranlasst sahen, um die Regierung zu übernehmen und so die „Marxisten" von der Macht zu vertreiben - dieses Szenario ist ja dann im Jahre 1973 voll realisiert worden. (LKW-Fahrer-Streik, Lebensmittelknappheit, internationale Kreditschwierigkeiten – Banken und Multis sperrten Kredite, stellten Ersatzteillieferungen ein, zogen Kapital aus dem Lande ab, chilenische Konten in den USA wurden gesperrt, ausländische Fachleute verließen das Land etc.) Track II bestand darin, chilenische Militärs zu kontaktieren, um einen Staatsstreich zu unterstützen.

Track II scheiterte vorerst an der klaren Haltung des Oberkommandierenden der Armee, General Rene Schneider, zur Verfassung Chiles.

Da allen Verschwörern klar war, dass Schneider nicht zum Rücktritt gezwungen werden konnte, mußte er entführt oder beseitigt werden.

Mit der Ermordung von General Schneider endete die erste Phase von Track II. Damit war aber auch der Weg geebnet für den Militärputsch, denn die Militärs waren motiviert und empfanden es jetzt als leichter, den Putsch erneut zu versuchen.

Obwohl die CIA jede direkte Einbeziehung in den Militärputsch verneint, hat sie eindeutig große Energie und Ressourcen eingesetzt, um das Klima und die Bedingungen zu schaffen, die notwendig für den Erfolg des Putsches waren.

Mehr noch, die CIA hatte eindeutig die ganze Zeit über Kontakte zu den Verschwörern im chilenischen Militär. Die CIA behauptet zwar, diese Kontakte dienten nur der Informationsgewinnung (wie das uns Walters auch bezüglich Brasilien nahe bringen wollte – Anm. K.E.), aber ihre Aktivitäten gingen weit darüber hinaus.

Präsident Nixon hat nicht nur die Geheimdienst-Analytiker missachtet bei der Festlegung der Grenzen einer verdeckten Intervention in Chile, er drängte auch auf Durchführung von Track II – ohne den Botschafter, das State Department oder die Mitglieder des „40er Komitees" zu informieren - mit Ausnahme von Außenminister Henry Kissinger.

Die CIA-Aktionen Track I und II gingen in ihrer Intensität selbst über die politischen Interessen der USA hinaus.

In einer Gefährdungsanalyse der Intelligence Community, verfasst von der Interdepartmental Group for Inter-American Affairs (mit Vertretern von CIA, Außen-, Verteidigungsministerium und Weißem Haus) kurz nach den Wahlen vom September 1970 wird festgestellt:

„... dass die USA keine lebenswichtigen Interessen in Chile haben, das internationale militärische Gleichgewicht würde nicht ernsthaft durch das Allende-Regime beeinflusst und ein Sieg Allendes würde den Frieden in der Region in keiner Weise bedrohen. Die Gruppe stellt jedoch fest, dass ein Sieg Allendes den Zusammenhalt in der Hemisphäre bedrohen würde und einen psychologischen Rückschlag für die USA darstellen ebenso wie einen ernsthaften Vorteil für die marxistischen Ideen."[35]

---

35 - Vgl. Charles D. Ameringer: U.S. Foreign Intelligence (weiter zitiert: Ameringer, Foreign Intelligence) - The Secret Side of American History; Lexington Books, 1990, S. 262ff

---

Finanzierung der Geheimoperationen der CIA

Die CIA-Intervention in Chile begann 1962 mit der geheimen Übergabe von 50.000 Dollar an die Christlich Demokratische Partei.

Ausgaben in Chile von 1963 bis 1973

Propaganda für Wahlen und andere Hilfen für politische Parteien	$ 8.000.000
Herstellung und Verbreitung von Propaganda und Unterstützung der Massenmedien	$ 4.300.000
Einflussnahme auf chilenische Institutionen (Gewerkschaften, Studenten, Bauern, Frauen) und Hilfen für Organisationen im privaten Sektor	$ 900.000
Unterstützung für den Militärputsch ..... weniger als	$ 200.000[36]

Werfen wir noch einen Blick auf das Personalkarussell, mit dem die richtigen Experten vor Ort in Stellung gebracht wurden.

Die Spitzenmannschaft der CIA des Jahres 1970 in Santiago entsprach nicht mehr den Anforderungen an die neuen Planungen für verdeckte Operationen. Kurz nach dem 15. Oktober 1970 (dem Gespräch bei Henry Kissinger; vgl. Kasten, S. 67) erfolgten sehr schnell personelle Auswechslungen:

Noch im Oktober 1970 wurde der CIA-Resident (Chief of Station - COS), Henry D. Heckscher abgelöst.

Aus den vorliegenden biographischen Angaben geht hervor:

Heckscher ist OSS Veteran und einer der Mitbegründer der CIA.

Er war im Juni 1953 Chef der CIA-Basis in Westberlin. Von ihm ist überliefert, dass er in der Nacht vom 16. zum 17. Juni 1953 in der CIA-Zentrale anfragte, ob er die

---

36 - Vgl. Senatsbericht, Bd. 7 Covert Action, 1975; zit. bei Ameringer, Foreign Intelligence, S.261

Aufständischen in Ostberlin mit Waffen unterstützen dürfe. Anschließend erfolgten Einsätze in Guatemala, wo er an der Vorbereitung des Staatsstreiches gegen Präsident Arbenz beteiligt war sowie Einsätze von 1958 bis 1961 in Vientiane/ Laos und von 1967 bis 1970 in Chile.

Ihm wurde vor allem vorgeworfen, dass er US-Botschafter Korry nicht disziplinieren und damit keine einheitliche Strategie im Vorgehen vor Ort gegen die Präsidentschaft von Salvador Allende realisiert werden konnte.

Nachfolger als CIA-Resident wurde Raymond Alfred Warren.

Warren war kurze Zeit beim Geheimdienst der US-Air Force (1952–53); danach avancierte er zum Lateinamerika-Spezialisten der CIA, mit Einsätzen u.a. in Venezuela (1954), Chile (1955–59) und als Resident in Kolumbien (1960–1965).

Botschafter Edward Korry wurde im Oktober 1971 zurückbeordert; er war offensichtlich nicht an der kurzen Leine zu halten und ging zu sehr seine eigenen Wege. Z.B. kritisierte er die von der ITT inspirierte Fokussierung der CIA-Hilfe auf den Präsidentschaftskandidaten Allessandri, der ein eindeutig an den Unternehmerinteressen orientiertes Wahlprogramm vertrat und damit im deutlichsten Kontrast zu den 40 Forderungen von Allende im Interesse der Armen stand.

Nachfolger als Botschafter wurde Nathanal P. Davis; ein OSS-Veteran, der seit 1960 vielfache Erfahrungen in Lateinamerika sammeln konnte; 1966-1968 war Davis Mitarbeiter im Nationalen Sicherheitsrat der USA. Davis flog am 08.09.1973 nach Washington, um sich mit Kissinger als Vorsitzendem des „40er Komitees" zu beraten, das alle verdeckten Operationen der USA abzusegnen hat. Er traf am 10. September wieder in Santiago ein, am 11. September begann der Putsch!

Die CIA war daran beteiligt, Listen derjenigen Personen zusammenzustellen, die bei dem Putsch verhaftet bzw. liquidiert werden sollten. Sie gab umfangreiche Unterstützung zum Aufbau der chilenischen Geheimpolizei DINA. Deren Leiter, Manuel Contreras, bezeichnete sich nach einem Bulletin des US-Außenministeriums als ein „Busenfreund" von Walters.[37]

Während der ersten Monate nach dem 11. September ermorden die Truppen Pinochets 20.000 Menschen, 60.000 werden gefoltert, eine Million Chilenen werden ins Exil getrieben.

Der damalige Marineattaché der USA, Patrick Ryan, Angehöriger der „United States Military Group" in Chile, berichtete am 1. Oktober über den Putsch,

Stellvertretender CIA-Direktor Vernon Walters im Gespräch mit Diktator Augusto Pinochet

„er wäre ‚fast perfekt' und er sei ‚ein großer Sieg für freie Männer mit Zielen, die dem Wohle Chiles dienten und nicht dem des eigennützigen Welt-Marxismus'"[38] Soweit also die Wertvorstellungen führender amerikanischer Militärs, wenn sie blutige Staatsstreiche begründen!

Die Blutspur der Operation „Centauro"

Im Wissen um die Bedeutung der Rolle von General Rene Schneider für die Regierung der Unitad Popular war eine zentrale Aufgabe der Verschwörer, General Schneider zu eliminieren. Nach den ursprünglichen Planungen sollte er entführt werden.

Der erste Versuch am 19. Oktober 1970 schlug fehl, ebenso der zweite am Folgetag.

Am Morgen des 22. Oktober 1970 übergab die CIA mit Hilfe des Militärattachés der USA, Paul Wimert, den Verschwörern Maschinenpistolen und Munition.

Am gleichen Tag wurde General Schneider auf seinem Weg zum Dienst erneut überfallen und dabei tödlich verwundet.

---

37 - Vgl. Hippler, Jochen: Der Botschafter; in Spoo, Eckart, Hrsg.: Die Amerikaner in der Bundesrepublik, Kiepenhauer&Witsch, 1989,S. 137
38 - Vgl. Situation Report, Navy Section, United States Military Group, Valparaiso, Chile, 1.Oktober 1973; Internet: www.gwu.edu/~nsarchiv/NSAEBB/NSAEBB8/ch21-01.htm

Er verstarb am 24. Oktober, dem Tag, als das chilenische Parlament die Wahl Salvador Allendes als Präsident Chiles bestätigte.

Die *Washington Post* vom 07.07.1975 bestätigte die Verwicklung der CIA in die Ermordung von General Schneider. Unter Berufung auf „informierte Quellen" wird festgestellt, die CIA habe Schneider auf ihre weltweite Feindliste von Personen gesetzt, die sich nach ihrer Auffassung „feindlich gegenüber USA-Interessen" verhalten haben. [39]

Auch hier wird über die Existenz einer demokratisch legitimierten Regierung nach den Kriterien entschieden, ob freundlich oder feindlich gegenüber den USA. Wir sehen also: Die Idee von den „Schurkenstaaten", wie sie in unserer Zeit vertreten wird, ist so neu gar nicht.

Außerdem bestätigt die *Washington Post* damit, dass unter der operativen Leitung des stellvertretenden CIA-Direktors Vernon Walters in der CIA „Feindlisten" geführt worden sind, die auch deren Liquidierung einschlossen. 1975 haben dann mehrere Untersuchungsausschüsse des Kongresses im Detail nachgewiesen, dass die CIA in vielen Fällen in die Ermordung führender Politiker oder Staatsmänner bzw. in Mordversuche verwickelt war, von Patrice Lumumba, über Salvador Allende bis zu Fidel Castro.

Im September 1974 werden General a.D. Carlos Prats und seine Ehefrau Sofia Cuthbert in Buenos Aires durch ein Sprengstoffattentat auf deren Auto ermordet. General Prats war Innenminister und kurzzeitig auch Verteidigungsminister der Regierung der Unitad Popular unter Salvador Allende. Er konnte nach dem Putsch vom 11. September 1973 nach Argentinien flüchten. Das Attentat wurde von der Antikommunistischen Argentinischen Allianz - AAA (häufig auch als „Triple A" bezeichnet) ausgeführt, die nachweislich von der CIA gesteuert wurde. [40]

Aber erst im Jahre 2000 verurteilte ein argentinisches Gericht einen der Attentäter, den DINA-Agenten Enrique Arancibia Clavel, wegen dieses Doppelmordes zu einer lebenslangen Freiheitsstrafe. [41]

Zwei Jahre nach dem Attentat auf General Prats, am 21. September 1976, wurden der frühere chilenische Außenminister, Orlando Letelier und seine Sekretärin Ronni Moffit in Washington Opfer eines Bombenanschlags. Die Planung des Attentats erfolgte durch den damaligen Leiter des chilenischen Geheimdienstes DINA, Manuel Contreras, einem Verwand-

---

39 - Vgl. Neues Deutschland vom 08.07.1975: „CIA ließ General Schneider töten"
40 - Vgl. ND vom 01.10.1974
41 - Vgl. ND vom 24.11.2000

ten des Putschgenerals Pinochet. Die Rekonstruktion des Attentats ergab:

Mit Hilfe des Chefs des Geheimdienstes Paraguays, Oberst Benito Gúanes und des damaligen US-Botschafters in Paraguay, George W. Landau, hatten die DINA-Agenten Hauptmann Armando Fernandez und Michel Townley auf ihre Decknamen (Alejandro Romeral und Juan Williams) ausgestellte paraguayische Pässe und sollten in Paraguay Einreisevisa für die USA erhalten. (Wie ein Untersuchungsausschuss in den USA später nachweisen konnte, war zumindest Townley außerdem für die CIA tätig.)

Als Botschafter Landau Bedenken über die Rechtmäßigkeit der Visaausstellung äußerte, erklärte ihm der Sekretär von Paraguays Präsident Stroessner, das Ganze entspreche einer Abmachung zwischen Stroessner und Pinochet und sei vom stellvertretenden CIA-Direktor Vernon Walters abgesegnet. Die beiden DINA-Agenten sollten sich bei ihrer Ankunft in den USA auch bei Walters melden. Landau versuchte Rücksprache mit Walters zu nehmen, konnte ihn aber nicht erreichen. Er veranlasste die Ausstellung der Einreisevisa, ließ aber Kopien der Reisepässe fertigen. Außerdem schickte er ein ausführliches Memorandum an das State Department und an die CIA. Daraufhin erhielt er ein Telegramm von Walters, in dem Walters jede Kenntnis von dieser Aktion bestritt und auch feststellte, er werde sich nicht mit diesen chilenischen Agenten in den USA treffen. Landau solle alle weiteren Schritte nur noch mit dem State Department abstimmen.

In einer MONITOR-Sendung des WDR über Vernon Walters gibt jedoch der Publizist Saul Landau folgende Einschätzung:

„Es ist mit Sicherheit richtig, dass General Walters dem FBI nicht alles sagte, was er über die Operation der DINA wusste. Damit hat er die Untersuchungen verzögert. Außerdem ist es richtig, dass General Walters dem FBI vor dem Mord hätte sagen können, dass etwas geplant war. Damit hätte er möglicherweise den Mord verhindern können. Aber beides geschah nicht: Er sagte weder vor noch nach dem Mord, was er über das DINA-Attentat wusste."[42]

Das geheimdienstkritische Magazin *Covert Action Bulletin* bewertet die Sachlage mit folgenden Worten:

„Es ist fast unmöglich zu glauben, wenn man all die ver-

---

42 - Vgl. Manuskript: Westdeutscher Rundfunk Köln, Redaktion MONITOR, Sendung vom 28. März 1989:"Ein Mann für's Grobe: Der neue US-Botschafter in Bonn"

öffentlichten Studien und die Zeugenaussagen vor verschiedenen Gerichten und Untersuchungsausschüssen in Betracht zieht, dass Vernon Walters keinerlei Kenntnisse über eine der bedeutendsten Operationen der chilenischen Geheimpolizei im Zeitraum Juli/ August 1976 auf dem Territorium der USA gehabt haben soll. Aber es wurden keine direkten Beweise dafür gefunden. Walters selbst bestreitet vehement jede Beziehung und jede Vorab-Kenntnis über den Mordanschlag gegen Letelier, obwohl er nach eigenen Angaben viele Treffen mit Contreras in seiner Zeit als DDCI hatte."[43]

Immerhin kam es 1995 zu einem Prozeß in Chile, in dessen Ergebnis der Ex-Geheimdienstchef General Manuel Contreras und sein Vize Brigadier Pedro Espinoza zu sieben bzw. sechs Jahren Haftstrafe verurteilt wurden. Zur Charakterisierung dieses engen Kontaktmannes des stellvertretenden CIA-Direktors Vernon Walters sei noch hinzugefügt, dass Contreras bereits in Italien und Argentinien in Abwesenheit wegen Verbrechen des Militärregimes verurteilt wurde, er im Jahre 2003 in Chile wegen eines Mordanschlages zu zwölf Jahren Haft verurteilt worden war und gegen ihn im Jahre 2004 wegen der Entführung und Ermordung der Journalistin Diana Aron im Jahre 1974, nochmals eine Haftstrafe von 15 Jahren verhängt wurde.[44] So sehen die „Weggefährten" und Ziehkinder des Putschgenerals Walters aus!

Aber deren Wirken ging weit über den unmittelbaren Putsch in Chile hinaus. Mit dem blutigen Putsch in Chile waren auch die Grundlagen gelegt, für die Schaffung einer Organisation der südamerikanischen Militärdiktaturen, die auf Initiative von Pinochet gegründet wurde und unter der Bezeichnung „Operation Kondor" bekannt wurde.

Das Konzept für diese Geheimoperation stellte der Chef des chilenischen Geheimdienstes Contreras auf einer Konferenz in Santiago de Chile vom 25. November bis 1. Dezember 1975 vor. An dieser Konferenz nahmen die Geheimdienstvertreter aller südamerikanischen Militärdiktaturen, der Länder des „Cono Sur", d.h. der Südspitze des südamerikanischen Subkontinents, teil. Wenn Contreras Organisator dieser Geheimoperation war, dann gilt als sicher, dass sein Ziehvater Vernon Walters zumindest Kenntnis von diesem Projekt hatte, vielleicht auch direkter Pate des „Kondor" war. *Die Frankfurter*

---

43 - Vgl. Covert Action Bulletin Nummer 26, Sommer 1986, S. 5f.u.a. unter Berufung auf einen Artikel der Boston Globe vom 29.August 1982: „Vernon Walters and the Death of Orlando Letelier"

44 - Vgl. Neues Deutschland vom 19.05.2004: Ex-Geheimdienstchef Contreras verurteilt

Allgemeine Zeitung zumindest informiert, dass Walters seit August 1975 von diesem Projekt Kenntnis hatte.[45] Die Connection Contreras-Walters deutet aber auf engere Zusammenhänge hin.

Ziel von „Kondor" war eine gemeinsame Erfassung der politischen Gegner dieser Diktaturen und ihre Liquidierung, soweit sie in ihren Exilländern aufgespürt werden konnten. Es ist aus heutiger Sicht bezeichnend, dass die Militärs diese Aktionen auch damals schon als „Krieg gegen den Terrorismus" bezeichneten.

Die gemeinsame Datenbank über die Gegner der Regimes wurde mit technischer Unterstützung der USA, vor allem des FBI und der CIA, aufgebaut und vielfach mit Daten der amerikanischen Geheimdienste und des Bundesnachrichtendienstes gefüttert. Die CIA kannte die Operation „Kondor" bis ins Detail. Die Ermordung von Außenminister Letelier dürfte Bestandteil dieser Operation gewesen sein.

Es war eine dritte Phase der Operation vorgesehen, in der die politischen Gegner weltweit verfolgt und liquidiert werden sollten. Erst als sich Mordpläne auch gegen amerikanische Abgeordnete richteten (Senator Edward Koch sollte ermordet werden, da er sich für die Streichung der Militärhilfe eingesetzt hatte), setzten die USA ein Stoppzeichen und informierten europäische Regierungen über auf ihrem Territorium geplante Anschläge.[46]

Portugal 1974 – die „Nelken-Revolution" wird abgewürgt

Ein weiteres international bedeutsames Ereignis beschäftigte Vernon Walters während seiner Tätigkeit als Stellvertretender CIA-Direktor - das war die „Nelken-Revolution" in Portugal.

Im April 1974 hatten demokratische Militärs, verbunden mit einer mächtigen Volksbewegung, die älteste faschistische Diktatur Europas beseitigt. Die rote Nelke in den Gewehrläufen der Soldaten wurde zum Symbol dieser Revolution. In der Volksbewegung und dem sich anbahnenden revolutionären Prozess spielten die portugiesischen Kommunisten eine bedeutende Rolle. Die Nelkenrevolution strahlte in viele Teile der Welt aus und löste, zusätzlich zum Kampf gegen den Vietnamkrieg, bedeutende Impulse für die antiimpe-

---

45 - Vgl. FAZ vom 14. Juli 2001: „In den Krallen des Kondor"
46 - Vgl. John Dinges: The Condor Years: How Pinochet and His Allies Brought Terrorism to Three Continents; The New Press, New York, 2004; rezensiert in junge Welt vom 3.Juni 2004, S. 14

rialistischen Befreiungsbewegungen in der sogenannten „Dritten Welt" aus.

Die USA und die NATO fürchteten um ihre Positionen in diesem strategisch bedeutsamen Land an der Südwestflanke der NATO. Eine französische Zeitung titelte damals: „Ein Gespenst ist wieder auferstanden in Europa". Einheimische Kapitalisten und Großagrarier sahen ihre Interessen durch die in der neuen Verfassung verankerten sozialökonomischen und demokratischen Maßnahmen der Aprilrevolution bedroht.

Einen Eindruck von der Schärfe der Auseinandersetzungen kann man aus der Rede des Generalsekretärs der Kommunistischen Partei Portugals, Alvaro Cunhal, auf dem VII. Außerordentlichen Parteitag der Partei am 20. Oktober 1974 erhalten. Alvaro Cunhal erklärte dort:

„Im Verlaufe der vergangenen sechs Monate versuchte die Reaktion verschiedene Male, zur Offensive überzugehen, die neue demokratische Lage in Frage zu stellen, die errungenen Freiheiten zu beseitigen und eine neue Diktatur zu errichten.

Professor Palma Carlos und seine Komplizen hatten den Plan, einen ‚verfassungsmäßigen' Staatsstreich durchzuführen. Dabei sollte der Staatsrat dem damaligen Ministerpräsidenten, General Spinola, solche Vollmachten erteilen, dass dieser in weniger als drei Monaten hätte eine Wahlfarce organisieren können, mit der er zum Präsidenten der Republik gewählt werden sollte. Damit hätte er nicht mehr das Mandat der Bewegung der Streitkräfte gehabt, sondern das Mandat von der ‚Nation' erhalten. Das hätte ihm höchst legal gestattet, eine neue Diktatur zu errichten.

Mit der Operation ‚schweigende Mehrheit' bemühte man sich schon nicht mehr um ein verfassungsmäßiges Mäntelchen. Die ‚Nation' sollte in einer Atmosphäre bewaffneter Provokationen auf die Straße gehen und das rettende Eingreifen von General Spinola sowie Vollmachten für ihn fordern.

Von den allgemeinen Aspekten der Vorbereitung her ähnelten sich die Pläne. In beiden Fällen gingen den Putschversuchen künstlich durch ungerechtfertigte ‚Streiks' geschürte Aktionen sozialer Unruhe, Demonstrationen und lärmende Provokationen von Faschisten und Linksradikalen voraus, die eine Atmosphäre der ‚Unordnung in den Straßen' und des ‚Chaos' schufen und damit den Forderungen der Verschwörer anscheinend recht gaben."[47]
Wie sich doch die Szenarien solcher Staatsstreiche und Putschversuche in vielen Ländern gleichen! Oft genug werden sie ja auch von den gleichen Ak-

teuren vorbereitet. Sehen wir uns diese wieder einmal etwas genauer an. Bereits am 17. August 1974 kam General Vernon Walters nach Lissabon. Er stellte u.a. fest, dass der damalige US-Botschafter, Stuart Nash Scott, völlig arglos gegenüber der „Gefahr einer kommunistischen Machtübernahme" war und somit unfähig, die Interessen der Vereinigten Staaten entsprechend zu vertreten.

Walters koordinierte bei diesem Besuch die finanzielle und logistische Unterstützung von Aktionen gegen die Aprilrevolution. Er traf sich mit Vertretern der Liberalen Partei, einer Partei mit faschistischer Ausrichtung, die zu den Organisatoren der „schweigenden Mehrheit" gehörte, und anderen reaktionären Politikern, so u.a. mit dem Außenminister der Caetano-Regierung, Franco Nogueira, und nicht zuletzt mit Mario Soares, dem Vorsitzenden der Sozialistischen Partei.

Auf Empfehlung von Walters setzte Präsident Nixon ab Januar 1975 Frank Carlucci als Botschafter ein. Carlucci gehörte 1961 dem Operationsstab im Kongo für die CIA-Aktion zur Liquidierung von Patrice Lumumba an. Er hatte zuvor eine einjährige Spezialausbildung in den USA erhalten.

Im Februar 1964 – unmittelbar nach dem Putsch gegen den brasilianischen Präsidenten Joao Goulart – erschien Carlucci in Brasilia und war dort Vernon Walters unterstellt. In Brasilien pflegte er eine so intensive Zusammenarbeit mit dem Geheimdienstchef General Golbery do Couto e Silva, dass Diplomaten vor Ort den Eindruck hatten, er sei der Führungsoffizier des Generals

In Sansibar führte seine offenkundige Einmischung in die inneren Angelegenheiten zu seiner Ausweisung.

Carlucci wurde in der portugiesischen Öffentlichkeit ganz schnell als „Mister CarlucCIA" bezeichnet.[48]

In der CIA-Residentur, im Apparat der US-Militärattachés und in den NATO-Stäben auf dem Territorium Portugals tauchten eine Vielzahl von Geheimdienstoffizieren mit Erfahrungen in „verdeckten Aktionen" auf, davon nicht wenige mit Einsatzerfahrungen aus Brasilien, die Walters nie aus den Augen verloren hatte.

So hatte der Operativchef der CIA-Residentur und Stellvertreter des Residenten, James Lawler, von 1962 bis 1964 operative Erfahrungen in Brasilien und anschließend in Chile gesammelt.

Für die Schlüsselrolle, die Carlucci in diesen Geheimdienst-Operationen ge-

---

47 - Vgl. VII. Außerordentlicher Parteitag der Portugiesischen Kommunistischen Partei, Materialien, Dietz-Verlag Berlin, 1974, S. 11
48 - Vgl. Steiniger, Klaus: Tops und Flops, Elefanten Press, 1998, S. 57ff.

gen die portugiesische Revolution gespielt hat, spricht die Tatsache, dass er Anfang 1978 von Präsident Carter direkt von diesem Botschafterposten weg als stellvertretender CIA-Direktor eingesetzt wurde. Er diente in dieser Funktion unter CIA-Direktor Admiral Turner bis Februar 1981, um dann als stellvertretender Verteidigungsminister in das Pentagon zu wechseln. Bezüglich Portugal trat Carlucci für eine flexible Reaktion, möglichst ohne offene Gewalt, unter Ausnutzung proamerikanischer Führungsleute in der Sozialistischen Partei, den Gewerkschaften und im Offizierskorps ein.

Mehr als 3000 Offiziere der portugiesischen Streitkräfte hatten eine Ausbildung in den USA erhalten. Ein bedeutendes Operationsziel war die Spaltung oder Zerschlagung der einheitlichen Gewerkschaftsbewegung „Intersindical".

Dazu Alvaro Cunhal:

„Als Soares im September 1975 die USA besuchte, traf er sich mit Georges Meany, dem Chef der AFL-CIO. In einem Interview mit Maria João Avillez sagte er: ‚Meany ermunterte mich, mit konkreter Unterstützung des Gewerkschafters Brown, der die europäischen Probleme gut kenne, ein Schema der Zusammenarbeit zu entwickeln, das später zur Bildung der UGT geführt hat'.

Ein wertvolles Bekenntnis. Denn Irving Brown war seit langem bekannt, besonders in Europa, wegen seiner spalterischen Tätigkeit in den Gewerkschaften und er war bekannt nicht so sehr als amerikanischer Gewerkschaftsfunktionär, sondern als CIA-Agent, ... " [49]

Im August 1975 behauptete ein amerikanischer Senator öffentlich unter Berufung auf Informationen der CIA, dass die Portugiesische Kommunistische Partei zehn Millionen Dollar monatlich aus der Sowjetunion erhalte. Zwei Tage später bestätigte der stellvertretende Direktor der CIA, General Vernon Walters, die Behauptungen des Senators. Außenminister Kissinger richtete eine öffentliche Warnung an die Sowjetunion, dass jede Unterstützung des revolutionären Prozesses in Portugal durch die UdSSR einer Gefährdung des Entspannungsprozesses gleichkomme.[50]

Im Gegensatz zu diesen Behauptungen ergaben die Untersuchungen des Pike-Ausschusses des US-Repräsentantenhauses 1975, dass die CIA ab Ende 1974 ein mehrere Millionen US-Dollar umfassendes Programm initiierte, um

---

49 - Vgl. Cunhal, Alvaro: „Wahrheit und Lüge über die Aprilrevolution – Die Konterrevolution bekannt sich"; Kap. 9: Die CIA in der Konterrevolution; Teilübersetzung aus der portugiesischen Ausgabe von 1999 von Frank Bochow.

50 - Vgl. Agee/Wolf: Die CIA in Westeuropa; VEB Deutscher Verlag der Wissenschaften, 1981 S. 44; aus einem Brief von Agee über die CIA in Portugal

den Sozialisten Mario Soares und die ihm nahestehenden Medien zu unterstützen. Carlucci hatte 1995 in einem Interview mit der Journalistin Maria João Avillez seine Strategie der Konterrevolution und die „Verdienste" von Mario Soares daran mit folgenden Worten charakterisiert: „Niemand kann besser die kommunistische Linke bekämpfen als ein kämpferischer, mutiger und antikommunistischer Mann der Linken". Als die Journalistin Mario Soares mit dieser Aussage konfrontiert, erwiderte dieser darauf: „Carlucci hat lediglich eine weise und einfache Diagnose gestellt: wer könnte Portugal vor der totalitären Gefahr retten?"[51]

Dabei hatte sich nach Erkenntnissen des Untersuchungsausschusses die CIA auch der Unterstützung einiger westeuropäischer sozialdemokratischer Parteien bedient. Das betraf neben Frankreich, Italien und Schweden besonders auch die Bundesrepublik. Die Sozialistische Partei Portugals war mit Unterstützung der SPD erst im Jahre 1973 in Bad Münstereifel gegründet worden. Die „Sozialistische Internationale" hatte ein spezielles Solidaritätskomitee zur Unterstützung der portugiesischen Sozialisten gebildet. Ab 1975 wurden im Rahmen der BND-Operation POLYP Millionensummen aus dem Etat des BND über Parteienstiftungen an die portugiesische Sozialdemokratie weitergeleitet. Einer der Geldboten war der damalige Leiter des Lissabonner Büros der Friedrich-Ebert-Stiftung, Peter Hengstenberg.[52]

Aber auch sattsam bekannte Drohungen mit offener militärischer Gewalt gehörten zum Szenario der CIA-gesteuerten Konterrevolution. Der Militärhistoriker Dr. Lothar Schröter schreibt dazu:

„U.a. drohte Carlucci mit einer Seeblockade, wenn die NATO-Mächte es für notwendig halten würden. Von seiner Regierung beauftragt und mit voller Rückendeckung des Nordatlantikblockes mischte sich die diplomatische Vertretung der USA so offen in die inneren Angelegenheiten des Gastlandes ein. Engen Kontakt unterhielt Carlucci dabei zu seinem Vertrauten Donald H. Rumsfeld, von 2. Februar 1973 bis 5. Dezember 1974 Ständiger Vertreter der USA bei der NATO und von August 1974 bis November 1975 Stabschef im Weißen Haus bei Präsident Gerald R. Ford. Die NATO suspendierte das Portugal der Bewegung der

---

51 - zitiert in Cunhal, Alvaro: „Wahrheit und Lüge über die Aprilrevolution – Die Konterrevolution bekannt sich"; Kap. 9: Die CIA in der Konterrevolution; Teilübersetzung aus der portugiesischen Ausgabe von 1999 von Frank Bochow.
52 - Vgl. Peter F. Müller/Michael Mueller: „Gegen Freund und Feind", Rowohlt, 2002, S. 472 ff.; u.a. zitiert nach Süddeutsche Zeitung vom 2.2.2000: „Starthilfe für junge Demokraten";

Streitkräfte zeitweilig von der Teilnahme an ihrer Nuklearer Planungsgruppe (NPG) und übte in den anderen Führungsgremien des Blockes massiven Druck auf die portugiesische Führung aus. So auf der Tagung des NATO-Ministerrats (NAC) am 29./30 Mai 1975, auf der Lissabon durch Ministerpräsident Vasco dos Santos Gonçalves und Admiral António Rosa Coutinho vertreter war. Die gerade geborene Demokratie in dem südwesteuropäischen Land erfuhr durch die Nordatlantische Allianz damit eine Behandlung, die Brüssel gegenüber der seit 48 Jahren herrschenden gewalttätigen Salazar- bzw. Caetano-Diktatur nie auch nur in Ansätzen anwandte. Der Oberste Befehlshaber der NATO-Streitkräfte Europa (SACEUR), USA-General Alexander M. Haig jr., bereiste bereits wenige Monate nach seinem Amtsantritt (15. Dezember 1974) das iberische Land, um dem ihm genehmer Flügel der portugiesischen Streitkräfte den Rücken zu stärker und indirekt mit dem Machtpotenzial des Militärblockes zu drohen. Doch die Dinge steigerten sich noch: Drei große NATO-Übungen in den Gewässern vor Portugal – ‚LOCKED GATE 75' (21. Januar bis 7. Februar 1975), ‚OPEN GATE 76' (26. April bis 3. Mai 1976) und ‚OPEN GATE 78' (2. bis 9. Mai 1978) – demonstrieren die Entschlossenheit auch zum militärische Vorgehen gegen den südwestlichen Bündnispartner. Bei ‚LOCKED GATE 75' – die erste ihrer Art mit einer derart offenen politischen Zweckbestimmung – beispielsweise wurden Bombenagriffe auf das portugiesische Festland sowie eine Invasion simuliert. An der Übung waren sogar Schiffe Frankreichs, das 1966 aus der NATO-Militärorganisation ausgetreten war, beteiligt. Noch im Nachfeld der Übung wurden 19 Kriegsschiffe der USA – dazu gehörte auch der Flugzeugträger ‚SARATOGA' mit etwa 90 Flugzeugen an Bord – in der Nähe der portugiesischen Küste in Bereitschaft gehalten.

Aus den Memoiren von Hans-Dietrich Genscher haben wir nur erfahren, dass in den USA ein offener militärischer Einmarsch durch NATO-Truppen, vorgetragen aus dem Nordwesten Franco-Spaniens, erwogen wurde.[53] ... Im konkreten Fall Portugal gelang es durch das Zusammenspiel verschiedener Methoden, darunter auch der indirekt-militärischen, das Ausscheiden des Landes aus dem Nordatlantikpakt und grundlegende soziale Umwälzungen zu verhindern."[54]

In einem Interview zum 30. Jahrestag der Revolution erklärte Genera

Vasco Goncalves, einer der Führer der Bewegung der Streitkräfte und Ministerpräsident in Portugal bis September 1975, auf die Frage: „Welchen Einfluß nahmen – neben der deutschen Sozialdemokratie – ausländische Kräfte auf die portugiesische Entwicklung?"

„Der Sturz des faschistischen Regimes selbst stieß zunächst durchaus auf das Wohlwollen der USA und anderer kapitalistischer Staaten, hoffte man doch auf einen ‚normalen' Übergang zu einer formalen bürgerlichen Demokratie im Rahmen Westeuropas. Mit dem Fortschreiten des revolutionären Prozesses änderte das sich jedoch radikal. Die USA äußerten mehrfach ihre Sorge über die Gefahr einer ‚kommunistischen Machtübernahme' in Portugal. Sie entsandten Frank Carlucci, eine Führungsfigur der CIA, als Botschafter nach Portugal, der sich nach meinen Kenntnissen auch nach Kräften in die inneren Prozesse einmischte. Faktisch widersetzten sich alle kapitalistischen Industriestaaten, gleich von welchen Parteien sie auch regiert wurden, der portugiesischen Revolution. Ich erinnere mich noch ganz gut an die NATO-Ratstagung in Brüssel im Mai 1975 und meine Begegnungen mit dem damaligen USA-Präsidenten Gerald Ford und dem Staatssekretär (gemeint ist: Außenminister – Anm. K.E.) Henry Kissinger. Das ausdrückliche Ziel der Amerikaner im Gespräch mit mir war, dass ich sofort nach meiner Rückkehr nach Lissabon die Kommunisten aus der Regierung entferne, was ich natürlich ablehnte. Danach hatte ich den Eindruck, dass die amerikanische Regierung entschlossen war, auf andere Kräfte in- und außerhalb der MFA zu setzen, was sie im übrigen auch schon vor dieser Begegnung getan hatte."[55]

Die Beteiligung von Vernon A. Walters an der Niederschlagung der Revolution in Portugal hatte in der amerikanischen Öffentlichkeit noch ein kaum beachtetes Nachspiel. Am 29. Mai 1975 veröffentlichte der Herausgeber der Zeitschrift *The New York Review of Books*, Kenneth Maxwell, einen kritischen Artikel unter der Überschrift „Portugal unter Druck".[56]

Dieser Artikel enthält folgende Aussagen:

In Portugal hatte sich eine Sammlung von wilden rechtslastigen Personen zusammengefunden, sowohl amerikanischer Herkunft als auch ehemalige Dik-

---

53 - Vgl. Hans-Dietrich Genscher, Erinnerungen, München 1997, S. 236.

54 - Zitiert aus einem Vortrag von Dr. Lothar Schröter „Zum Vergleich in der Historiographie. Einmischung in eine zögerliche Diskussion" auf dem Symposium zum 80. Geburtstag von Generalmajor a.D., Prof. Reinhard Brühl am 09.09.2004 in Potsdam

55 - Vgl. „Ich glaube nicht an einen dritten Weg"; Gespräch mit Vasco Goncalves; Beilage der jungen Welt vom 24./25. April 2004;

56 - Vgl. The New York Review on Books, Volume 22, Number 9 vom 29. Mai 1975; "Portugal Under Pressure" By Kenneth Maxwell

tatoren oder Monarchen aus aller Herren Länder, einschließlich ehemaliger Nazis.

Unter ihnen z.B. Admiral George W. Anderson Jr., ein Veteran der Kuba-Blockade, der eine Villa im Süden Lissabons gekauft hatte, oder William Tapley Bennett Jr. Sie waren in der Nixon-Ära rehabilitiert worden und erhielten lukrative Posten, die ihnen entsprechenden Einfluß sicherten. Admiral Anderson wurde Vorsitzender des Beraterausschusses des Präsidenten für Angelegenheiten der Geheimdienste (President's Foreign Intelligence Advisory Board – PFIAB). Diese Leute waren für die US-Botschaft die Quellen für eine „unparteiische" Bewertung der Lage und der agierenden Kräfte.

Das State Department hatte über Jahre hinweg keine solide Bewertung der Lage und Entwicklung in Portugal. Wenn überhaupt, dann spielten die Interessen und Aktivitäten im südlichen Afrika eine Rolle. Dazu kam die fehlende Bereitschaft der Diplomaten und Geheimdienstler, Informationsbeziehungen mit den oppositionellen Gruppen, die sich gegen die Diktatur wandten, herzustellen. Das Pentagon hatte einige Informationen mehr, aber diese stammten auch nur aus den Kontakten mit den rechten Generälen, es gab keine Beziehungen mit den Kräften, die dann die Bewegung der Streitkräfte bildeten.

Weiter heißt es in diesem Artikel wörtlich:

„Die CIA-Residentur in Lissabon hatte nur geringe Bedeutung und wurde als ‚Posten für den Ruhestand' betrachtet. Jedoch unterhielt die CIA seit den späten 50er Jahren enge Arbeitsbeziehungen mit der portugiesischen politischen Polizei (PIDE/DGS). Viele portugiesische Agenten erhielten eine viermonatige Ausbildung in den USA. ... Die meisten von ihnen kamen aus der Untersuchungsabteilung, verantwortlich für Vernehmungen und, wie in zahlreichen dokumentierten Fällen nachweisbar, für die Folterung von politischen Gefangenen. Das unvermeidliche Ergebnis dieser Beziehungen war, dass innerhalb eines im Sterben liegenden Systems die CIA genau von jenen Kräften informiert wurde, die jede Veränderung fürchten mussten und die, wie sich dann herausstellte, die letzten waren, die einschätzen konnten, dass eine reale Bedrohung von der Armee ausgehen konnte. ...

Mit der Auflösung der PIDE in der Folge der Aprilereignisse verlor die CIA über Nacht ihre örtlichen Quellen. Im Gegensatz zu den heutigen Verteidigern der CIA muß man einschätzen, dass die Natur der Verbindungen der CIA in Portugal, unabhängig von der Kenntnislage in Washington, mit dazu beitrug, dass die USA blind waren gegenüber den Entwicklungen."

Weiter wird bewertet, dass die Denkweise bezüglich der Reaktionen auf die Revolution in Portugal bei Kissinger und anderen Verantwortlichen der Vereinigten Staaten weitgehend von ihren Erfahrungen in Chile geprägt waren. Umgekehrt waren die Befürchtungen und Reaktionen gegenüber den USA in Portugal grundlegend geprägt von den Umständen der Ermordung Salvador Allendes.

Sobald bekannt wurde, dass Kommunisten sich an der Regierung in Portugal beteiligen werden, waren die Reaktionen Kissingers panik- und reflexartig. Fast unmittelbar darauf wurde den Portugiesen der Zugang zu allen Geheimdokumenten der NATO verwehrt,

Legenden wurden verbreitet über den zu befürchtenden „Dominoeffekt" im Mittelmeerraum, die Einschränkung der Nutzung der US-Basen auf den Azoren (als integraler Bestandteil der Verteidigung Israels) wurde behauptet etc.

Zur Rolle von Vernon Walters enthält der Artikel folgende Aussagen:

„General Vernon Walters, der stellvertretende Direktor der CIA, spricht fließend Portugiesisch als Ergebnis seines Dienstes als Verbindungsoffizier zwischen dem brasilianischen Expeditions-Korps und der 5. US-Armee in Europa während des II. Weltkrieges, eine Zeit, in der er eine enge persönliche Freundschaft mit dem späteren Marschall Castelo Branco schloss, dem er später half, den Putsch gegen Präsident Goulart auszuhecken. Er reiste im Frühsommer vergangenen Jahres nach Portugal für einen ‚privaten Besuch eines Freundes'. Es dürfte nicht überraschen, dass dieser ‚alte Freund' Admiral Anderson war. Nach gewöhnlich zuverlässigen Quellen traf sich Walters mit etlichen Personen aus dem Freundeskreis des Admirals – Franco Noqueira, der frühere Außenminister von Salazar und geschäftsführende Vorsitzende von Espirito Santo Interests; Admiral Sarmento Rodriguez, Präsident von Torralta; Adriano Moreira, Vorsitzender der portugiesischen Niederlassung von ITT, Standard Electrica; und General Kaúlza de Arriaga, einst bekannt als der ‚portugiesische McNamara'."

Dazu schrieb Vernon Walters folgenden Brief:

„An die Herausgeber:
Bezüglich des Artikel über Portugal, den Sie am 17. Mai 1975 veröffentlichten (die Zeitdifferenz zwischen 17. und 29. Mai ist nicht erklärt – Anm. K.E.) – ich habe keinen einzigen Menschen gesehen, von denen Herr Maxwell behauptet, ich hätte sie im letzten August, als ich in Portugal weilte, getroffen. Vermutlich ist Herrn Maxwells Sicht auf meine ‚stümperhaften Machenschaften' eher ein Produkt seiner Phantasie als eine Tatsache meines Handelns.

Vernon A. Walters
Stellvertretender Direktor, CIA, Washington D.C.

Darauf antwortete der Herausgeber, Kenneth Maxwell, öffentlich:
„Ich habe kein Interesse an der Produktion von Fiktionen. Dazu hat die CIA bessere Voraussetzungen als ich. General Walters weiß genau, und sein kürzlicher Besuch in Spanien hat ihn ohne Zweifel daran erinnert, dass all jene Personen, die ich erwähnt habe, entweder im Gefängnis oder im Exil sind. Gegen sie wurden schwerwiegende Anklagen erhoben. Aber nicht einer von ihnen wurde bisher vor Gericht gestellt, ein Versäumnis, welches The New York Review als erstes kritisch anmerkte. In diesem Zusammenhang ist der Brief von General Walters bedeutsam für unseren Bericht, da die CIA sich bisher immer geweigert hatte zu bestätigen, dass General Walters überhaupt vergangenes Jahr in Portugal war. Ob die Verbindungen zwischen General Walters, Admiral Anderson und den portugiesischen Ultras Tatsachen oder Fiktionen sind, wird sich mit der Zeit noch herausstellen, ebenso wie die vollständige Geschichte der USA-Politik während der ersten kritischen Monate der portugiesischen Revolution.

Bei allen früheren Ereignissen hatte ich gute Gründe, volles Vertrauen zu meinen Quellen zu haben. Das Thema ist jetzt jedoch Geschichte. Vielmehr ist es jetzt von Bedeutung, ob die genanten Menschen ihre Freiheit oder zumindest das Recht auf eine faire Anhörung vor Gericht erhalten. Soweit Ungerechtigkeit geschieht, habe ich kein Interesse, dazu noch beizutragen, indem ich Unwahrheiten verbreite. ...“[57]

Im Zusammenspiel der inneren und äußeren Reaktion, rechtzeitig vorbereitet und gesteuert von den Spezialisten für offene und verdeckte Staatsstreiche, wie Walters oder Carlucci, wurde eine historische Möglichkeit für eine volksdemokratische Entwicklung in Portugal abgewürgt. Heute ist Portugal ein braves Mitglied der NATO und der EU, erfüllt treu seine Maastricht- und Schengen-Kriterien. Portugal hat heute Soldaten im Irak stationiert und Präsident Barroso war im April 2003 der Gastgeber des Gipfeltreffens auf den Azoren, auf dem Bush, Blair und Aznar die sogenannte „Koalition der Willigen" aus der Taufe hoben.

Aber der Gedanke an die Revolution im April 1974 und an die Chancen für das Volk ist auch nach dreißig Jahren noch lebendig. Grundlegende demokratische Errungenschaften in der Verfassung und Gesetzgebung, eine starke Gewerkschaftsbewegung und eine aktive Kommunistische Partei Portugals sind Grundlagen, auf denen eine demokratische Entwicklung aufbauen kann.

---

57 - Vgl. www.nybooks.com/articles

Kapitel III

Verwischte Spuren einer Geheimdienstkarriere

Ein Geheimdienst-Profi hat natürlich Erfahrung – und vor allem auch den Auftrag – seine Aktivitäten nicht öffentlich bekannt zu machen bzw., wenn das nicht zu vermeiden ist, dann diese wenigstens mit geeigneten Desinformationen zu tarnen.

Da wir bei Vernon Walters keine Zweifel über seine geheimdienstliche Professionalität haben, werden wir in seiner Vita nicht wenige Aktivitäten finden, über die er bzw. andere Autoren keine wahrheitsgemäße Auskunft geben. Viele Spuren sind verwischt und können nur durch mühsame Recherchen mehr oder weniger sichtbar gemacht werden.

Abgesehen von seiner Totalverweigerung, etwas über seinen Anteil als stellvertretender CIA-Direktor am blutigen Putsch in Chile oder an der Niederschlagung der Revolution in Portugal (vgl. Kapitel II) kundzutun, gibt es auch viele andere seiner Aktivitäten, bei denen es sich lohnt, sie etwas näher zu beleuchten. Dabei können die Leser davon ausgehen, dass die folgende Übersicht nicht vollständig ist.

Es hat auch etwas mit dieser Haltung als Geheimdienstler zu tun, wenn Walters häufig als „der einsame Wolf" bezeichnet wird.

Möglicherweise können spätere Freigaben von Geheimdienstakten zur weiteren Aufhellung historischer Wahrheiten beitragen, wir müssen uns heute erst einmal mit den Ergebnissen unserer Recherchen zufrieden geben.

Griechenland 1947-1949

In einem ganz anderen Zusammenhang – seinen Erinnerungen an den Aufenthalt in Vietnam – erwähnt Walters seine Teilnahme an einem Bürgerkrieg in Griechenland. Er schreibt: „Es war das dritte Mal in meinem Leben - das vierte, wenn ich den Bürgerkrieg in Griechenland dazuzählte - dass ich in den Krieg zog."[1]

Das bekräftigt er noch einmal in seinem Buch: „Die Vereinigung war voraussehbar" mit den Worten: „Aber ich war im zweiten Weltkrieg, im griechischen Bürgerkrieg, im Koreakrieg und im Vietnamkrieg gewesen."[2]

Nun war der Militärputsch der schwarzen Obristen am 21. April 1967 in Griechenland nicht von einem Bürgerkrieg begleitet.

1 - Vgl. Walters, Mission, S. 280f.

2 - Vgl. Walters: „Die Vereinigung war voraussehbar", Siedler Verlag, 1994, S. 162

Dann kann es sich nur um das im Rahmen der Truman-Doktrin 1947 erfolgte militärische Eingreifen der USA in den Bürgerkrieg in Griechenland handeln. Diese Intervention hatte folgende Vorgeschichte:

1944 hatten die Partisaneneinheiten der Griechischen Volksbefreiungsarmee (ELAS) im Zusammenhang mit dem Vorrücken der Roten Armee auf dem Balkan die deutschen Okkupationstruppen aus Griechenland verjagt. Im Oktober 1944 landeten britische Truppen in Athen und Piräus und in ihrem Gefolge die bürgerliche Exilregierung. Das britische Expeditionskorps und Kräfte der bürgerlichen Regierung begannen im Dezember 1944 mit großer Brutalität Kampfhandlungen gegen die ELAS. 1945 wurde nach Verhandlungen die ELAS aufgelöst und eine reaktionäre Regierung in Griechenland eingesetzt, die sogleich von den USA anerkannt und massiv wirtschaftlich und militärisch unterstützt wurde. Die Massenrepressalien der griechischen Regierung ließen den Bürgerkrieg wieder aufflammen.

Im Oktober 1946 wurde die Demokratische Armee Griechenlands (Dimokratikos Stratos Elladas – DSE) gebildet. Großbritannien musste eine Bankrotterklärung abgeben, dass es die Intervention in Griechenland militärisch nicht fortsetzen könne. Es kam zu der berüchtigten Rede von US-Präsident Truman am 12. März 1947, in der er die Truman-Doktrin verkündete und vom Kongress die Bereitstellung von 400 Millionen Dollar zur Hilfe für die Regimes in Griechenland und der Türkei forderte. Von dieser Summe sollten 300 Millionen für Griechenland bestimmt sein, vor allem für die Lieferung moderner Waffen und die Auf- und Ausrüstung der griechischen Armee. Bis Frühjahr 1948 waren 250 Militärberater der USA in Griechenland im Einsatz. Ab Dezember 1947 wurde faktisch die militärische Führung von der „Joint U.S. Military and Planning Group – JUSMAPG" mit einem Stab von Militärberatern beim griechischen Oberkommando ausgeübt. Die massive Unterstützung der USA und Großbritanniens führte dazu, dass die Athener Truppen der DSE bald in Anzahl und Ausrüstung überlegen waren, die Reste der DSE sich Ende 1949 nach Albanien zurückzogen und sich dort auflösten. Der brutale Einsatz von Bomben, Raketen und Napalm erforderte einen hohen Preis von den demokratischen Kräften Griechenlands. 38.000 Tote hatte die DSE zu verzeichnen, 6.000 Patrioten wurden hingerichtet, 40.000 in Konzentrationslager gesperrt und ca. 60.000 zur Emigration gezwungen. Wenn man Walters' Autobiographie aufmerksam liest, dann findet man folgende Bemerkung über die amerikanische Einmischung in den Bürgerkrieg in Griechenland:

„In Griechenland war das überwältigende Problem nicht öko-

nomischer Art. Das alles überragende Problem bestand vielmehr
in den Angriffen der von außen unterstützten kommunistischen
Guerillas überall im Lande und dem entsprechenden Bedarf der
Regierung an militärischer Unterstützung. Präsident Truman
hatte auf dieses Hilfsgesuch in einer außerordentlich uneigen-
nützigen Weise reagiert, indem er nicht nur militärische
Ausrüstung schickte, sondern auch eine große Gruppe von US-
Offizieren, die den griechischen Streitkräften beistehen sollten, der nackten Drohung, der ihr Land damals ausgesetzt war,
ins Gesicht zu sehen."[3]

Aber über die Position des US-Offiziers Vernon Walters während dieser Intervention und seinen Anteil an diesem Bürgerkrieg gibt es keine
Informationen – eine von vielen verwischten Spuren.

Mission im Koreakrieg – 1950/53

Die koreanische Halbinsel war seit 1910 durch Japan annektiert, diente nur
als Lieferant von Rohstoffen und Arbeitskräften. Korea war für Japan eine
Kolonie niederster Kategorie. 1945 konnten 80 Prozent der Koreaner weder
lesen noch schreiben. Mit dem Sieg über Japan im Zweiten Weltkrieg schien
auch für Korea eine neue Zukunft möglich. Nach alliierten Vereinbarungen besetzten sowjetische Streitkräfte den nördlichen und amerikanische Truppen den
südlichen Teil, die Demarkationslinie war der 38. Breitengrad. In ganz Korea
waren Volkskomitees gebildet worden, die eine demokratische Umgestaltung
durchsetzen sollten. Aber im Süden unterband die US-Besatzungsmacht deren
Tätigkeit und löste sie auf. Sie gründeten die Republik Korea unter Führung
des reaktionären Politikers Syngman Rhee. Selbst Präsident Truman charakterisierte Rhee als einen Politiker, der sich mit „entschieden reaktionär gesinn-
ten Männern" umgab und die Freiheit mit Polizeimethoden unterdrückte.

Parallel dazu entstand im Norden mit Hilfe der UdSSR und nach ihrem
Vorbild die Koreanische Demokratische Volksrepublik. Die Besatzungstruppen
der Sowjetunion wurden bis Mitte 1948, die der USA bis Mitte 1949 aus Korea
zurückgezogen. Aber es kam am 38. Breitengrad immer wieder zu militärischen Provokationen und Gegenschlägen von beiden Seiten. In Südkorea
kämpften auch Partisanengruppen mit Unterstützung des Nordens gegen

---

3 - Vgl. Walters, Mission, S. 118

das Regime von Rhee. Im Mai 1950 hatte Syngman Rhee eine empfindliche Wahlniederlage erlitten, möglicherweise nährte diese Entwicklung Hoffnungen auf der Seite Nordkoreas für eine schnelle Wiedervereinigung. Diese Hoffnung war auf beiden Seiten lebendig, sollte jedoch mit der Niederlage der jeweiligen Gegenseite verbunden sein.

Angeblich als Reaktion auf militärische Vorstöße des Südens traten im Morgengrauen des 25. Juni 1950 die Nordkoreaner am 38. Breitengrad an einer 200 km breiten Front mit sieben Infanteriedivisionen und einer Panzerbrigade mit 150 sowjetischen T-34-Panzern, zusammen etwa 90.000 Mann, zum Angriff an.

Präsident Truman stand in den USA stark unter Druck. Er hatte 1949 kaum auf den Sieg der chinesischen Volksbefreiungsarmee reagiert, seine Kritiker beschuldigten ihn, er sei gegenüber dem Kommunismus zu weich. Eine Reaktion auf den Angriff der Nordkoreaner ohne direkten Einsatz des Militärs würden ihm die Politiker des rechten Flügels der Republikaner niemals verzeihen. In der Führung der USA interpretierte man den Angriff der Nordkoreaner als Beginn einer großangelegten weltweiten kommunistischen Offensive, gesteuert von der Sowjetunion. Nach Meinung führender Politiker der USA stand die Zukunft der „freien Welt" auf dem Spiel. Als nächste Angriffsziele der Sowjetunion wurden Indochina, Burma, Malaysia, Jugoslawien, Persien und Deutschland genannt. Der Schweizer Zeithistoriker Rolf Steininger bezeichnete den 25. Juni als ein „Pearl Harbor" des Kalten Krieges.

Nach aktuellen Ergebnissen der zeitgeschichtlichen Forschung ist folgender historischer Hintergrund für die Entscheidung über den Angriff gegen Südkorea erkennbar: Der nordkoreanische Präsident Kim Il Sung hatte Stalin im April 1950 versichert, dass er Südkorea innerhalb von drei Tagen besiegen werde, dass bei einem Angriff im Süden Aufstände kommunistischer Sympathisanten ausbrechen werden, die USA hätten gar keine Zeit zu reagieren, da wäre Korea schon vereinigt. Stalin soll Kim aufgefordert haben, sich der Unterstützung der Chinesen zu versichern, da die Sowjetunion bei einer drohenden Niederlage nicht eingreifen könne. Es gibt Anzeichen, dass Kim Il Sung sowohl Stalin als auch Mao Tse Tung gegeneinander ausgespielt hat.

Die schnelle und massive Reaktion der Amerikaner kam für die sowjetische Führung überraschend.

Im vollen Bewusstsein des Risikos eines Krieges mit der Sowjetunion befahl Truman am 27. Juni den Einsatz von Luft- und Seestreitkräften. Der UNO-Sicherheitsrat sanktionierte diese Militäraktion nachträglich, erst zehn Stunden später. (Dabei wäre zu prüfen, ob der Boykott der Arbeit der UNO in dieser Zeit durch die Sowjetunion, die damit die Aufnahme der Volksrepublik

China mit allen Rechten in die UNO durchsetzen wollte, für diese Verzögerung mit verantwortlich war.)

Die erste Phase des Einfalls in Südkorea verlief für die Nordkoreaner erfolgreich. Drei Tage nach Beginn des Überfalls wurde die südkoreanische Hauptstadt Seoul eingenommen, fünf Tage danach standen die Nordkoreaner tief im Süden, die Hälfte der südkoreanischen Armee war vernichtet. Daraufhin befahl Präsident Truman am 30. Juni den Einsatz von Bodentruppen, die Blockade Nordkoreas und seine Bombardierung. Der Oberbefehl wurde dem legendären General Douglas MacArthur übertragen. Formal gesehen war dies ein UNO-Kommando auf der Basis einer Resolution des UN-Sicherheitsrates vom 7. Juli 1950, in der alle Mitglieder der UNO aufgefordert worden waren, Truppen bereitzustellen. Insgesamt 15 Länder reagierten auch entsprechend. Aber von den Kommandostrukturen, der Finanzierung und vom Anteil der Truppen war es faktisch doch ein amerikanisches Unternehmen (die Amerikaner hatten 350.000 Mann im Einsatz).

Das amerikanische Interventionskorps erkämpfte im Südosten bei Pusan einen Brückenkopf. Die amerikanischen Planungsstäbe forderten den massiven Einsatz aller Truppenteile, um eine militärische Wende herbeizuführen, selbst den 38. Breitengrad zu überschreiten und Korea wieder zu vereinigen. MacArthur erhielt die Zustimmung zum Überschreiten des 38. Breitengrades am 27. September nach Bestätigung durch Präsident Truman, obwohl erst am 7. Oktober eine entsprechende Resolution des UN-Sicherheitsrates verabschiedet wurde.

Für die amerikanischen Planungen war es wichtig, sicher zu wissen, ob und unter welchen Bedingungen China in die Auseinandersetzungen eingreifen würde.

Eine Studie der CIA führte eine Reihe von Begründungen an, nach denen China nicht eingreifen könnte und wollte. Darin wurde formuliert:

„Die chinesischen Kommunisten ... schreckten zweifelsohne vor den Konsequenzen eines Krieges mit den USA zurück. Die innenpolitischen Probleme Chinas seien so groß, dass die Wirtschaft durch ein militärisches Eingreifen in Korea gefährdet würde. Die antikommunistischen Kräfte im Lande würden dadurch ermutigt und die Existenz des gesamten kommunistischen Regimes aufs Spiel gesetzt. Eine offen durchgeführte Intervention würde außerdem die Chancen auf eine Mitgliedschaft in der UNO und im Weltsicherheitsrat auf Null reduzieren und ohne die Unterstützung durch sowjetische Luft- und Seestreitkräfte zu ungeheuren Verlusten an Menschen führen. Eine solche Unterstützung sei jedoch nicht sicher, da dies eine sowjetische Intervention mit all den bekannten Konsequenzen darstellen würde. Außerdem würde Peking durch massive sowjetische Hilfe noch abhängiger von Moskau werden und der sowjetische Einfluß in der Mandschurei in einem für die Chinesen unerträglichen Maß anwachsen. Aus Sicht der CIA kam hinzu, dass vom militärischen Standpunkt aus der günstigste Zeitpunkt für eine Intervention längst vorüber war."[4]

Auf diese Einschätzung stützte sich General MacArthur bei der legendären Beratung mit Präsident Truman am 15. Oktober auf der Insel Wake Island im Pazifik. An diesem Gespräch nahm Vernon Walters an der Seite von Averell Harriman teil.

Jedoch verlief diese Etappe des Krieges in keinem Fall nach den Bewertungen der CIA. Nachdem die amerikanischen Truppen unter MacArthur bis Ende November am Grenzfluß zu China, dem Yalu, standen, startete dort die Gegenoffensive der Volksrepublik China. Bis zu diesem Zeitpunkt waren bereits 200.000 chinesische Volksarmisten über den Grenzfluß nach Korea eingesickert, mit der Offensive kamen weitere 300.000 chinesische Soldaten zum Einsatz.

Damit hatte der Koreakrieg eine neue Dimension erhalten, die Streitkräfte der USA und die der Volksrepublik China standen sich unmittelbar in Kampfhandlungen gegenüber.

Das Eingreifen der chinesischen Volksarmee führte zu einer der schwersten militärischen Niederlagen der USA im 20. Jahrhundert.

In Washington verbreitete sich Krisenstimmung. Eine Einschätzung der nationalen Sicherheitslage aus dieser Zeit besagte:

„Die sowjetischen Machthaber sind motiviert einerseits durch die marxistisch-leninistische-stalinistische Ideologie und andererseits durch Überlegungen, die mit der Stellung der Sowjetunion als Weltmacht zusammenhängen. Ihr letztes Ziel ist es, eine kommunistische Welt zu errichten, die von ihnen selbst oder ihren Nachfolgern kontrolliert wird."

Weiter in einer Analyse vom 1. Dezember:

---

4 - Zitiert nach: Rolf Steiniger: „Der Kalte Krieg", Fischer TB, 2004 (im weiteren zitiert als: Steininger, Kalter Kreig), S. 62f.; die Wertungen zum Abschnitt Korea beruhen in wesentlichen Teilen auf dieser Quelle.

„Moskau will die Zerstörung der USA und Korea ist nur ein Teil einer größeren Operation, die Moskau im weltweiten Kampf gegen uns geplant hat." Erstmals in der Geschichte der USA rief Truman am 16. Dezember 1950 den nationalen Notstand aus, mit dem eine massive Aufrüstung ermöglicht wurde.[5]

Mit der Stabilisierung der Front am 38. Breitengrad konnte dieser Kampf auf einen Krieg mit konventionellen Waffen begrenzt werden. Damit blieb es Washington erspart, zu entscheiden zwischen der Aufgabe Koreas unter dem Druck Moskaus oder einem offenen Krieg gegen die Volksrepublik China mit dem Einsatz von Kernwaffen.

Aber General MacArthur vertrat eine ganz andere Position. Er wollte mit aller Macht die Kraftprobe zwischen „freier Welt" und dem Kommunismus, auch und nicht zuletzt durch den Einsatz von Atombomben gegen die Volksrepublik China. Damit geriet er in eine Gegenposition zu Präsident Truman, der für Verhandlungen über einen Waffenstillstand eintrat. Die Meinungsverschiedenheiten zwischen Präsident Truman und dem Oberbefehlshaber der US-Streitkräfte im Fernen Osten charakterisierte Präsident Truman mit folgenden Worten: „General MacArthur war bereit, einen Weltkrieg zu riskieren. Ich war es nicht".[6]

Truman versuchte, durch den Einsatz seines Sonderbotschafters Averell Harriman, MacArthur zu disziplinieren und von öffentlichen Erklärungen gegen die Politik seines Präsidenten abzuhalten. Im Gefolge von Sonderbotschafter Harriman war Vernon A. Walters in seinem dritten Kriegseinsatz nach dem Zweiten Weltkrieg und dem Bürgerkrieg in Griechenland.

Lakonisch beschreibt Walters in seinen Erinnerungen diese Etappe seines ‚learning by doing":

„Mein Job war es, Mr.Harriman über die neuesten Entwicklungen in Korea auf dem Laufenden zu halten und mit ihm in verschiedenen militärischen Angelegenheiten zusammenzuarbeiten, die in seine Kompetenz als Berater des Präsidenten fielen."[7]

Zu weiteren Erläuterungen seiner Funktion und der Ergebnisse seines Einsatzes in Korea war Vernon Walters nicht bereit. Wir können nur aus der Brisanz dieses historischen Ereignisses ableiten, welche Rolle diese Mission in

---

5 - Zitate aus Steiniger, Kalter Krieg, S. 64/65
6 - zitiert in: Der Krieg in Korea; junge Welt vom 24./25. Juni 2000
7 - Vgl. Walters, Mission, S. 132

der Karriere des Vernon Walters spielen dürfte. Zumindest standen bei diesem Einsatz seine Fähigkeiten als Dolmetscher nicht im Vordergrund, wohl eher seine Fähigkeiten als Mitarbeiter der militärischen Aufklärung der USA. Aber darüber könnten wohl auch nur die Archive Auskunft geben, wenn sie auch zu diesem Ereignis geöffnet werden sollten.

Der Ausbruch des Koreakrieges im Juni 1950 wirkte wie ein Katalysator bei der Umsetzung der NSC–Direktive Nr. 68. Er war gleichsam die Bestätigung für die in den Monaten und Jahren zuvor angestellten Analysen der sowjetischen Politik (vgl. Kap. IV und Anhang: Dokumente) und ließ alle Zweifler endgültig verstummen. Der Krieg wurde in Washington als Beweis für den Beginn einer großangelegten Offensive des Kreml gesehen. Jetzt mussten nach Auffassung führender Politiker der USA die Planungsdokumente des NSC und der Vereinigten Stabschefs über eine massive und entschlossene Reaktion auf diesen Angriff zur Wirkung gebracht werden.

In Umsetzung der NSC–Direktive Nr. 68 wurden die US-Streitkräfte von 2,5 auf 3,5 Millionen Mann erhöht. Es kam zu gigantischen Aufrüstungsprogrammen im konventionellen und atomaren Bereich, zu einer verstärkten militärischen Unterstützung der Verbündeten (u.a. Frankreichs im Krieg in Indochina).

Aber die Wirkungen dieses tiefsitzenden Koreaschocks gingen noch weiter.

Eine der Konsequenzen des Koreakrieges war die forcierte Wiederbewaffnung der Bundesrepublik. Insgesamt verstärkte er nicht zuletzt unterstützende Positionen zu einer beschleunigten Verteidigung Westeuropas und zum Aufbau der NATO und anderer regionaler Militärbündnisse (z.B. SEATO).

Im Herbst 1952 war der Koreakrieg das beherrschende Thema im Wahlkampf der USA, geprägt von der antikommunistischen Hysterie des Senators Joseph R. McCarthy.

Der zukünftige Außenminister John F. Dulles verurteilte die Harmlosigkeit der Politik des „containment". Er forderte eine aktive Politik der Befreiung der vom Kommunismus versklavten Völker – die Politik des roll back war offiziell geboren, obwohl sie als Politik der Befreiung vom Kommunismus schon immer inhärenter Bestandteil der containment-Politik war.[8]

Aber wir sollten keineswegs die Folgen dieses Krieges vergessen:

---

8 - Nach Steininger, Kalter Krieg, S.24/26

Von den amerikanischen Soldaten starben 36.000 und rund 100.000 wurden verwundet.

Auf koreanischer und chinesischer Seite werden die Verluste auf 1,7 Millionen Tote und Verwundete geschätzt. Im Süden fanden rund eine Million Zivilisten den Tod, im Norden mehr als doppelt so viele.

Sondermission bei Franco
Madrid Februar 1971

Die Ausgangslage für diesen Geheimauftrag ist etwas unklar. Schickt ein US-Präsident seinen Sonderbotschafter nach Spanien, um den dort herrschenden Diktator zu fragen, wie es nach seinem Tode in Spanien weitergehen soll? Oder steckte hinter dieser Mission doch noch einiges mehr?

Die Ausgangslage beschreibt Walters etwa so:

Er wird im Februar 1971 zu Präsident Nixon in das Oval Office im Weißen Haus gerufen. Nixon habe ihm erklärt, er mache sich Sorgen, was nach Francos Tod in Spanien geschehen könnte, er möchte keine chaotische oder anarchische Situation (das dürfte wohl eine Umschreibung für einen wachsenden Einfluß linker Kräfte sein) aufkommen lassen. Nixon betonte die Wichtigkeit stabiler Verhältnisse in Spanien, am besten durch einen geordneten Übergang zur Monarchie. Das sollte Walters vor Ort klären.

Walters erreichte eine Privataudienz bei Franco. Dort erklärte er ihm, dass der amerikanische Präsident eine große Verantwortung für die Weltpolitik trage, weshalb er interessiert sei, die Ansichten Francos zur künftigen Stabilität Spaniens und zur Situation seiner Nachbarn zu erfahren. Franco hatte schon begriffen, dass die Entwicklung nach seinem Tode das Hauptinteresse der USA war und beruhigte den Sonderemissär, es werde eine ordnungsgemäße Regelung seiner Nachfolge durch Prinz Juan Carlos geben. Der Übergang werde friedlich sein und von den Streitkräften Spaniens garantiert werden. Bei der Rückfahrt von der Audienz sinnierte Walters darüber, dass Franco seit fünfunddreißig Jahren regiere und: „Auf die eine oder andere Art und Weise hatte er dem Land Frieden und einen beträchtlichen Grad an Wohlstand beschert."[9] So denkt eben ein Geburtshelfer von Diktaturen über einen Diktator!

---

9 - Vgl. Walters, Mission, S. 375

Einen kleinen Einblick in die Geheimmission gibt uns Walters aber doch mit folgenden Sätzen: „Ich hatte den Eindruck, dass diese mir vom Präsidenten aufgetragene Mission noch mehr erforderte als ein Gespräch mit General Franco. Unter Vorschützung eines Ferienaufenthaltes in Spanien traf ich mich deshalb mit einer Reihe von Freunden, die in der Kommandostruktur der spanischen Streitkräfte Schlüsselpositionen innehatten, und sie alle ließen keinen Zweifel daran, dass sie die Thronbesteigung durch Prinz Juan Carlos nach Francos Tod guthießen und nicht mit Unruhen oder einem politischen Zusammenbruch im Lande rechneten."[10]

Walters dürfte mit diesen Freunden in altbewährter Weise aber auch die alternativen Maßnahmen abgesprochen haben, sollte die Entwicklung nicht doch nach ihren gemeinsamen Vorstellungen verlaufen.

Die Delikatesse der Mission wird noch dadurch unterstrichen, dass Präsident Nixon darauf bestanden hatte, dass Walters den Bericht über seinen Aufenthalt in Spanien nicht einer Sekretärin im Außenministerium diktieren sollte, sondern direkt der Privatsekretärin des Präsidenten.

Watergate 1972/73

Ein typisches Beispiel geheimdienstlicher Desinformation sind die persönlichen Erklärungen von Walters über seinen Anteil zur „Ehrenrettung" der CIA bei der Aufklärung des Watergate-Skandals. Erinnern wir uns:

Am 17. Juni 1972 erfolgte ein Einbruch in die Wahlkampfzentrale der Demokratischen Partei – dem Demokratischen Nationalkomitee im Hotel „Watergate". Auftraggeber war das „Komitee zur Wiederwahl des Präsidenten" der Republikanischen Partei, welches eine als „Klempnerbrigade" bezeichnete Gruppe von Geheimdienstleuten und echter Mafiosi zu diesem Einbruch veranlasste.

Bereits in der Morgenbesprechung des 19. Juni 1972 und auch in den nächsten Tagen wies CIA-Direktor Helms darauf hin, dass einige der im Zusammenhang mit dem Einbruch Festgenommenen früher bei der CIA beschäftigt waren. Seine Anweisungen lauteten, dem FBI als Untersuchungsbehörde so wenig wie möglich Angaben über CIA-Angehörige preiszugeben. Dabei hatte er die Unterstützung leitender Stabsmitarbeiter des Weißen Hauses.

Walters wurde beauftragt, den direkten Kontakt zum FBI-Direktor Patrick

10 - Vgl. Walters, Mission, S. 376

Gray zu halten, um abzusichern, dass die Ermittlungen des FBI möglichst wenig über die Beteiligung von Angehörigen der CIA bloßlegten.

Walters argumentierte im Weißen Haus und beim FBI, dass keiner der Beteiligten „in den letzten zwei Jahren" auf der Gehaltsliste der CIA gestanden habe. Aber selbst das musste er dann revidieren, da zumindest einer von ihnen, ein gewisser Martinez, bis zuletzt monatlich 100 Dollar als Informant in kubanischen Angelegenheiten erhalten hatte.

Jedoch einige Tage später überreichte er dem FBI eine Liste mit einer Aufstellung über die Zeiten der Beschäftigung der Verdächtigen bei der CIA, zusammengestellt von der Personal- und Sicherheitsabteilung der CIA.

Kurze Zeit später erhielt er weitere Unterlagen über finanzielle Leistungen der CIA an Howard Hunt, den Hauptverdächtigen im Watergate-Skandal, die angeblich bereits im August 1971, also lange vor der Berufung von Walters als stellvertretender CIA-Direktor, eingestellt worden waren. So weit die Darstellung von Walters.

Aber dann muß er jedoch zugeben, dass der Chefankläger Earl Silbert unter Howard Hunt's Papieren die Kopien seines Gratulationsschreibens zu Walters' Ernennung zum stellvertretenden Direktor der CIA sowie dessen Antwortschreibens gefunden hatte.

Nun musste er sich die Frage gefallen lassen, wie eng die Freundschaft mit Hunt denn gewesen sei. Walters verwies lakonisch darauf, dass er Hunt persönlich vor elf Jahren in Uruguay letztmalig getroffen habe und die Anrede in dem Brief „Lieber Vernon" lautete, während ihn alle seine Freunde mit seinem Spitznamen „Dick" anredeten.

Ein einziger Satz enthüllt die ganze Brisanz des Agierens von Walters in dieser Affäre, ob als stellvertretender oder als amtierender CIA-Direktor:

„...die Morgenbesprechung im Frühjahr 1973, als Dr. Schlesinger (der neue CIA-Direktor – Anm. K.E.) mir sagte, dass ein einziger Fehltritt meinerseits das Ende der Agency hätte bedeuten können, und ich hätte diesen Fehltritt nicht gemacht. Sodann verlieh er mir den Verdienstorden des Nachrichtendienstes (Distinguished Intelligence Medal – Anm. K.E.). In dem Begleitschreiben wurde anerkannt, ich hätte großen Pressionen widerstanden und dadurch noch schlimmere Konsequenzen für die Agency verhütet."[11]

---

11 - Vgl. Walters, Mission, S. 405

Es ist wirklich spannend und erheiternd zugleich, in Vernon Walters' Auto-biographie zu lesen, mit welchem Aufwand und welchen Winkelzügen Walters seinen Anteil an der Verschleierung der Watergate-Affäre darstellt, wie naiv sich dieser erfahrene Geheimdienst-Profi in seinem Umgang mit den politischen Zirkeln in Washington gibt.

Es bleibt aber die unumstößliche Tatsache, dass er erst ein Jahr später das die Untersuchung führende Justizministerium bzw. das FBI über die vielfältigen Aktivitäten des Weißen Hauses sowie diverser Berater von Präsident Nixon informierte, welche die CIA in seiner Person zu Aktionen zur Verschleierung des Anteils der Crew um den Präsidenten an diesem Skandal veranlassten.

Aber einige der Hintergründe seines Verhaltens in diesem Skandal werden auch in seiner Autobiographie sichtbar. Er schreibt dazu:

„Die Auswirkungen all dessen auf die CIA waren schwerwiegend. Im Laufe der Ermittlungen nahmen die Geheimdienstgegner jede Chance wahr, soviel Geheimdiensterkenntnisse wie möglich herauszuholen sowie die Agency und die Anwendung geheimdienstlicher Mittel durch unsere Regierung in Misskredit zu bringen."[12]

Diese Attacke richtete sich jedoch nicht gegen irgendwelche Privatleute, sondern gegen die von kritischen Abgeordneten geforderten und auch durchgeführten öffentlichen Untersuchungen über die Praktiken der CIA einschließlich der Staatsstreiche und Mordkomplotte gegen führende Repräsentanten anderer Länder. Wer so tief wie Walters in diese staatsterroristischen Aktionen verstrickt war, musste natürlich solche Enthüllungen befürchten.

Marokko/West-Sahara

Was macht ein Geheimdienst-General, der sich nach der offiziellen Biographie von 1976 bis 1981 in das Privatleben zurückgezogen hat und nur gelegentlich als Referent oder als „Berater" tätig wurde?

Er kümmert sich z.B. sehr intensiv um die West-Sahara, aber nicht zum Vorteil der dortigen Befreiungsbewegung POLISARIO.

---

12 - Vgl. Walters, Mission, S. 406

Walters war zumindest 1981 der Gesellschafter einer Touristik-Firma in Vienna/Virginia, genannt: Morocco Travel Advisers. Eines der Ziele war insbesondere die Förderung des Tourismus im südlichsten Teil von Marokko und im angrenzenden Mauretanien. Das ist genau jener Teil der West-Sahara, um den Marokko und Mauretanien seit der Befreiung von der spanischen Kolonialherrschaft streiten und wo außerdem im Rahmen der Volksbewegung POLISARIO die Sahrauis, das Volk der West-Sahara, um ihre Unabhängigkeit und Selbstständigkeit einen bewaffneten Kampf führen.

Es ist nachgewiesen, dass Walters seit Jahren eine enge Beziehung zum marokkanischen Königshaus pflegte. Gern verbreitete er die Geschichte, dass er den heutigen König Hassan als 13-jährigen Jungen 1942, während der Besetzung Nordafrikas im II. Weltkrieg, in einem US-Panzer spazieren fuhr.

Damit dürfte klar sein, wessen Interessen Walters in diesem Spannungsgebiet vertrat.

Parallel dazu hatte Walters als Berater der Rüstungsexport-Firma Environmental Energy Systems Inc. in Alexandria/Virginia versucht, Waffenlieferungen an Marokko zu organisieren. Obwohl dieses Geschäft nicht zustande kam, hat es ihm ein gutes Honorar beschert.

Walters nutzte seine Beziehungen zur marokkanischen Herrscherfamilie und zu führenden Vertretern Algeriens, um eine Annäherung dieser beiden Staaten zu erreichen, verbunden mit einer deutlichen Verringerung der Hilfeleistungen Algeriens für die POLISARIO.

Sonderbotschafter von Ronald Reagan

Für bestimmte geheime Missionen im Auftrag der USA-Regierung ist ein Privatmann offensichtlich nicht genügend legitimiert und auch nicht ausreichend abgesichert. Also ernennt ihn Präsident Ronald Reagan 1981 zum Sonderbotschafter und schickt ihn wieder an Brennpunkte der amerikanischen Politik. Seine Aufgaben als Sonderbotschafter beschreibt Walters in seinen Memoiren mit folgenden Worten:

„Meine Aufgaben als Sonderbotschafter waren vielfältiger Natur – unter anderem galt es, Demarchen zu bekräftigen, Regierungen von dem Versuch abzubringen, unsere Botschafter zur persona non grata' zu erklären, die Freilassung von Gefangenen und Geiseln zu bewirken, verschiedenerlei feindselige Akte gegen uns zu unterbinden, die Vereinigten Staaten bei zeremoniellen Anlässen zu vertreten, Regierungen zur Durchsetzung der Respektierung von Bürger- und Menschenrechten zu ermuntern und zu bestärken, Konflikte zu vermeiden, die Weitergabe von Kernwaffentechnik an andere Länder zu verhindern."[13]

Sehen wir uns einige dieser „Missionen" etwas genauer an:

Angola – CIA-Operation „Iafeature"

1981 diente Walters die Unterstützung des marokkanischen Königshauses auch dazu, geheime Zusammenkünfte von hochrangigen Vertretern der USA mit dem Führer der angolanischen militärischen Opposition, Jonas Savimbi, zu organisieren. Savimbi war ihm aus seiner Zeit als stellvertretender CIA-Chef noch gut bekannt.

Seit 1975/76 mischten sich die Vereinigten Staaten immer massiver in die Auseinandersetzungen der politischen Kräfte in Angola ein. Dabei ging es – wie immer – um die reichen Rohstoffvorkommen, die strategisch bedeutsame Position Angolas – und um die Verhinderung einer antiimperialistischen Entwicklung in der Folge der Befreiung vom portugiesischen Kolonialismus.

Der frühere Leiter der CIA-Einsatzgruppe Angola, John Stockwell, schreibt darüber:

„Am 15. Januar hatten sich die drei angolanischen Freiheitsbewegungen unter der Aufsicht der Portugiesen auf einen friedlichen Wettbewerb durch Wahlen geeinigt. Minister Kissingers Reaktion darauf war: Legt mir einen Operationsvorschlag mit mehreren Varianten vor. Colby (Direktor der CIA – Anm. K.E.) wies den Abteilungsleiter für Afrika an, in einem halben Tag ein solches Entscheidungspapier auszuarbeiten. Zwei Tage danach flog die erste Maschine mit Waffen nach Angola."[14] (Walters war zu diesem Zeitpunkt Operativchef der CIA – Anm K.E.)

Im Rahmen der Operation „Iafeature" realisierte die CIA in den Jahren 1975/76 mehrere verdeckte und paramilitärische Aktionen gegen die

13 - Vgl. Walters, Mission, S. 414
14 - zitiert nach John Stockwell „In Search of Enemies" in Charisius/Lambrecht/Dors: Weltgendarm USA", Militärverlag der DDR, 1983, S. 178

Führung der angolanischen Volksbefreiungsbewegung MPLA und zur Auf- und Ausrüstung der USA-Marionette Savimbi und seiner UNITA-Banden mit einem Aufwand von rund 60 Millionen US-Dollar. Bis April 1975 hatte die CIA 24 Militärspezialisten als Ausbilder und Instrukteure in Angola eingeschleust. Sie nahmen aktiv an der Erarbeitung militärischer Operationspläne teil und installierten militärische Kommunikationseinrichtungen. Das Ergebnis war ein jahrzehntelanger opferreicher Bürgerkrieg in Angola.

Guatemala

Als Sonderbotschafter von Präsident Reagan weilte Walters mehrfach in Guatemala und unterstützte offen und nachdrücklich das blutige Regime von General Romeo Lucas Garcia.

Auf einer Pressekonferenz im Mai 1981 in Guatemala City erklärte er, die USA wollen General Garcia dabei helfen, „Frieden und Freiheit" zu verteidigen. Dabei auf die Verletzung von Menschenrechten in Guatemala angesprochen, erklärte Walters in nicht zu überbietendem Zynismus: „Es wird im Jahr 3000 Probleme mit den Menschenrechten bei den Regierungen des Mars und des Mondes geben. Es gibt eben einige Probleme, die niemals gelöst werden." Zu diesem Zeitpunkt wurden von dem Militär in Guatemala schätzungsweise monatlich 400 Menschen umgebracht.

Und 1985 erklärte er einem Interviewer, dass das guatemaltekische Militär jetzt auch nicht mehr Menschen tötet als in den Jahren zuvor. Im Gegensatz zu dieser Lüge besagten alle Menschrechts-Berichte, dass in dieser Zeit in Guatemala die massivsten Verletzungen von Menschenrechten zu verzeichnen waren.[15]

Diese Hintergründe wurden im Jahre 2000 noch einmal öffentlich. Es wurde bekannt, dass die CIA einem früheren Top-Agenten eine ihrer höchsten Auszeichnungen verleihen wollte. Das Makabre daran ist, dass dieser leitende CIA-Mitarbeiter, Terry Ward, der in Guatemala im Einsatz war und danach Chef der Abteilung „verdeckte Operationen" in Lateinamerika in der CIA-Zentrale wurde, auf Betreiben des US-Kongresses 1995 aus der CIA gefeuert werden musste. Die Begründung des Kongresses lautete, Ward hätte es versäumt, den Vorschriften der USA-Gesetze nachzukommen und „den Kongress

15 - Vgl. Covert Action Bulletin Nr. 26, Sommer 1986, S. 6

über die schweren Menschrechtsverletzungen guatemaltekischer Offiziere zu unterrichten, die auf der Gehaltsliste der CIA standen."[16]

Aber für General Walters spielten nicht nur militärische Faktoren, sondern auch ganz massive wirtschaftliche Interessen eine Rolle. Er war zum Zeitpunkt seiner Tätigkeit als Sonderbotschafter außerdem noch als „Consultant" der Ölfirma Basic Resources Services Inc. tätig, die die Hand auf der Ölförderung in Guatemala hatte. Mit manipulierten Zahlen über die Höhe der Ölförderung in Guatemala, die vom Außenministerium der USA, dem aktuellen Arbeitgeber von Walters, übernommen wurden, wurde die geostrategische Bedeutung von Guatemala überhöht, damit die Militärhilfe der USA wieder aufgenommen werden musste. Walters soll für diese Beratertätigkeit 1.000 US-Dollar pro Tag erhalten haben. Nach seiner Meinung gab es deshalb jedoch keinen Interessenkonflikt.[17]

Nikaragua

Mit der Amtsübernahme durch die Reagan-Administration und dem Einsatz von William Casey als CIA-Direktor wurden unverzüglich Entscheidungen rückgängig gemacht, die der vorhergehende Präsident Jimmy Carter eingeleitet hatte. Carter hatte strengste Restriktionen in Bezug auf verdeckte Operationen verfügt und veranlasste die Entlassung von mehreren hundert altgedienter Spezialisten für verdeckte Aktionen aus dem Direktorat für Operationen der CIA. Von den 1.200 Mitarbeitern dieses Bereiches verblieben nur noch 400 im Dienst. CIA-intern wurde diese Maßnahme als „Halloween-Massaker" bezeichnet.

Mit einer neuen Verwaltungsanordnung des Präsidenten Reagan wurden die „alten Freiheiten" für die CIA wiederhergestellt und etliche der „bewährten Spezialkader" (auf einen Schlag 400 Altgediente mit weitreichenden Subversionserfahrungen) wieder in den Dienst eingegliedert.

Das Nachrichtenmagazin *U.S. News & World Report* vom 1. Juni 1981 stellte fest:

„Mit Ronald Reagan im Weißen Haus sieht die Zukunft der Spio-

---

16 - Vgl. Neues Deutschland, 23. 03. 2000; „CIA-Orden für Mordkomplizen"
17 - Vgl. Hippler, Jochen: Der Botschafter; in Spoo, Eckart (Hrsg.): Die Amerikaner in der Bundesrepublik; Kiepenheuer & Witsch, 1989, S. 139

nageagenturen wieder strahlend aus. Mehr Geld, mehr Personal und eine erneute Betonung von Geheimoperationen im Ausland."

Am 9. März 1981 (gerade einmal sechs Wochen nach seinem Amtsantritt) unterzeichnete Reagan eine Sofortverfügung des Präsidenten für den Umgang mit den Sandinisten in Nikaragua mit folgenden Anweisungen:

> „-verstärkte finanzielle Unterstützung für die legale Opposition (Unternehmervereinigungen, politische Parteien, Presse und die Kirchenführung);
> - Ausweitung der Geheimdienstoperationen auf die gesamte Region;
> - Ausarbeitung militärischer Pläne gegen Nikaragua."[18]

Im Dezember 1981 beschloss der Nationale Sicherheitsrat (NSC) der USA u.a. die Bereitstellung von 19 Millionen US-Dollar für die Anwerbung und Ausbildung einer 500 Mann starken Söldnertruppe, die unter direkter Leitung der CIA operieren und einen Kristallisationspunkt für andere paramilitärische Gruppen bilden sollte

CIA-Chef William Casey bildete ein Führungsteam (Special Operations Group – SOG) zur Koordinierung all dieser Aktivitäten mit dem Namen „Programa Nicaragua".

Mitglieder dieser SOG waren: General Nestor Sanchez, Sonderberater Constantine Menges, Staatssekretär Fred Iklé, General Vernon Walters und Botschafter John Dimitri Negroponte (zu dieser Zeit Botschafter in Honduras).

Obwohl jeder von ihnen eine interessante Vita aufzuweisen hat, beschränken wir uns auf unseren Polit-Rambo.

Walters wurde am 1. April 1981 als Sonderbotschafter von Außenminister Alexander Haig berufen und am 22. Juli 1981 vom Senat vereidigt.

Walters nutzte vorrangig seine intensiven Beziehungen zu Militärs und Geheimdiensten in Südamerika, um die Unterstützung für die Contras zu organisieren. In den Jahren 1981 und 1982 unternahm er zahlreiche Reisen nach Argentinien, um die Hilfe der argentinischen Junta für die Bereitstellung von Ausbildungslagern und für die Nutzung geheimer Kanäle zur Finanzierung der Contra-Führer zu erreichen.

---

18 - zitiert in: Hannes Bahrmann, Peter Jacobs, Christoph Links: Killerkommando; Schwarzbuch: CIA und Contra; Weltkreis-Verlag, Dortmund, 1986, S. 50

Über das Engagement von Walters bei der Aufstellung der Söldnereinheiten gibt es das Zeugnis des früheren Contra-Führers, Edgar Chamorro, vor dem Internationalen Gerichtshof in Den Haag im Verfahren Nicaragua gegen United States of America:

„Zu jener Zeit waren die Ex-Angehörigen der Nationalgarde (von Somoza - Anm. K.E.) in mehrere kleine Banden zersplittert, die in der Nähe der Grenze Nikaragua-Honduras operierten. Die größte dieser Banden, geführt von Enrique Bermudez, einem früheren Oberst, wurde die ‚Legion 15. September‘ genannt. Sie alle waren keine effektiven militärischen Kräfte und stellten nur eine geringe Bedrohung für die Regierung Nikaraguas dar. Als Voraussetzung für den Zusammenschluss der UDN (Union Democratica Nicaraguense) mit diesen Leuten organisierte General Walters höchstpersönlich die Aufnahme der kleineren Banden in die ‚Legion 15. September‘ und die Entsendung von etlichen argentinischen Offizieren als Berater und Ausbilder. Der Zusammenschluß der UDN mit der ‚Legion 15. September‘ wurde bei einem Treffen im August 1981 in Guatemala City mit der Unterzeichnung mehrerer Dokumente abgeschlossen. Das Treffen und die Dokumente wurden von der CIA vorbereitet. Die neue Organisation wurde dann als Nationale Demokratische Kraft (Fuerza Democratica Nicaraguense - FDN) bezeichnet."[19]

Die sogenannten „Contras" rekrutierten sich vorwiegend aus dem Militär und der Nationalgarde des Diktators Somoza. Auch hier finden wir wieder das gleiche Bild. Die USA hatten durch ihre umfangreichen Maßnahmen zur Ausbildung der Militärs Zugang zu einer Vielzahl der Offiziere. Immerhin waren bis zum Ende von Somoza 4.693 mittlere und höhere Chargen der nikaraguanischen Streitkräfte an der berüchtigten U.S. Army School of the Americas, früher im Fort Gulick, Panamazone, heute in Fort Benning, Georgia, ausgebildet worden..[20]

Ein bedeutsamer Ausgangspunkt für die Anwerbung, Ausbildung und Einschleusung von Söldnern nach Nikaragua bildete Honduras. Auch dort können wir die Spur von Vernon Walters aufnehmen. Am 13. Mai 1981, also noch vor seiner Bestätigung als Sonderbotschafter durch den Kongress, war

---

19 - die Aussagen von Edgar Chamorro sind dokumentiert in: „The National Reporter" Winter 1986, S. 48-54
20 - Vgl. Steiniger, Klaus: Tops und Flops, Elefanten Press, 1998, S. 198

Walters in Honduras und führte Gespräche mit dem Außenminister, anderen Politikern sowie dem Oberkommandierenden der Streitkräfte, Oberst (später General) Gustavo Alvarez.

Außerdem verhandelte Walters mit dem Präsidenten von Kolumbien, Julio Cesar Turbay Ayala, und erreichte, dass Kolumbien den USA die Insel San Andrés, nur 125 Meilen von der Küste Nikaraguas entfernt, zur Verfügung stellte. Die USA errichteten dort mit einem Aufwand von 50 Millionen US-Dollar einen geheimen Stützpunkt mit modernen Radaranlagen und Luftabwehrstellungen.[21]

Ende 1982 erkannte die *International Herald Tribune*:

„Aus den geheimen Aktivitäten der USA in Mittelamerika, die vor einem Jahr mit begrenzten Zielvorstellungen begonnen hatten, sind nunmehr die ehrgeizigsten paramilitärischen und politischen Operationen geworden, die die CIA in nahezu einem Jahrzehnt unternommen hat."[22]

Nicaragua ist einer der wenigen Fälle, wo ein Opfer einer amerikanischen Aggression vor dem Internationalen Gerichtshof (IGH) geklagt hatte und 1986 ein Urteil erreichte, welches den Aggressor verurteilte. Darin heißt es:

„Die Vereinigten Staaten mögen ihre eigene Einschätzung hinsichtlich der Achtung der Menschenrechte in Nicaragua haben, jedoch kann die Anwendung von Gewalt keine geeignete Methode sein, die Achtung der Menschenrechte zu überwachen oder zu sichern. Hinsichtlich der ergriffenen Maßnahmen (ist festzustellen), dass der Schutz der Menschenrechte, ein strikt humanitäres Ziel, unvereinbar ist mit der Verminung von Häfen, der Zerstörung von Ölraffinerien, oder ... mit der Ausbildung, Bewaffnung und Ausrüstung von Contras. Das Gericht kommt zu dem Ergebnis, dass das Argument, das von der Wahrung der Menschenrechte in Nicaragua hergeleitet wird, keine juristische Rechtfertigung für das Verhalten der USA liefern kann."[23]

Ein solches Urteil ist aber auch eine internationale Ohrfeige für einen der

---

21 - Vgl. Covert Action Bulletin Nr. 26, Sommer 1986, S. 8

22 - zitiert bei: Hannes Bahrmann, Peter Jacobs, Christoph Links: Killerkommando; Schwarzbuch: CIA und Contra; Weltkreis-Verlag, Dortmund, 1986, S. 57

23 - Military and Paramilitary Activities case, International Law Reports 468/469, para. 268; zitiert von Prof. Norman Paech auf dem Internationalen Hearing zum Irak-Tribunal am 19.06.2004 in Berlin:

Hauptorganisatoren dieser Aggression, für General Vernon Walters. Aber dieser hat ja seine eigene Vorstellung von Menschenrechten, wie er es in seinem gesamten Wirken nachgewiesen hat, im deutlichen Widerspruch zur internationalen Rechtsauffassung.

Vatikan-Verbindungen

In seiner Funktion als Sonderbotschafter hatte Walters engste Beziehungen zum Vatikan und direkt zum Papst Johannes Paul II. zu verschiedenen Anlässen.

Belegt ist ein Besuch beim Papst am 18. Oktober 1982. Einige Tage später forderte der Papst öffentlich, dass Priester der römisch-katholischen Kirche, die irgendwelche Funktionen in der sandinistischen Regierung von Nikaragua innehaben, von diesen Posten sofort zurücktreten sollten. Nun kann man das zeitliche Zusammentreffen ja als Zufall abtun: Aber Zufälle sind in der hohen Politik und speziell im Sektor der Geheimdienste seltener, als manche glauben wollen. Dazu kommt, dass die *New York Times* vom 9. November 1982 berichtet, dass General a.D. Walters einige Wochen zuvor vom Papst empfangen wurde und dass beide eine breite Palette von Themen behandelten, darunter auch „die Situation in Mittelamerika."

Gegen Ende des Jahres hatte der Papst aber entschieden, eine Reise durch Mittelamerika durchzuführen, einschließlich Nikaragua, unabhängig davon ob die Priester ihren Posten aufgegeben haben.

In einem Aufsehen erregenden Buch des Washingtoner Starjournalisten Carl Bernstein und des Italieners Marco Politi „Seine Heiligkeit Johannes Paul II. und die Verborgene Geschichte unserer Zeit" machten die Autoren im Herbst 1996 darauf aufmerksam, dass seit Anfang der 80er Jahre ein reger Austausch von Geheimdienstinformationen zwischen der CIA und dem Vatikan erfolgte insbesondere zur Lage in und um Polen.

Vom Papst empfangen wurden CIA-Direktor William Casey, General Vernon Walters und Edward Rowney, ein enger Vertrauter von Präsident Reagan. Sie machten den Papst mit Ergebnissen der amerikanischen Aufklärung, z.B. zu den Aktivitäten polnischer und sowjetischer Militärs, bekannt. Das bestätigte der stellvertretende CIA-Direktor Robert Gates in der amerikanischen Öffentlichkeit, wobei er hinzufügte, dass der Vatikan eindeutig besser im Bilde gewesen sei als die amerikanische Seite.[24]

Diese Ungeheuerlichkeit fand bis zum heutigen Tag viel zu wenig öffentliche Beachtung.

Auch nicht, als am 31. März 2004, Jim Nicholson, Botschafter der USA beim Vatikan, an der Päpstlichen Lateran-Universität sein Buch vorstellte:

„USA und Hl. Stuhl – Der weite Weg"

Darin äußert sich Nicholson auch zur Rolle von Vernon Walters:

„Doch noch ein anderer hat sich intensiv und engagiert für die Interessen der Kirche, Amerikas und Italiens eingesetzt: General Anthony Vernon Walters, der einst in der Toskana mit der brasilianischen Armee gekämpft hatte, Militärattaché an der US-Botschaft in Rom, Botschafter in Bonn und bei den Vereinten Nationen und Vize-Direktor des CIA unter George Bush war.

Dieser außergewöhnliche Polyglotte wurde von Präsident Eisenhower und anderen Präsidenten der Vereinigten Staaten mit heiklen Missionen betraut, was auch regelmäßige Besuche im Vatikan bedeutete, um demjenigen Bericht zu erstatten, den er mit sohnesgleichem Respekt die „Nummer eins" nannte. Päpste und Präsidenten folgten aufeinander, aber Vernon Walters behielt seine inoffizielle Rolle und fand bei seinen zahlreichen Besuchen stets ausreichend Zeit, in der Amerikanischen Kirche Santa Susanna zu beten."

In der Berichterstattung über diese Buchvorstellung äußert sich Nicholson auch zum politischen Hintergrund dieser intensiven Kontakte zwischen der US-Administration, der CIA und dem Vatikan:

Botschafter Nicholson betont, dass das Weiße Haus und der polnische Papst auf einen gemeinsamen Nenner kommen konnten, weil sie beide erkannt hatten, welche Rolle sie dabei spielen konnten, durch Solidarnosc das sowjetische Regime zu Fall zu bringen. Und Reagan wiederum schenkte Gorbatschow sein Vertrauen und konnte so mit der Reduzierung der Atomwaffen um die Hälfte ein Meisterwerk zustandebringen.[25]

Die Intentionen der Politik von Ronald Reagan beleuchtete der Publizist Peter Schweizer in einem im Jahre 2003 erschienen Buch über Reagans „Kampf gegen kommunistische Systeme", wie eine Rezension in der *FAZ* vom 30.08.2004 als Untertitel formulierte. Dazu heißt es in dieser Rezension, „dass „Reagan ... mit Papst Johannes Paul II: ein für beide attraktives Feld geheimer Zusammenarbeit eröffnet hatte. Ihr Ziel war es, die

---

24 - Vgl. UZ vom 18.10.1996: Dr. Klaus Steiniger: „Der Papst und die CIA"; ders. in „Tops und Flops", Elefanten Press, 1998; S. S.93; sh.a. Jonathan Kwitney: The Life and Time of Pope Johannes Paul II.; S. 447

25 - Quelle im Internet: 30 Tage Kirche und Welt

polnische ‚Solidarität' trotz des Kriegsrechts weiter zu stärken. Dazu beauftragte Reagan den in Geheimmissionen erfahrenen Sonderbotschafter Vernon Walters, den Papst fortlaufend auf der Grundlage der durch die amerikanische Aufklärung gewonnenen Erkenntnisse über die Entwicklung in Polen und die Raketenrüstung der Sowjetunion zu unterrichten. Sybillinisch heißt es bei Schweizer, Walters habe dem Papst ‚eine Kooperation zu Polen betreffenden Fragen' vorgeschlagen – und der Papst habe dem zugestimmt.“[26]

Auch diese Aussagen bedürfen eines Kommentars:
Ist das nicht eine politisch äußerst brisante Situation, über die hier berichtet wird? Der Papst – vorbelastet durch sein Wirken als Kardinal Wojtyla in der früheren Volksrepublik Polen – sitzt ganz bewusst mehrfach zusammen mit führenden Geheimdienst-Strategen der USA und wertet Geheimdienst-Informationen, Satellitenfotos und anderes streng geheimes nachrichtendienstliches Material aus, um Einfluß nehmen zu können auf die politische Entwicklung in seiner Heimat.

Aber das Ganze hat noch einen anderen Aspekt. Wie bei der katholischen Kirche üblich, nimmt er zwar die Geheimdienst-Informationen der USA gern entgegen, gibt jedoch nur einen Bruchteil der gewiss umfangreichen Kenntnisse des Vatikan an die USA weiter. Das aber scheint die leitenden Männer der CIA wenig zu stören. Möglicherweise stand ein Teil der Quellen des Vatikan auch auf ihrer Soldliste.

Vom Sonderbotschafter zum UNO-Botschafter

Präsident Reagan nominierte im Februar 1985 Vernon Walters als Nachfolger der UNO-Botschafterin Jean Kirkpatrick.
Die Journalistin Claudia Wright stellte dazu fest:

„Walters' Kandidatur für diesen Posten als UNO-Botschafter enthält ein ganz ungewöhnliches Merkmal: Direkt oder indirekt war er an der Beseitigung von mehr Regierungen beteiligt als jeder andere Verantwortliche in der US-Regierung.“[27]

---

26 - Vgl. Sigurd Beyer: "Der unterschätzte Präsident" – Ronald Reagans Kampf gegen kommunistische Systeme; Frankfurter Allgemeine Zeitung vom 30.08.2004; Rezension zu: Peter Schweizer: „Reagan's War. The Epic Story of his Forty-Year-Struggle and Final Triumph Over Communism. Anchor Books/Doubleday, New York, 2003
27 - Vgl. New Statesman, 8. Februar 1985, S. 20

Der Posten als UNO-Botschafter rückt Walters sehr nahe an die Hebel der Macht. Trotz der Ablehnung durch Außenminister George Shultz erzwang Walters, dass seine Funktion verbunden war mit einem Sitz im Kabinett. Dazu musste er zwar in Kauf nehmen, dass er nicht automatisch Mitglied des Nationalen Sicherheitsrates werden konnte, aber der Kabinettsrang war natürlich für ihn wesentlich bedeutsamer.

Walters beschreibt seine Aufgaben als UNO-Botschafter u.a. mit folgenden Worten: „Nun aber musste ich darauf aus sein, so viele Länder wie möglich dazu zu bringen, mit uns zu stimmen. Nur die wenigsten Delegierten besaßen aber die Freiheit, eigenmächtig abzustimmen, und wenn ich an ihrem Stimmverhalten etwas ändern wollte, so konnte ich das praktisch nur in den Hauptstädten der betreffenden Länder bewirken."[28]

So konnte also auch dieses hohe politische Amt Walters nicht davon abhalten, immer wieder in heiklen und geheimen Sondermissionen um den Erdball zu reisen. Mit Stolz registrierte er, dass er damit insgesamt 142 von 159 Mitgliedsstaaten der UNO bereist hatte.

Zu den heiklen „Sondermissionen" einige Beispiele:

Terrorangriffe gegen Libyen

In der Nacht zum 5. April 1986 detonierte eine Bombe in der von amerikanischen GIs häufig frequentierten Diskothek „La Belle" in Westberlin. Die amerikanische Regierung hatte sofort als Schuldige an diesem Attentat Libyen ausgemacht– damals gehörte Gaddafi noch zu den besonderen „Erzschurken" aus Sicht der USA. Bereits am 15. April starteten amerikanische F-111-Kampfjets von England aus und warfen 60 Tonnen Bomben auf die libyschen Städte Tripolis und Benghasi ab. Rund hundert Zivilisten wurden getötet, unter ihnen viele Kinder (auch eine 15 Monate alte Ziehtochter Gaddafis).

Unmittelbar vor der Bombardierung libyschen Territoriums begab sich der UNO-Botschafter der USA auf eine Blitzreise durch die europäischen Hauptstädte. Er sollte die Verbündeten auf diesen Vergeltungsschlag einschwören und sich ihrer Unterstützung versichern.

Dazu erklärte ein italienischer Regierungsberater: „Wir fühlten uns verraten. Denn er suchte keine Kommunikation, sondern wollte uns prak-

---

28 - Vgl. Walters, Mission, S. 416

tisch nur informieren. Und das nur halb. Denn die Bomber waren schon unterwegs."

Noch am Tag des Bombardements erklärt Walters vor dem Sicherheitsrat der Vereinten Nationen:

„Der Beweis, dass Libyen für den Bombenanschlag (auf die Discothek „La Belle") die Verantwortung trägt, ist direkt, eindeutig und unwiderlegbar."[29]

Um diese schnelle Behauptung juristisch abzusichern – wenn auch immer noch mit vielen Fragezeichen versehen, brauchte das Berliner Landgericht fast 16 Jahre, nicht zuletzt wegen einer dubiosen Beweislage, bei der sowohl die Bundesregierung als auch der BND und die CIA immer wieder mit den fadenscheinigsten Begründungen den Zugang zu angeblich vorhandenen Beweisen verweigerten. Dazu kam, dass wie in einem echten Thriller der angebliche Anführer der Terrogruppe, Mohammed Ashur, der für den libyschen Geheimdienst, das MfS und die CIA gearbeitet haben soll, am 1. Mai 1986 im Treptower Park in Berlin tot aufgefunden wurde.

Entgegen den Anträgen der Staatsanwaltschaft, die lebenslange Haftstrafen gefordert hatte, sprach das Landgericht Strafen von 14 und 12 Jahren aus.

Während der libysche Staatschef Gaddafi nach langem Zögern die Beteiligung Libyens an diesem Anschlag zugab und sich auch bereit erklärte, Geldleistungen für die Opfer und ihre Angehörigen zu erbringen, dürfte ein internationales Verfahren wegen Staatsterrorismus gegen die Vereinigten Staaten wegen der Terrorangriffe gegen libysche Zivilisten und gegen seinen Befürworter, den damaligen UNO-Botschafter der USA, Vernon Walters wohl kaum zu erwarten sein.

Fidschi-Inseln

Voll Stolz berichtet Walters, dass er auch in seiner Funktion als UNO-Botschafter der USA Reisen in mehr als 100 Staaten unternommen habe. Wobei wir immer bedenken sollten, was Walters unter „Reisen" versteht.

Zehn dieser Reiseziele betrafen kleine, aber strategisch bedeutsame Länder in der Pazifik-Region. Auf „fast wundersame Weise" ereignete sich kurz nach

---

29 - Vgl. Manuskript einer Sendung des WDR Köln, Redaktion MONITOR vom 28. März 1989 (Kopie beim Autor)

diesem Besuch wieder einmal ein Staatsstreich gegen eine liberale und demokratisch gewählte Regierung – auf den Fidschi-Inseln. Eine nur einen Monat alte Regierung einer Labour-Koalition unter Ministerpräsident Dr. Timoci Bavadra wurde am 14. Mai 1987 durch einen Staatsstreich, geführt von dem dritthöchsten Militär der Streitkräfte, Oberstleutnant Sitiveni Rabuka, gestürzt. Dieser setzte eine provisorische Regierung ein, der auch der frühere Ministerpräsident der konservativen Allianz-Partei, Ratu Sir Kamisese Mara, der die Fidschi-Inseln seit ihrer Unabhängigkeit im Jahre 1970 regiert hatte, angehörte.

Die im April 1987 gewählte Labour-Regierung kollidierte mit den Interessen des US-Imperialismus insbesondere durch ihre Politik einer kernwaffenfreien Süd-Pazifik-Region. Die Fidschi-Inseln hatten ihre Häfen für alle atomgetriebenen und kernwaffentragenden Schiffe gesperrt. Diese klare Unterstützung der Anti-Kernwaffen-Bewegung im Südpazifik war eine der Grundlagen für den Wahlsieg der Labour-Koalition im April 1987.

Aber die militärische Präsenz im Pazifik, auch mit Kernwaffenträgern, hat für die USA enorme strategische Bedeutung. Nicht zuletzt hatte Außenminister George Shultz erklärt: „Wenn man die Zukunft verstehen will, dann muß man den Pazifik verstehen".

Er hätte besser sagen sollen „beherrschen", denn verstehen wollten die USA bisher noch nie andere Regionen.

Dabei spielten die Fidschi-Inseln als wirtschaftlich starke Kraft im Südpazifik und als mögliche Marinebasis der USA eine bedeutende Rolle in den strategischen Planungen der USA für diese Region.

Traditionell fühlt sich für den Süd-Pazifik der Marinegeheimdienst der USA zuständig. Seit Mitte der 60er Jahre operierte hier eine Task Force 157 der U.S. Naval Intelligence.

In bewährter Weise organisierten die US-Streitkräfte Ausbildungslehrgänge für Militärs der Länder dieser Region, so u.a. das Expanded Relations Program in Ft. Shafter, Hawaii, wodurch auch hier feste und auch später nützliche Kontakte zu führenden Militärs der Region etabliert werden konnten.

Diese Kontakte waren nicht zuletzt bei der Vorbereitung des Staatsstreiches auf den Fidschi-Inseln nutzbar.

Auch ein anderes Staatsstreich-Szenario wurde hier wirksam eingesetzt – die Verbindungen zu führenden Gewerkschaftern. Initiiert von der US-amerikanischen Gewerkschaft AFL/CIO mit engsten Kontakten zur CIA, knüpfte das Asian American Free Labor Institute (AAFLI) in Honolulu, gemeinsam mit der asiatischen Regionalorganisation des Internationalen Bundes

Freier Gewerkschaften (IBFG), die Fäden zu den Gewerkschaftsführern der Fidschi-Inseln. Im Oktober 1984 öffnete das AAFLI ein Regionalbüro in Suva, der Hauptstadt der Fidschi-Inseln, unter Leitung des CIA-Spezialisten Morris Paladino und finanziert u.a. mit 700.000 US-Dollar von der „Stiftung" National Endowment for Democracy (NED). Nachdem in den Medien die Rolle des AAFLI bei der Destabilisierung der Region kritisch hinterfragt worden war, mußte das Regionalbüro bereits 1986 wieder nach Hawaii verlegt werden. Auch ein drittes Element des Staatsstreich-Szenarios wurde eingesetzt. Die CIA finanzierte rechtsextremistische Bewegungen mit dem Auftrag, Unruhen zu erzeugen, Krawalle zu provozieren. Auf den Fidschi-Inseln realisierte das der offiziell als Repräsentant der amerikanischen Entwicklungshilfe (Agency of International Development – AID) agierende William Paupe, der den Führer der Taukei-Bewegung, Apisai Tora, mit CIA-Geldern unterstützte. Diese Verbindungen waren so offensichtlich, dass der neue Ministerpräsident Dr. Bavadra den Botschafter der USA, Ed Dillery, mit diesen Fakten konfrontierte.

Ein Höhepunkt der Putschvorbereitungen war ohne Zweifel der Besuch des „Sonderbotschafters" der Reagan-Administration, General Vernon Walters auf den Fidschi-Inseln, nur zehn Tage nach dem Wahlsieg von Dr. Bavadra. Es kann kein Zufall sein, dass zur gleichen Zeit der frühere Chef der US Marineaufklärung im Pazifik, der pensionierte Admiral Lloyd (Joe) Vasey, ein persönlicher Freund von Walters, in Suva weilte.

Walters nutzte drei Tage seiner 10 Staaten-Reise durch die Pazifik-Region für den Aufenthalt auf den Fidschi-Inseln und traf dort mit dem Anführer der Putschisten, Oberstleutnant Rabuka sowie mit dem AID-Vertreter William Paupe zusammen.

Zwei Wochen später stürmte Rabuka mit vermummten Soldaten das Parlament und stürzte die Labor-Regierung von Dr. Bavadra. [30]

Kommen wir noch einmal auf den Geheimdienst-Profi Vernon A. Walters zurück und beleuchten zumindest einige Stationen und Wertungen zu einer beispiellosen Geheimdienst-Karriere.

---

30 - Details sh. The National Reporter, Fall 1987, S. 32ff.; "Lobster" Nr. 14, S. 30ff.; Covert Action Bulletin Nr. 29 (Fall 1987), S.7ff.

Geheimdienst-Karriere

Wie es sich für den Geheimdienst-Profi gehört, gibt es nur wenige greifbare Aussagen über den Weg und einzelnen Stationen seiner Karriere in den US-Geheimdiensten.

Wir wollen ihm nichts unterstellen und stützen uns deshalb ganz bewusst auf seine authentischen Aussagen, müssen jedoch um der Klarheit willen ab zu einiges davon aus unserer Sicht kommentieren, um hinter die Nebelvorhänge der Desinformation schauen zu können.

In komprimierter Form äußert er sich in seinen Memoiren bei der Darstellung seiner Berufung als stellvertretender CIA-Direktor – und das wohl auch nur, weil CIA-Direktor Helms ihn mit seinen Zweifeln an seinen Fähigkeiten an der Ehre gekitzelt hatte:

Wir zitieren hier noch einmal zusammenfassend Walters:

„Fast meine gesamte Armee-Karriere hatte ich mit nachrichten-dienstlichen Aufgaben verbracht, ...

Anders als bei vielen meiner Kollegen, die lange Zeit im Nach-richtendienst tätig waren, hatte diese Spezialisierung meiner Karriere nicht geschadet. Zur Zeit meiner Ernennung zum Vize-direktor (der CIA – Anm. K.E.) war ich der dienstälteste Armee-offizier, der ununterbrochen im Nachrichtendienst tätig war. Bevor ich am 2. Mai 1972 den Diensteid ablegte, hatte ich niemals bei der CIA gedient. In gewissem Sinne war ich für das Konkurrenzunternehmen, die Defense Intelligence Agency (Militärischer Nachrichtendienst) tätig gewesen. Auf allen mei-nen Auslandsposten hatte ich gute Beziehungen zum örtli-chen CIA-Dienststellenleiter unterhalten. Meine jüngsten Aktivi-täten in Paris dagegen, die Verhandlungen mit Chinesen und Nord-vietnamesen, hatte ich ohne Wissen des CIA betrieben. ...Ich wusste, dass man im Kongress lieber einen zivilen stellvertre-tenden Direktor gesehen hätte, auch wusste ich, dass Richard Helms, der Direktor, jemanden aus seinen eigenen Reihen für diesen Posten vorgezogen hätte.

Ich hatte Direktor Helms einige Jahre zuvor in Paris ken-nengelernt, wo er seine Flitterwochen verbrachte. Als ich ihm vorgestellt wurde, fragte er mich, ob ich der ‚legendäre General Walters‘ sei. Ich entgegnete, ich wüsste nicht, ob ich legendär sei oder nicht, aber ich sei in der Tat General Walters. Als ich ihn jetzt zum ersten Mal aufsuchte, sagte

er, er hätte natürlich von mir gehört, aber er fragte sich
wie es wohl um meine Erfahrung im Nachrichtenwesen bestell
sei. Etwas pikiert entgegnete ich, ich hätte 1942 eine nachrichtendienstliche Spezialabteilung bei einem Landeangriff a
Land geführt, hätte ein paar Kranführer gekidnappt und massen-
haft Kriegsgefangene verhört. In jüngster Zeit hätte ich i
Paris Geheimverhandlungen mit Nordvietnamesen und Rotchinese:
geführt, von denen die CIA nicht die blasseste Ahnung gehab
habe. Wahrscheinlich hätte ich nicht so scharf reagieren sollen, doch hatte ich mich über die Art seiner Fragestellung einfach geärgert. Er lächelte und war fortan ganz höflich zu mir."

Ab und zu lässt sich Walters auch zu Kommentaren über nachrichtendienst
che Aktivitäten hinreißen, die eine Widerspiegelung seiner Denkweise und se
nes tiefen Antikommunismus sind.

So kommentiert er den Einsatz des Spionageflugzeuges U-2 über der Sov
jetunion, dessen Abschuss zu dem Fiasko der Genfer Verhandlungen im Ma
1960 führte:

„In den Jahren nach dem Zweiten Weltkrieg war die Sowjetunio:
für den US-Geheimdienst das, was Churchill einst „ein Puzzl
im Innern eines Rätsels, das Ganze eingehüllt in ein Geheimnis
genannt hat. Nach dem Sieg über Deutschland und Japan hatte di
Sowjetunion nicht, wie dies in Großbritannien und den US.
in großem Umfang geschah, ihre Streitkräfte demobilisiert.

Dieser gewaltige totalitäre Staat, der ein Sechstel der Land-
oberfläche der Erde bedeckt, arbeitete fieberhaft daran, de:
technologischen Vorsprung der USA wettzumachen. Die Sowjet.
hatten sowohl ihre eigene Atom- wie Wasserstoffbombe entwickel
und waren jetzt, in den späten fünfziger Jahren, dabei, Träger-
systeme zu entwickeln, um sie, falls sich die Notwendigkeit daz
ergab, gegen das Kernland der USA zu richten. Die Vereinigten Staaten, die noch immer unter der tragischen Erinnerung an de:
kostspieligen Überraschungsschlag von Pearl Harbor litten
waren entschlossen, sich niemals wieder überrumpeln zu lasser
Doch wenn die Vereinigten Saaten sich über die Entwicklunge:

---

31 - Vgl. Walters, Mission, S.381

in der Sowjetunion auf dem laufenden halten wollten, um nicht eines Tages doch wieder überrumpelt zu werden, mussten sie sich etwas einfallen lassen. Nur unter Anwendung völlig neuartiger Methoden konnten sie über die technologischen Entwicklungen innerhalb der streng bewachten Grenzen des sicherheitsbesessenen Sowjetreichs im Bilde bleiben. Amerikanische Findigkeit, amerikanischer Einfallsreichtum und amerikanische Technologie waren gefragt, um eine Antwort auf das schwierige Problem der Informationsbeschaffung aus der Sowjetunion zu finden.

Die Notwendigkeit solcher nachrichtendienstlicher Tätigkeit führte zu Konzeption und Bau eines Flugzeugs, das so hoch und so weit fliegen konnte, dass es sowohl für sowjetische Bodenwaffen und Flugzeuge unerreichbar war, als auch in einem Zug die riesige Landmasse der UdSSR überfliegen konnte. Dieses Flugzeug, die U-2, wurde unter strengster Geheimhaltung gebaut (zu einer Zeit, da Geheimhaltung noch nicht als Verbrechen galt). Beinahe vier Jahre lang hatten diese Flugzeuge bisher die Sowjetunion überflogen und dabei mit ihren hochperfektionierten Kameras riesige Mengen Informationsmaterial auf dem Gebiet der Waffenentwicklung in der UdSSR geliefert. Die Sowjets wussten von ihren Radarschirmen und visueller Beobachtung her, dass sie überflogen wurden, doch dagegen zu protestieren oder diesen Tatbestand auch nur öffentlich zuzugeben, hätte nach ihren Normen eine unerträgliche Selbsterniedrigung bedeutet. Statt dessen begannen sie mit der Entwicklung einer Boden-Luft-Rakete, um die U-2 abzuschießen. Während der genannten Vierjahresperiode war keiner der U-2-Flüge jemals ernstlich bedroht gewesen, das Ganze war fast zur Routine geworden. Natürlich hatte der Präsident der Vereinigten Staaten das Programm abgesegnet, und höhere Regierungsbeamte wussten ebenfalls darüber Bescheid, da sie ja letztendlich die Nutznießer der ausgezeichneten Spionageergebnisse dieser Flüge waren. Durch diese Art Fotografie bekam Amerika zum ersten Mal wirklich zu sehen, was in den großen Fabriken und auf den Militärbasen hinter dem Eisernen Vorhang vor sich ging."[32]

---

32 - Vgl. Walters, Mission, S. 194ff

Auch hierzu unser Kommentar: So wird die Spionage für die „Demokratie" begründet. Kann man sich vorstellen, wie die Reaktion der USA auf ähnliche Aktivitäten der Sowjetunion gewesen wäre und wie General Walters dazu Gift und Galle gespuckt hätte?

Aber trotzdem muß er uns doch einmal erklären, wie sie mit hochauflösenden Kameras hinter die Wände und unter die Hallendächer von Fabrikanlagen, Labors oder Kasernenkomplexen geschaut haben, um die von ihm gepriesenen Ergebnisse zu erreichen. So kaschiert man die eigne Schwäche, dass sie über menschliche Quellen fast keine internen Informationen aus Politik, Wirtschaft, Wissenschaft und Militär der UdSSR gewinnen konnten. Sie bekamen letzten Endes nur das zu sehen, was ihnen die Sowjetunion auf den Höfen und Abstellplätzen ihrer Fabriken und Kasernen zeigen wollte.

Aber Walters musste natürlich auch den Deutschen in der Bundesrepublik zeigen, wie qualifiziert die amerikanischen Nachrichtendienste arbeiten und wie sie sich noch anstrengen müssen, um an das Niveau des großen Amerika heranzukommen. Dazu wählte er folgendes dubioses Beispiel:

„Mein erstes persönliches Erlebnis mit ihm (Bundeskanzler Helmut Schmidt – Anm. K.E.) hatte ich noch als stellvertretender Direktor der CIA. Als wir Informationen unserer Aufklärung mit denen der Deutschen verglichen, ergaben sich Unterschiede in der Beurteilung des Standortes sowjetischer Truppen. Nach unserer Auffassung befand sich eine sowjetische Mot.-Schützendivision in einer Stadt südlich von Berlin, ich glaube, es war Jüterborg. Die Deutschen waren skeptisch und schienen sicher zu sein, dass in diesem Gebiet keine derartigen Einheiten stationiert seien. Schließlich kamen wir überein dass ich ihnen einige Satellitenaufnahmen vorlegen sollte." ..

Deshalb kam es zu einem Gespräch mit Bundeskanzler Schmidt, Außenminister Genscher und dem Chef der militärischen Aufklärung, Admiral Zimmermann (Admiral Armin Zimmermann war zu diesem Zeitpunkt Generalinspekteur der Bundeswehr und damit der höchste Vorgesetzte aller Linien der militärischen Aufklärung, also insbesondere des Amtes für Nachrichtenwesen der Bundeswehr – Anm. K.E.)...

Walters fährt dann fort:

„Ich zeigte ihm zunächst ein Foto von Kasernen einer sowjetischen Mot.-Schützendivision in Sibirien, dann die Aufnahme eines ähnlichen Objektes in der Ukraine und im Gebiet von Leningrad. ‚Und dieses, Herr Bundeskanzler', fuhr ich fort, ‚steht in Jüterborg.

Es war deutlich, dass es sich um die gleiche Art Einheit handelte. Die Sowjets waren in solchen Dingen sehr akkurat; ihre Objekte glichen einander wie ein Ei dem anderen, wo sie auch stehen mochten. Der Kanzler sah sich die Fotos sehr sorgfältig an, nickte dann und sagte: ,Ja, ich denke, die Sache ist klar.' Er schien befriedigt darüber, dass wir ihm die Bilder gezeigt hatten, und vielleicht hatten unsere Informationen seine Meinung über unsere ,Naivität' etwas erschüttert.

Zu dieser Zeit erschien es uns bereits sehr unwahrscheinlich, dass die Sowjets eine Invasion Westeuropas wagen würden. Zweifellos war man sich in Moskau längst darüber klargeworden, dass es einer Kriegserklärung an die USA gleichkäme, wenn man versuchen würde, Westeuropa mit seiner enormen industriellen Infrastruktur und seinem gigantischen Reservoir an hochqualifizierten Arbeitskräften an sich zu reißen."[33]

Auch diese Passagen bedürfen wohl doch einiger Kommentare:

Ein CIA-General, als stellvertretender Direktor zweithöchster Mann in diesem Geheimdienst, reist nach Bonn zum Bundeskanzler, um in einer Gesprächsrunde mit dem Außenminister und dem Generalinspekteur der Bundeswehr Klarheit bezüglich eines umstrittenen Standortes einer sowjetischen Division herzustellen.

Normalerweise wurde so etwas in Gesprächen oder Memoranden der Fachauswerter der Partnerdienste geklärt.

Dann geht es auch noch um Jüterbog, von dem jedes Kind in der DDR wusste, dass dort etliche Objekte der Sowjetarmee existierten. Diese nutzen aber die vorhandene Bausubstanz – teilweise aus der Kaiserzeit – womit aus der Anlage des Objektes von oben her die Funktion und Belegung nicht erkennbar war. Deshalb waren Satellitenfotos wohl kaum ein wertvoller Beweis. Jedoch war den Abwehrdiensten der UdSSR und der DDR völlig klar, dass mit Hilfe der fernmelde-elektronischen Aufklärung, zusammen mit den Aufklärungsfahrten der Militärverbindungsmissionen und den Ergebnissen der jahrelangen Befragungen von Flüchtlingen aus der DDR und von Deserteuren die westlichen Geheimdienste ein ziemlich genaues Bild der Dislozierung der Gruppe der sowjetischen Streitkräfte in Deutschland und ihrer Veränderungen im Laufe der Jahre besaßen.

---

33 - Vgl. Walters, Vereinigung, S. 70f.

Wenn ein erfahrener Militär und Diplomat Anfang der siebziger Jahre (1975 war die KSZE-Konferenz in Helsinki!) noch ernsthafte Überlegungen aufschreibt ob die Sowjetunion evtl. doch eine Invasion Westeuropas planen könnte (oder geplant haben könnte), dann ist diese Denkweise kaum zu beschreiben. Unter den Bedingungen des nun schon viele Jahre geltenden NATO-Statuts, der sowjetischen Führung bedeutungsvoll zu erklären, das käme einer Kriegserklärung an die USA gleich – das ist aber schon politischer Dilettantismus.

An anderer Stelle kommt Walters noch einmal auf sein „fundiertes Wissen" über die sowjetischen Streitkräfte in der DDR zurück. Er erläutert uns:

„... war bald erkennbar geworden, dass die Sowjetunion ...starke konventionelle Truppen längs der Linie zwischen Westdeutschland und ihrem ostdeutschen Satellitenstaat stationierte. Die Gruppe der sowjetischen Streitkräfte in Deutschland bestand aus 22 Divisionen. Überdies erfuhren wir, dass die Sowjetunion große Lager von chemischen Waffen in Ostdeutschland anlegte, ein Programm der chemischen Aufrüstung energisch vorantrieb und neue tödliche Gase entwickelte.

Derartige Informationen waren nicht bruchstückhaft oder widersprüchlich, sondern stammten aus verlässlichen Quellen und ließen auch nicht den geringsten Zweifel zu. Der Beschluß zur chemischen Aufrüstung war in der Sowjetunion auf höchster Ebene gefasst worden und bei ihren Manövern hatten sowjetische Truppen stets Gasmasken bei sich und erhielten Schutzkleidung gegen biologische Waffen.

Wir wußten also, dass die Gruppe der sowjetischen Streitkräfte in Deutschland große Vorräte an chemischen Waffen zur Verfügung hatte, die im Kriegsfall gegen die NATO-Staaten eingesetzt werden sollten.

Angesichts der Informationen über die Existenz solcher Waffen und ihre Stationierung in vorgeschobenen Gebieten der Staaten des Warschauer Vertrages entsprach es nur der Logik der Abschreckungspolitik, dass wir ein ähnliches Potential derartiger Waffen im westlichen Teil Deutschlands lagerten. Die Fähigkeit, im Falle eines sowjetischen Giftgaseinsatzes mit gleichen Waffen zurückschlagen zu können, war ein entscheidender Faktor, der den Warschauer Vertrag von einem Einsatz dieser Waffengattung abhalten konnte."[34]

Dazu noch einmal unser Kommentar:

Bezüglich der so bedeutungsvollen „Enthüllung", dass die Sowjetarmee be-

Manövern immer Gasmasken bei sich hatte und ihre Soldaten Schutzkleidung erhielten, hätte der CIA-General vielleicht einfach einmal in das „Handbuch militärisches Grundwissen" der NVA reinschauen sollen, da ist die Schutzausrüstung in ihren Funktionen ausführlich beschrieben. Auch aus anderen Publikationen des Militärverlags der DDR hätte General Walters viel tiefergehende Erkenntnisse herauslesen können, als er hier von sich gegeben hat. Aber im Sinne der vielfach strapazierten Bedrohungslüge mussten diese „Lieschen-Müller-Erklärungen" wohl vor allem dazu herhalten, die massive Aufrüstung der US-Armee mit chemischen Waffen und ihre Dislozierung an Standorten der vordersten Linie in der Bundesrepublik zu begründen.

Bisher hatten wir keinen Grund, näher auf die Tätigkeit von Vernon Walters im Oberkommando der NATO von 1951 bis 1956 einzugehen, schien sie doch eine völlig normale Etappe in seiner militärischen Laufbahn zu sein. Aber dann stoßen wir auf eine Anmerkung in seinen Memoiren, wonach er am Karfreitag des Jahres 1954, während er einen nachrichtendienstlichen Kursus in einer Einrichtung der US-Armee in Oberammergau besuchte, einen Skiunfall erlitten hatte. Da er selbstgefällig seine Erinnerungen mit dem Gipsbein pflegte, hatte er wieder einmal einen Zipfel seiner Geheimdienst-Karriere gelüftet.[35]

Nach unserem Wissen existierte in Oberammergau in den 50er Jahren die sogenannte „NATO Weapons School". Integriert in diese Ausbildungsstätte war eine besonders abgeschirmte Sektion für die Ausbildung von Geheimdienstoffizieren und -agenten, insbesondere mit Einsatzrichtung Sowjetunion und Osteuropa. Walters sagt uns zwar, dass er im NATO-Hauptquartier als Assistent des stellvertretenden Stabschefs für Logistik und Verwaltung tätig war, aber die Episode mit dem Skiunfall lässt uns ahnen, welche Aufgabe er in dieser Funktion zu erfüllen hatte.

Unterstützung erhalten wir zu dieser Einschätzung durch den Zeithistoriker Dr. Bernd Stöver, der in seiner umfangreich belegten Arbeit über die „Befreiungspolitik" der USA auch auf einen Archivfund hinweist, der die Tätigkeit dieser Aufklärungsschule belegt: Dr. Stöver verweist darauf, dass noch 1959 in den Ausbildungsunterlagen der „USA Intelligence, Military Police and Special Weapons School, Europa" in Oberammergau die Wlassow-Armee, die OUN (Organisation Ukrainischer Nationalisten) und die weiß-

34 - Vgl. Walters, Vereinigung, S. S.100
35 - Vgl. Walters, Mission, S. 157f.

russische Emigrantenorganisation NTS als wichtige Gruppen im Befreiungs-
kampf gegen den Bolschewismus angeführt werden.[36]

Zu den verschiedensten Anlässen preist Walters die hohe Moral und die
Einsatzbereitschaft der Mitarbeiter der amerikanischen Geheimdienste. Im
Schlussteil seiner Memoiren fasst er diese Wertungen noch einmal zusammen:

„Meine eigenen Erfahrungen mit den Persönlichkeiten, mit denen
ich im Nachrichtendienst der Armee in Berührung kam, waren
überaus positiv; es waren durchweg Männer und Frauen, die ihre
Pflicht mit Hingabe und Integrität erfüllten. Ich schätze mich
glücklich, fast dreißig Jahre unter solchen Menschen verbracht
zu haben. Ihre Liebe zu ihrem Land und die hohe Motivation, mit
der sie ihm dienten, werden immer als herausragendes Beispiel
vor mir stehen. Mir fehlen die Worte, um meinen Stolz, unter
ihnen gedient zu haben, Ausdruck zu verleihen.

Ich möchte auch die Männer und Frauen nicht unerwähnt lassen, die während meiner Amtszeit als stellvertretender bzw.
geschäftsführender Direktor in der Central Intelligence Agency
tätig waren. Niemals bin ich einer Gruppe vorbildlicherer
Amerikaner begegnet. Sie leben nach den gleichen Grundsätzen,
glauben an die gleichen Werte wie ihre Mitbürger und Landsleute.
Ich bin ebenso stolz auf meine Zusammenarbeit mit ihnen, wie
ich stolz auf meinen Dienst in der Armee bin."[37]

Als Walters 1986 in einem Interview gefragt wurde, was er jungen
Geheimdienst-Mitarbeitern sagen könnte, antwortete er:

„Ich würde sagen, dass ihr eine größere Last an Verantwortung
übernehmt, um unsere Lebensweise zu schützen, als viele Menschen erkennen können. Es ist ein dankbarer, glücklicher Beruf.
Ihr habt die Möglichkeit, einen entscheidenden Beitrag zu leisten zu all den Dingen, die unser Leben lebenswert machen. ...
Ihr müsst unter den amerikanischen Bürgern ein besseres Verständnis verbreiten über den selbstlosen und pflichtbewussten Dienst,
den all jene für sie leisten, die an der unsichtbaren Front

36 - Vgl. Stöver, Bernd: Die Befreiung vom Kommunismus, Böhlau-Verlag Köln, 2002, S. 158; Fn. 193:
Vgl. Seminar on Current Affairs, 26-29 Oct. '59; USA Intelligence, Military Police and Special
Weapons School, Europe, Oberammergau, S. 20f.; NAW,RG 218, Central Decimnal File 1959,
Box 33, Folder: 3310

37 - Vgl. Walters, Mission, S. 408

38 - Vgl. http://usaic.hua.army.mil/history/PDFS/MWALTERS.PDF

kämpfen, an der es zwar still, aber niemals ruhig zugeht."[38]
Gemeinsam mit Generalleutnant Daniel Graham und Sam Wilson gründete
Walters die Nationale Vereinigung der Militäraufklärung (National Military
Intelligence Association), deren erstes Treffen 1974 in Fort Huachuca statt-
fand.

Kapitel IV

Die letzte Ölung

„Ich werde nicht geschickt, wenn ein Erfolg wahrscheinlich ist.
Eine meiner Hauptaufgaben ist es, die Letzte Ölung zu geben,
kurz bevor der Patient stirbt."[1]
Vernon Anthony Walters, Januar 1989

---

1 - Vgl. FAZ v. 10. Januar 1989, S. 10 „Ein Globetrotter"

Der Publizist Gerhard Feldbauer bewertet die Rolle von Vernon Walters in der Situation von 1989/90 zusammenfassend wie folgt:

„Anfang 1990, als der ‚Verkauf‘ der DDR durch Gorbatschow und seine Clique an die BRD beschlossene Sache wurde, übernahm Walters als Botschafter das Kommando in Bonn, um die entscheidenden Fäden, die dazu zwischen Washington und Moskau (und nicht in erster Linie zwischen Kohl und Gorbatschow) gesponnen wurden, in der Hand zu halten. ..."[2]

Gerhard Feldbauer weist damit auf einen entscheidenden Handlungsstrang hin. Im Unterschied zu anderen Autoren, die, getäuscht von der Selbstdarstellung Walters' als Verkünder und Wegbereiter der Einheit Deutschlands, darin seine Hauptfunktion als USA-Botschafter in Bonn sehen, sieht Feldbauer sehr richtig die Verknüpfung der Fäden Washington-Moskau via Bonn als Hauptaufgabe des Generals.

Das entscheidende Ziel der Bush-Administration im Zeitraum 1989/1991 war die Überwindung der Sowjetunion als Großmacht und damit des Sozialismus in Europa. Der Weg dazu führte durch den „weichen Unterleib" des sozialistischen Systems in Europa, die Staaten „Ostmitteleuropas", wie sie von den amerikanischen Strategen genannt wurden.

Im Brennpunkt zur Beendigung des Kalten Krieges (so die vorsichtige Formulierung) bzw. zur Überwindung des Sozialismus in Europa (so die genauere Formulierung) stand Osteuropa. Der Begriff „Ostmitteleuropa" in der US-Strategie sollte wohl insbesondere die Einbeziehung der DDR und Polens in dieses strategische Kalkül definieren.

Die Beseitigung der DDR und ihre Einverleibung in die Bundesrepublik war Bestandteil dieses Konzeptes, aber nicht die Hauptfunktion.

Die amerikanische Diplomatie war davon ausgegangen, dass die Herstellung der staatlichen Einheit Deutschlands eine Folge der Überwindung der Teilung Europas sein sollte, nicht jedoch ihr Auslöser.[3] In diesem Sinne waren alle Akteure von der Reihenfolge und Dynamik der Ereignisse, die zur Öffnung der DDR-Grenzen und im weiteren zur überstürzten Eingliederung der DDR in die Bundesrepublik führten, überrascht. Nur unser „Stratege" Walters hatte alles schon lange zuvor vorausgesehen. Leider verschweigt er uns seinen Anteil an der Durchsetzung der Hauptlinien zur Zerschlagung des Sozialismus in Europa. So müssen wir wieder

---

2 - Vgl. Feldbauer, Gerhard Agenten, Terror, Staatskomplott; Der Mord an Aldo Moro, Rote Brigaden und CIA; PapyRossa Verlag, 2000, S. 27

3 - Vgl. u.a. Robert L. Hutchings: Als der Kalte Krieg zu Ende war - Ein Bericht aus dem Innern der Macht, Alexander Fest Verlag, Berlin, 1999 (im weiteren zitiert: Hutchings, Kalter Krieg), S. 135f.

einmal versuchen, verwischte Spuren aufzunehmen und sichtbar zu machen.

Betrachten wir erst einmal den politischen Hintergrund für diese Entwicklungen:

Präsident George W. Bush sen. war im November 1988 zum neuen Präsidenten der USA gewählt worden. Er löste Präsident Ronald Reagan ab, der über zwei Amtsperioden bereits den Sozialismus als „Reich des Bösen" bekämpft hatte. Aber das reichte den „Falken" in der Bush-Administration nicht mehr aus, da Reagan parallel dazu auch Verhandlungen und Abkommen über Rüstungsbegrenzungen mit der UdSSR realisiert hatte. Bush und seine Mannschaft planten die Durchsetzung einer neuen außenpolitischen Konzeption vor allem gegenüber der Sowjetunion und den osteuropäischen sozialistischen Staaten.

Brent Scowcroft, Sicherheitsberater von Präsident Bush, fasste die Intentionen der neuen Regierung mit folgenden Worten zusammen:

„Wir meinten, dass wir unser Augenmerk von der Verwaltung des Kalten Krieges auf europäischem Boden und der Stabilisierung der Situation verlagern sollten, um darüber hinaus zu blicken und Lösungen für die Grundprobleme zu finden."[4]

Dazu einige Aussagen des langjährigen leitenden Mitarbeiters von „Radio Free Europe" und Abteilungsleiters für Europapolitik im Nationalen Sicherheitsrat der USA in der Bush-Administration von 1989 bis 1992, Robert L. Hutchings, der uns einen Einblick in die Interna der Planungen zur neuen Strategie der USA vermittelt:

„Allem voran kehrten wir zum Prinzip der atomaren Abschreckung zurück und erweiterten unsere Sowjetunion-Politik von Reagans engem Fokus auf Rüstungskontrolle zu einer sehr viel ambitionierteren Agenda."[5]

Als die Bush-Administration im Januar 1989 die Regierungsgeschäfte übernahm, war sie zu großen Veränderungen entschlossen - bereit, „große Träume zu träumen", wie es der Präsident nannte, und unkonventionelle Ideen zuzulassen. Aber sie griffen auf sehr alte Konzepte zurück, nämlich zum Prinzip der atomaren Abschreckung. Das Gleichgewicht des Schreckens, welches das atomare Patt, das Bewusstsein, dass Kernwaffenkriege weder führbar noch gewinnbar sein können, beinhaltete und voraussetzte, reichte den Strategen

---

4 - Zitiert aus einem Interview vom Juni 1994 in Philip Zelikow/Condoleezza Rice: Sternstunde der Diplomatie; Propyläen, 1997, S. 53
5 - Vgl. Hutchings, Kalter Krieg, S. 47

der Bush-Administration nicht mehr. Sie wollten wieder die atomare Keule schwingen im Wissen darüber, dass die Wirtschaft des Realsozialismus eine neue Runde des Wettrüstens nicht überstehen würde. Aber diese Strategie hatte auch eindeutig eine praktische militärische Komponente, vielleicht gefährlicher als all die Jahre zuvor. Immerhin hatte die NATO bei der WINTEX-Übung des Jahres 1989 den Einsatz von rund 150 Atombomben in zwei Wellen auf den potentiellen Gegner in das Übungsszenario aufgenommen.

Die außenpolitischen Berater von Präsident Bush sen. bereiteten im Jahr 1989 mit drei Grundsatzreden des Präsidenten die Welt auf diesen Strategiewechsel vor.

Hier einige Auszüge:

> „Meine Freunde, die Freiheit ist eine große Idee und in Osteuropa hat ihre Stunde jetzt geschlagen. Die wahre Ursache der Spannung zwischen Ost und West sei die erzwungene unnatürliche Teilung Europas gewesen[6]. Die Vereinigten Staaten [...] haben die Legitimität der Teilung Europas niemals anerkannt. Wir akzeptieren keine Einflusssphären, die Staaten das Recht auf Souveränität absprechen [...] Die Sowjetunion sollte begreifen, [...], dass ein freies, demokratisches Ostmitteleuropa, so wie wir es verstehen, niemanden und kein Land bedrohen würde. Eine solche Entwicklung würde [...] zu weiteren Verbesserungen der Ost-West-Beziehungen in all ihren Dimensionen führen – Rüstungsabbau, politische Beziehungen, Handel – und sie auf eine Weise stärken, die die Sicherheit und das Wohlergehen im gesamten Europa fördern würde. Es gibt keinen anderen Weg. [...]
>
> Waffen sind das Symptom, nicht die Ursache der Spannungen. Der wirkliche Grund für all die herrschenden Spannungen ist die unnatürliche Teilung, die Europa aufgezwungen wurde."
>
> (Bush in Hamtramck/Michigan, 17. April 1989)[7]

---

6 - Vgl. Beschloss, Höchste Ebene, S. 71f.
7 - Vgl. Hutchings, Kalter Krieg, S. 63, 48

> „Kluge Männer – Truman und Eisenhower, Vandenberg und
> Rayburn, Marshall, Acheson und Kennan – haben die Eindäm-
> mungsstrategie entwickelt. Sie glaubten, dass sich die Sow-
> jetunion, sobald man ihren Expansionskurs verhindert, nach
> innen wenden und den Widersprüchen ihres ineffektiven,
> repressiven und unmenschlichen Systems stellen muß. Und sie
> hatten recht [...], die Eindämmungspolitik funktionierte [...]
> Wir nähern uns nun dem Ende eines historischen Nachkriegs-
> kampfes zwischen zwei Weltanschauungen [...] Unser Ziel
> ist kühn und ambitionierter, als es jeder meiner Vorgänger
> für möglich gehalten hätte [...] Es ist an der Zeit, über die
> Eindämmungspolitik hinauszugehen [...] Wir erstreben die
> Integration der Sowjetunion in die Staatengemeinschaft."
>
> (Bush vor Studenten der A&M University in Texas, 12. Mai 1989)
> Bush nannte in Texas fünf Bedingungen:
> 1. Massiver Abbau der konventionellen sowjetischen Streitkräfte auf
>   eine weniger bedrohliche Zahl;
> 2. Unterstützung der Sowjets für das Selbstbestimmungsrecht
>   Osteuropas (vor allem die Abwendung von der Breshnew-Doktrin);
> 3. Mithilfe der SU bei der Lösung von Regionalkonflikten;
> 4. Kooperation bei Umweltproblemen und anderen globalen Heraus
>   forderungen;
> 5. Anerkennung eines politischen Pluralismus und die Achtung der
>   Menschenrechte in der UdSSR selbst.

Der eindeutige Kommentar von Hutchings zu dieser Rede bekräftigte die wei
tere Strategie:

> „Dabei gingen alle davon aus, dass die zweite Prämisse der
> Eindämmungspolitik nach wie vor gültig sei: dass sich die
> Beziehungen erst dann entscheidend ändern, wenn sich die Natur
> des sowjetischen Systems grundlegend geändert hat....
>
> Eine harte, fordernde Rede. Anstatt ihm auf halben Wege ent-
> gegenzukommen, hatte Bush Gorbatschow aufgefordert, uns auch
> den Rest des Weges entgegenzugehen..."[8]

Der Leiter der neu gegründeten „Abteilung für des Neue Denken in
der Politik" im Sekretariat des Zentralkomitees der KPdSU erkannte in

---

8 - Vgl. Hutchings, Kalter Krieg, S. 64ff.

dieser Rede und in der Aussage „über die Eindämmung hinaus" zwei mögliche Bedeutungen. „Entweder signalisiere sie die Bereitschaft der US-Amerikaner, die Beziehungen zur Sowjetunion nicht mehr länger wie ein Nullsummenspiel zu behandeln; oder die US-Regierung erkläre damit, den Kalten Krieg gewonnen zu haben und jetzt die Kapitulationsbedingungen diktieren zu können."[9]

„Der Kalte Krieg begann mit der Teilung Europas. Er kann nur enden, wenn Europa ungeteilt ist. Heute wird genau gegen dieses Konzept eines geteilten Europa Sturm gelaufen [...], nicht durch Armeen, sondern durch die Verbreitung von Ideen [...] Einer einzigen mächtigen Idee - Demokratie [...] - ist es zu verdanken, dass die kommunistische Welt von Budapest bis Bejing in Aufruhr geraten ist. Natürlich geht es für die Führer im Osten nicht nur um Freiheit um der Freiheit willen. Doch was ihre Motive auch seien mögen, so entfesseln sie Kräfte, von denen sie feststellen werden, dass sie sie nur schwer wieder kanalisieren oder kontrollieren können [...] Nirgendwo ist dies offensichtlicher als in Ostmitteleuropa, dem Geburtsort des Kalten Krieges. Als Präsident werde ich weiterhin alles in meiner Macht Stehende tun, um zu helfen, die geschlossenen Gesellschaften des Ostens zu öffnen. Wir streben nach der Selbstbestimmung eines ungeteilten Deutschlands und des gesamten Ostmitteleuropas [...] Auch in Polen und Ungarn werde ich bei meinen Besuchen in diesem Sommer diese Botschaft verkünden [...] Und ich werde noch eine weitere Botschaft mitbringen: Der Weg der Freiheit führt zu einem größeren Haus - zu einem Haus, in dem West und Ost sich begegnen, zu einem demokratischen Haus, zu einer Gemeinschaft freier Nationen"

(Bush in Mainz, 31. Mai 1989)[10]

Bush's Botschaft in der Karl-Marx-Universität in Budapest lautete denn auch im Kontext seiner Ausführungen über den Rückzug der sowjetischen Truppen aus Ungarn:

„Während sich diese Truppen nun zurückziehen, wollen wir den

---

9 - Vgl. Beschloss, Höchste Ebene, S. 95
10 - Vgl. Hutchings, Kalter Krieg, S. 69

sowjetischen Führern versichern, dass sie von einem friedlichen Wandel nur profitieren können und nichts zu verlieren oder
zu befürchten haben [...] Die Vereinigten Staaten halten eine
Beschleunigung, nicht eine Verzögerung des produktiven Wandels
für wichtig. Daher ist unser Leitmotiv: Die Vereinigten Staaten werden keine Hilfestellung für die Zementierung des Status
quo leisten, sondern nur für die Beschleunigung der Reform."[11]

Mit diesen Reden und der ihnen zugrunde liegenden Grand Strategy hatten
die Falken in der Bush-Administration die Politik des Roll-back wohl zum ersten Male in des Wortes ernstester Bedeutung aufgefasst, die dazugehörigen
strategischen Schachzüge entwickelt und die richtigen Leute an den richtigen
Stellen platziert. In dieses strategische Kalkül gehörte auch der Einsatz von
General Walters als Botschafter in Bonn.

Maßgeblich wurde dieser politische Kurs von einer speziellen Arbeitsgruppe
des Nationalen Sicherheitsrates, der „European Strategy Steering Group"
ausgearbeitet. Sie wurde nach ihrem Leiter, dem damaligen stellvertretenden
Sicherheitsberater, Robert Gates, auch Gates-Group genannt.

Robert Gates ist uns kein Unbekannter. Er promovierte an der George
town-University und war lange Zeit Analytiker in der CIA mit der Spezia
lisierung „kommunistische Welt". Unter Präsident Ford und Carter war Gates
im Nationalen Sicherheitsrat tätig. Danach leitete er den Auswertungsbereich
der CIA (Deputy Director of Intelligence – DDI). Unter den CIA-Direkto
ren William Casey und William Webster war er vom 18.04.1986 bis 20.03
1989 stellvertretender Direktor der CIA (Deputy Director of Central Intel
ligence – DDCI), davon vom 18.12.1986 bis 26.Mai 1987 amtierender Chef der
CIA und der Intelligence Community (Director of Central Intelligence – DCI.)

Gates vertrat immer eine besonders scharfe antikommunistische Linie
gegenüber der Sowjetunion und gegenüber Gorbatschow und scheute sich
auch nicht, diese öffentlich zu verkünden. Im Oktober 1988 sprach Gates
vor der *American Association for the Advancement of Science* und erklär
te, das wahre Ziel des sowjetischen Führers sei es, die Entspannung als
Mittel zu benutzen, um sich die westliche Technologie zu eigen zu machen
und den sowjetischen Militärapparat zu verbessern. Wörtlich: „Die Diktatur
der kommunistischen Partei bleibt unangetastet und unantast-
bar". Er wandte sich auch in dieser Rede gegen jede Hilfe für Gorbatschow

---

11 - Vgl. Hutchings, Kalter Krieg, S. 99
12 - Vgl. Beschloss, Höchste Ebene, S, 63f.

die dem sowjetischen System nur neuen Auftrieb geben könnte. [12]

Aber auch die Sowjetunion hatte diese Konstellation in der Planung der Politik der nationalen Sicherheit der USA gegenüber der Sowjetunion registriert. Beim Besuch von Außenminister Baker im Mai 1989 in Moskau wurde Robert Gates als Mitglied der Delegation auch Gorbatschow vorgestellt. Dieser bemerkte: „Ich habe gehört, dass das Weiße Haus eine eigene Arbeitsgruppe hat, die sich mit der Diskreditierung Gorbatschows beschäftigt. Und man hat mir gesagt, Sie, Mr. Gates, seien mit dieser Aufgabe betraut."[13]

In diesem Sinne gibt es viele Parallelen zwischen Vernon Walters und Robert Gates, der aber im Unterschied zu Walters von der Pike auf nur in der CIA gedient hatte, während Walters bereits mehrere Felder der Geheimdienst-Arbeit beackert hatte. Gates war von Ronald Reagan als neuer CIA-Direktor vorgesehen, wurde aber vom Kongress nicht bestätigt, da er zu tief in die Iran-Contra-Affäre verstrickt war.[14] Dafür holte ihn Bush sen. in den NSC als stellvertretenden Sicherheitsberater, eine Entscheidung, die bei diesen, von den Abgeordneten gerügten, ungesetzlichen Handlungsweisen eigentlich für sich spricht.

In der Regierung von 1989 hatte Vater Bush schon einmal eine alte Garde von Falken versammelt, die sein Sohn in der Gegenwart wiederum um sich geschart hat.

Dem Vater diente u.a. Dick Cheney als Verteidigungsminister und Colin Powell als Vorsitzender der Vereinigten Stabschefs.

Hutchings charakterisiert sie wie folgt:

„Als entschiedene Internationalisten glaubten alle an die Führungsrolle der USA und die Bedeutung von Machtpolitik, vor allem aber an den Einsatz militärischer Macht zu außenpolitischen Zwecken."[15]

Kenner der Geschichte des Kalten Krieges und der US-Außenpolitik werden unschwer feststellen, dass diese Strategie so neu nun auch wieder nicht war. Bereits im Wahlkampf 1952 hatten Eisenhower und John Foster Dulles immer wieder betont, dass die „containment"-Politik von Präsident Truman immer nur zur Stärkung des Status quo geführt habe. Nun solle die Politik des roll-back und die Politik der Befreiung (liberation policy), besonders gerich-

---

13 - Vgl. Beschloss, Höchste Ebene, S. 88
14 - Unter Leitung des Nationalen Sicherheitsrates, seines Vorsitzenden Admiral Poindexter und seines Mitarbeiters Oberstleutnant Oliver North, wurden – entgegen ausdrücklicher Entscheidungen des Kongresses – illegal Waffen an den Iran geliefert und aus den Erlösen die Ausrüstung der Contras in Nikaragua finanziert.
15 - Vgl. Hutchings, Kalter Krieg, S. 223

tet auf die osteuropäischen Satelliten, die US-Außenpolitik wieder in die Offensive bringen.[16]

Sehen wir uns einmal die wichtigsten Elemente der Grand Strategy etwas genauer an.

1. Die Strategie fußt auf einer ahistorischen Bewertung der Entstehung und des Endes des Kalten Krieges

Eine realistische Bewertung der historischen Entwicklung besagt, dass der Kalte Krieg im Kern ein ideologischer Konflikt war, der durch die Oktoberrevolution und die Bildung der UdSSR eine staatlich organisierte Komponente auf der kommunistischen Seite erhielt. Im Prinzip wurde dieser ideologische Konflikt nur zeitweilig unterbrochen durch die übergreifenden Interessen in der Anti-Hitler-Koalition und dem darauf basierenden zerbrechlichen Bündnis antagonistischer Widerparts. Wer aktuell die Informationen und Kommentare zum sogen. „D-Day", dem Tag der Errichtung der Zweiten Front am 6. Juni 1944 in der Normandie, verfolgt, spürt diesen ideologischen Konflikt bis in die Gegenwart. Die Resultate der jahrelangen verlustreichen Kämpfe der Sowjetarmee, die zu diesem Zeitpunkt schon an den Grenzen Rumäniens und Polens stand, werden absolut ignoriert, ebenso wie die jahrelange Verzögerungstaktik der Westmächte, bis es überhaupt zu dieser „Zweiten Front" kam.

Nach amerikanischer Auffassung liegen die Wurzeln des Kalten Krieges in der Teilung Deutschlands und Europas durch das Vordringen der Sowjetunion in diese Region, durch die Errichtung der sowjetischen Herrschaft in den osteuropäischen Ländern und der Sowjetischen Besatzungszone in Deutschland.

Damit verbunden sahen sie eine ständig wachsende militärische Bedrohung durch die sowjetische Militärmacht.

Hutchings behauptet einfach:

„Erst als die Sowjets über Atomwaffen verfügten, mit denen sie uns und unsere Bündnispartner vernichten konnten, wurden ‚Kalter Krieg' und ‚sowjetische Bedrohung' zu Synonymen. Vor da an betrachteten wir es als unser beinahe ausschließliches Interesse, dieser Gefahr entgegenzuwirken."[17]

Hutchings formuliert es an anderer Stelle noch etwas präziser:

„Der Kalte Krieg war kein Konglomerat aus Missverständnissen Fehlern und Fehleinschätzungen, sondern das Ergebnis der sow-

---

16 - sh. A. Stöver, Bernd, Die Befreiung vom Kommunismus; Böhlau-Verlag Köln, 2002, u.a. S. 94ff.
17 - Vgl. Hutchings, Kalter Krieg, S. 429

jetischen Beherrschung Ostmitteleuropas sowie der vorgerück-
ten Stationierungen von über einer halben Million sowjetischer
Truppen im Herzen Europas. Der Kalte Krieg hatte in und wegen
Ostmitteleuropa begonnen, und genau dort musste er auch enden.
Daher war Ostmitteleuropa der Kern des Tests, ob das ‚neue
Denken' in der Sowjetunion tatsächlich zu einer fundamentalen
Entschärfung der Teilung Europas führen würde.

Ostmitteleuropa stand somit als Kurzform für mehrere miteinander verbundene Ziele:

Selbstbestimmung in der Region, Abzug der sowjetischen Streitkräfte aus dem Herzen Europas, mehr Kooperation der Sowjets
mit der internationalen Gemeinschaft, und, allem voran, die
Verabschiedung von einer Weltanschauung, deren Verteidigung
einen Ring aus Satellitenstaaten um die wichtigsten sowjetischen Grenzen erforderte."[18]

Diese Bedrohungsszenarien hielten bis zuletzt vor. Bush erklärte noch in
seiner Rede vom Mai 1989 in Texas:

„Es geht darum, vor einem Krieg abzuschrecken. Es geht darum,
uns und unsere Alliierten zu verteidigen, und es geht um noch
etwas – die Sowjetunion zu überzeugen, dass es keine Belohnung
für Expansionismus geben kann, die Sowjetunion zu überzeugen,
dass nur das Streben nach Frieden belohnt wird."[19]

Aber all diese Erklärungsmuster über Ursachen und Beginn des Kalten Krieges blenden den Anteil der westlichen Seite an Auslösung und Gestaltung des
Kalten Krieges aus.

Betrachten wir einmal einige wenige erwiesene Tatsachen aus der Periode
unmittelbar nach Beendigung des II. Weltkrieges etwas genauer.

Ein Schlüsseldokument für den Beginn des Kalten Krieges ist das als
‚Telegramm der 8.000 Worte" bekannt gewordene Telegramm vom 22. Februar
1946 von George F. Kennan aus Moskau. Es enthält in allen wesentlichen Passagen die Begründung der Politik der Eindämmung („containment"-Politik).
George Kennan, einer der führenden (in dieser Zeit evtl. sogar der führende)
antikommunistischen Strategen der USA-Diplomatie, erklärt in diesem
Telegramm u.a.: „Alles in allem haben wir es mit einer politischen Kraft zu tun, die sich fanatisch zu dem Glauben bekennt, dass
es mit Amerika keinen dauerhaften Modus vivendi geben kann....

---

18 - Vgl. Hutchings, Kalter Krieg, S. 59f.
19 - Vgl. Hutchings, Kalter Krieg, S. 446

Die Aufgabe, sich mit dieser Kraft auseinanderzusetzen, ist zweifellos die größte, die unserer Diplomatie je gestellt worden ist und vermutlich je gestellt werden wird. Unsere politische Generalstabsarbeit sollte sie zum Ausgangspunkt machen."[20]

Seine Schlussfolgerungen und Empfehlungen werden als überzeugende Darstellung der eindeutigen Kriegsabsichten der UdSSR gewertet und als Beweis der Notwendigkeit, die US-Interessen mit Hochrüstung und gegebenenfalls mit militärischer Gewalt durchzusetzen.

Aber Kennan unterstreicht im operativen Teil des Telegramms auch zwei Gesichtspunkte, die in der öffentlichen Aufmerksamkeit weniger Interesse finden:

„1. Sowjetische Führung ist äußerst vorsichtig; Stalin setzt nicht alles auf eine Karte; er reißt Wände erst ein, wenn kein Widerstand zu erwarten ist.

2. Das wirksamste Mittel des containment ist die Festigung der westlichen Demokratie; Probleme können ohne Mittel des Krieges gelöst werden."[21]

Die Bedrohungsanalyse über die Absichten der Sowjetunion präzisiert Kennan im Juli 1947 in einem Aufsatz „Die Quellen des sowjetischen Handelns" (The Sources of Soviet Conduct) in der einflussreichen Zeitschrift *Foreign Affairs*, gezeichnet mit dem Pseudonym „Mister X".

Das ideologische Manifest des Kalten Krieges wird von Winston Churchill in seiner bekannten Fulton-Rede vom März 1946 öffentlich dargestellt. Churchill spricht als erster von einem „Eisernen Vorhang" und fordert die offensive Auseinandersetzung mit der Sowjetunion.

Die geostrategische Grundkonzeption des Kalten Krieges der westlichen Seite entwickelte US-Präsident Truman in einer Rede vom 12. März 1947 vor dem US-Kongress.

Ausgangspunkt war der Rückzug britischer Truppen aus Griechenland vom Februar 1947; dazu erklärte Truman sinngemäß:

Griechenland und Türkei werden finanziell unterstützt; da Westeuropa, Nordafrika, der Iran und der Nahe Osten bedroht seien, wenn Griechenland und die Türkei den Kommunisten in die Hände fallen (auch durch Wahlen). Wörtlich formulierte Truman in dieser Rede:

„Den Völkern einer Reihe von Staaten der Welt wurde vor kurzem

---

20 - zitiert nach: Michael S. Sherry: Preparing for the Next War. American Plans for Postwar Defense. 1941-1945, Yale University Press, 1977; in N.N. Jakovlew: CIA Contra UdSSR; VEB Deutscher Verlag der Wissenschaften, 1985; S. 26

21 - zitiert in einem unveröffentlichten Manuskript von Generalmajor a.D. der NVA, Hans-Werner Deim

Winston S. Churchill und US-Präsident Harry S. Trumann im Sonderzug des Präsidenten auf dem Weg nach Fulton, Missouri, wo Churchill am 5. März 1946 die berühmte „Eiserner Vorhang"-Rede hält. Stalin bezeichnet ihn darauf als Kriegshetzer.

gegen ihren Willen ein totalitäres Regime aufgezwungen. [...] Ich muß außerdem feststellen, dass in einer Reihe anderer Länder eine ähnliche Entwicklung vor sich gegangen ist. [...] Sie stützt sich auf Terror und Unterdrückung, kontrollierte Presse und Rundfunk, von vornherein bestimmte Wahlen und auf die Unterdrückung der persönlichen Freiheit. Ich bin der Ansicht, dass wir den freien Völkern beistehen müssen. [...] Wir müssen sofort und entschlossen handeln. [...] Ich vertraue darauf, dass der Kongreß dieser Verantwortung geradewegs ins Gesicht sieht."[22]

Damit war die sogenannte „Truman-Doktrin" mit der definitiven Trennung Europas geboren.

Die USA sagten durch ihren Präsidenten: bis hierher und nicht weiter!

---

22 - Vgl. Stöver, Bernd: Die Befreiung vom Kommunismus; Böhlau Verlag Köln, 2002; S.61

Der Marshall-Plan (Umfang 17 Md. $) war die ökonomische Charta des Kalten Krieges. Die USA wollten die westeuropäischen Länder schnell wieder politisch und ökonomisch stärken – als Bollwerk gegen den Osten.

Der Schweizer Historiker Rolf Steininger fasst die aktuellen Forschungsergebnisse zum Marshallplan mit folgenden Worten zusammen:

„Der Marshallplan, das Europäische Wiederaufbauprogramm (European Recovery Program) war die Antwort auf viele Probleme. Er verminderte das eklatante europäische Zahlungsbilanzdefizit, er versprach die Restauration traditioneller Ordnungsverhältnisse in Frankreich und Italien und sollte die apathischen Westdeutschen für sich gewinnen; er sollte zeigen, dass die amerikanische Wirtschaft als Erfolgsmodell dienen könnte, wenn die Europäer nur endlich ihre ideologischen Streitereien hinter sich lassen und ihre Volkswirtschaften integrieren würden. Vertrauen in den technischen Fortschritt, Anerkennung der Produktivkraft der amerikanischen Wirtschaft, Glaube an die klassenübergreifende Zusammenarbeit, Großzügigkeit und Sinn für das Machbare waren seine Grundpfeiler, wie Harvard-Professor Charles S. Maier vor einigen Jahren meinte.

Entstehung und Wirkungsgeschichte des Planes sind in der Forschung nach wie vor umstritten. Verteidiger und Kritiker der Rolle Amerikas als Weltmacht sind sich in der Einschätzung so weit einig, als sie in der Rede von Außenminister George C. Marshall am 5. Juni 1947 in Harvard einen Wendepunkt der amerikanischen Nachkriegspolitik erblicken. Die amerika-freundliche traditionalistische Geschichtsschreibung sieht diesen Schritt ganz im Rahmen der westlichen Defensivmaßnahmen gegen das sowjetische Vordringen in Europa. Die der amerikanischen Nachkriegspolitik gegenüber kritisch eingestellte revisionistische Schule ordnet ihn in die offensive Politik des ‚Dollar-Imperialismus' ein, dem es in erster Linie um die Expansion des amerikanischen Handels in Europa ging.

Neuere Studien zum Marshallplan haben die unterschiedlichen Ansätze des Hilfsprogramms verfolgt. Es ging um den internationalen Handel und den multilateralen Zahlungsverkehr und die unterschiedlichen Strategien der USA bei der *Unterstützung der nichtkommunistischen Arbeiterbewegungen als Herzstück der Hilfeleistungen* (Hervorhebung – K.E.).

Hinter der Hilfe stand die grundlegende Überzeugung der Amerikaner, dass kooperative Arbeitsbeziehungen Wirtschaftswachstum hervorbringen und somit die unverzichtbaren Voraussetzungen für eine politisch-demokratische Stabilität schaffen würden. Der Plan stellte somit eine politische Plattform für ein reformistisches Modell der Arbeitsbeziehungen dar, deren Grundlagen der Wohlfahrtsstaat und kooperationsbereite Gewerkschaften bilden sollten.

Ohne die Hilfe des Marshallplans und die Bemühungen der amerikanischen Gewerkschaftsverbände wären die sozialdemokratischen Gewerkschaften Europas – und nicht nur die – wahrscheinlich zusammengebrochen. Die kommunistisch gesteuerten Gewerkschaften in Frankreich und Italien waren damals außerordentlich mächtig. Von daher war der Marshallplan ein entscheidendes Instrument, Westeuropa vor dem Kommunismus zu bewahren."[23]

Die somit aufgepäppelten nichtkommunistischen Gewerkschaften sollten bei späteren Staatsstreichen und verdeckten Operationen immer wieder eine aktive Rolle spielen, ein gefügiges Werkzeug in den Händen der Umsturzstrategen vom Schlage eines Vernon Walters.

Die obige Bewertung des Marshall-Planes ist eine wesentlich klarere politische Einschätzung der Ziele und Absichten bei der Implementierung dieses Programms. Es unterscheidet sich von der sonst öffentlich dargestellten Funktion als selbstloses Hilfsprogramm der Amerikaner für die Westeuropäer, benennt aber auch noch nicht alle Hintergründe. Immerhin eröffnete sich für die einzige intakte Wirtschaft aller Kriegsteilnehmer, die Konzerne der USA, ein riesiger Absatz- und Investitionsmarkt, also eine jahrelange, kräftig sprudelnde Profitquelle.

Im Marshallplan-Programm finden wir einen der ersten Kreuzungspunkte der Biographie von Vernon Walters mit dem antikommunistischen Kampf.

An dieser Frontseite des Kalten Krieges wirkte Vernon A. Walters als Assistent von Sonderbotschafter Averell Harriman im Stab des Marshall-Planes mit und erwarb hier erste Erfahrungen für die Durchsetzung von Strategien des Kalten Krieges.

Wir sollten uns daran erinnern, dass die Planungen von Krieg und Subversion sich gegen ein Land richteten, das die Hauptlast bei der Zerschlagung des Faschismus getragen, dabei Millionen Opfer gebracht hatte, von dem große Teile des Landes, seiner Wirtschaft zerstört waren und das so mit voller Berechtigung eine Politik des Friedens anstrebte.

Das trifft insbesondere im Vergleich der Kriegslasten zwischen den USA und der UdSSR zu. Auf dem Territorium der Vereinigten Staaten ist keine

---

23 - Vgl. Steininger, Rolf: Der kalte Krieg, Fischer TB 2004, S. 56ff.

Havard, 5. Juni 1947: US-Außenminister George C. Marshall auf dem Weg zu jener Rede, mit der er ein Hilfsprogramm für Europa verkündet, das seinen Namen trägt.

einzige Granate detoniert, kein Haus, keine Fabrik wurde zerstört. Die Sowjetunion hatte 20 Millionen Tote zu beklagen, die Amerikaner 400.000, d.h. auf einen gefallenen amerikanischen Soldaten kamen 50 Sowjetbürger! Der Krieg brachte der Sowjetunion materielle Verluste in Höhe eines Drittels ihres Nationalreichtums, das entsprach nach dem damaligen Kurs einem Verlust von 485 Milliarden Dollar.[24]

Wer einem derart verwüsteten Land, mit diesen ungeheuren menschlichen und materiellen Verlusten, einen Drang zum Krieg unmittelbar nach dem Ende dieses fürchterlichen Krieges unterstellt, kann nur als bösartig bezeichnet werden.

Die angebliche Bedrohung des Westens durch die Sowjetunion wird weit verbreitet mit der hohen Truppenstärke der Sowjetarmee und ihrem geringen Grad der Demobilisierung begründet. Jetzt liegen Studien zur Entstehung und zu Problemen des Atlantischen Bündnisses vom Militärgeschichtlichen Forschungsamt Oldenburg vor. In Band 3: „Konfrontationsmuster des Kalten Krieges 1946-1956" schreibt der bekannte Historiker Vojtech Mastny, dass Moskau nach 1945 seine Streitkräfte im größeren Umfang demobilisiert habe, „als der Westen zu glauben bereit war". Im Band 4 wird noch einmal daran erinnert, dass die Bedrohungsängste vor allem mit der quantitativen Überlegenheit der konventionellen Streitkräfte der Sowjetunion und deren vermeintlicher Fähigkeit zu tiefen Vorstößen abgeleitet wurden. Die Autoren im Band 4 verweisen darauf, dass bei einer professionellen Bewertung diese

Annahmen „einiges von ihrem furchterregenden Gewicht" verloren hätten.[25]

Die frühzeitigen und sehr konkreten Planungen der USA-Administration gegen den Verbündeten in der Anti-Hitler-Koalition, die Sowjetunion, und gegen die von ihr befreiten Staaten Osteuropas sind aus der folgenden Übersicht auszugsweise erkennbar:

Übersicht über wesentliche Direktiven des „Nationalen Sicherheitsrates - NSC" 1947 bis 1956 [26]

Datum	NSC-Directive	Inhalt
14. November 1947	Nr. 1/1	„Die Position der Vereinigten Staaten im Hinblick auf Italien"
10. Februar 1948	Nr. 1//2	US-Politik in Italien zur Verhinderung eines Wahlsieges der Kommunisten am 18. April 1948
8. März 1948	Nr. 1/3	
19. Dezember 1947	Nr.4	„Koordinierung der Maßnahmen zur Verbreitung von Auslandsinformationen" Erstes weltweites umfassendes Programm von verdeckten Aktionen. (sh. a. NSCD 10/2) Das State Department koordiniert die Aktivitäten der antikommunistischen Informationspolitik;

24 - Vgl. N.N. Jakovlew: CIA kontra UdSSR; VEB Deutscher Verlag der Wissenschaften, 1985, S. 16
25 - Vgl. Rezension im ND vom 03.04.2004 von Reinhard Brühl: „Anhängsel oder feste Säule"
26 - zusammengestellt u.a. nach:
    Ray S. Cline: Secrets, Spies and Scholars; Acropolis Books, 1976;
    John Prados: Presidents' Secret Wars, Quill, William Morrow, New York, 1986
    John Prados, Keepers of the Keys, William Morrow, New York,
    N.N. Jakovlew: CIA contra UdSSR, VEB Deutscher Verlag der Wissenschaften, Berlin, 1985
    Christopher Simpson: Blowback;Weidenfeld & Nicholson, London, 1988

19. Dezember 1947	Annex 4/A	Mit NSC 4/A erhielt die CIA den Auftrag zur Realisierung geheimer psychologischer Kriegführung entsprechend den Zielen von NSC-D 4; Truman gab über 10 Millionen Dollar aus beschlagnahmten Konten der Achsenmächte für diese Operation in Italien frei.
1948	Nr.13 und 13/3	US-Politik gegenüber Japan
7. März 1948	Nr.7	„Es sind Vorkehrungen zu treffen, um die Kräfte des sowjetisch geführten Weltkommunismus zurückzudrängen; das ist lebenswichtig für die Sicherheit der USA - diese Aufgabe kann nicht durch eine defensive Politik verfolgt werden."
18. Juni 1948	Nr.10/2 bis 10/5	Programme weltweiter geheimer verdeckter Aktionen
1954	Nr.5411/2	Modifikation der Direktive 10/2
1948	Nr. 20	Operation „Bloodstone" Nutzung von Emigranten in UdSSR und Ostblock 1948 bis 1950
18. August 1948	Nr.20/1	„Ziele der USA in bezug auf Russland"
23. November 1948	Nr.20/4	Modifikation

30. September 1948	Nr.30	Atomwaffenpolitik: „... muß bereit sein, schnell und effektiv alle verfügbaren geeigneten Mittel, einschließlich Atomwaffen, einzusetzen im Interesse der nationalen Sicherheit."
14. September 1949	Nr.58	„Politik der USA gegenüber den sowjetischen Satellitenstaaten in Osteuropa"
14. April 1950	Nr.68	Politische Studie über die weltweiten Schwierigkeiten, mit denen die USA im Frühjahr 1950 rechnen mussten.
Februar 1951	Nr. 104	„Export Control Policy Toward the Soviet Union and Its Eastern European Satellites" Grundlagen des Wirtschaftsembargos
	143 Serie	Politik gegenüber Osteuropa
29. Juni 1953	Nr.158	„U.S. - Ziele und Aktionen zur Ausnutzung von Unruhen in den Satelliten-Staaten" (u.a. Schlussfolgerungen aus dem 17.Juni 1953)
September 1953	Nr. 162/2	Schlussfolgerungen aus der Operation „Solarium"

März 1954	Nr. 5412	Schlussfolgerungen aus der Operation „Solarium"
Februar 1955 14. Dezember 1955	Nr. 5505/1	„Ausnutzung von Schwachstellen der Sowjetunion und der europäischen Satelliten" „Exploitation of Soviet and European Satellite Vulnerabilities" Bericht über die Ergebnisse von Nr.5505/1
18. Juli 1956	Nr.5608/1	„U.S.-Politik gegenüber den sowjetischen Satelliten in Osteuropa"

Die Direktiven des Nationalen Sicherheitsrates beginnen im Jahre 1947, da erst am 18. September 1947 das Gesetz über die Bildung des Nationalen Sicherheitsrates (National Security Act) und die Gründung der CIA verabschiedet wurde.

Einige der grundlegenden Direktiven sind es wert, ein wenig näher beleuchtet zu werden, um ihre Funktion als Instrumente in der Frühphase des Kalten Krieges zu erfassen.

NSC-Direktive 10/2 (ten slash two) vom 18. Juni 1948:

Die Direktive fordert, „geheime paramilitärische Operationen sowie eine politische und ökonomische Kriegführung" zu realisieren. Sie ist ein umfassendes Programm geheimer „Propaganda, des Wirtschaftskrieges, vorbeugender direkter Aktionen wie Sabotage, Sabotage-Abwehr, Zerstörungen und Organisierung von Fluchtbewegungen", sie forderte „subversive Maßnahmen gegen feindliche Staaten, darin enthalten Hilfe für Widerstandsgruppen im Untergrund, für Guerillas und für Gefangenenbefreiungskommandos sowie Unterstützung für alle antikommunistischen Kräfte innerhalb gefährdeter Länder der freien Welt."

Damit war die NSC-Direktive 10/2 eine geheime Kriegserklärung gegen die Sowjetunion, ihre Verbündeten und letzten Endes gegen alle linken und sonstigen Kräfte, die sich nicht dem Willen der USA beugen wollten.

144

NSCD 10/2 galt im Wortlaut bis 1954 und wird dann modifiziert zur NSCD 5411/2:

Die überarbeitete Direktive sieht für Gebiete, die vom „internationalen Kommunismus dominiert und bedroht sind", vor, „Widerstand im Untergrund zu entwickeln und verdeckte sowie Guerilla-Operationen zu erleichtern; die Verfügbarkeit dieser Kräfte im Kriegsfalle sicherzustellen;..."[27]

Zu dieser modifizierten Direktive schreibt der Biograf von Präsident Eisenhower:

„Der Präsident war entschlossen, die Kommunisten so zu bekämpfen, wie er die Nazis bekämpft hatte, an jeder Front und mit jeder verfügbaren Waffe."[28]

Eine der grundlegenden und nachhaltig wirkenden Entscheidungen des Nationalen Sicherheitsrates war die Direktive NSC 20/1 vom 18. August 1948 mit dem Titel: „Ziele der USA in bezug auf Russland":

Sie definiert als grundlegende Ziele:

a) Die Macht und den Einfluss Moskaus so einzudämmen, dass sie nicht länger eine Bedrohung des Friedens und der Stabilität der internationalen Gemeinschaft darstellen;

b) grundlegend die Theorie und Praxis der internationalen Beziehungen, an die sich die gegenwärtige Regierung Russlands hält, zu verändern.[29]

In ihrer Weiterentwicklung per 23. November 1948 als NSC-Direktive 20/4 wird formuliert:

„Die schwerste Bedrohung der Sicherheit der Vereinigten Staaten ergibt sich für die absehbare Zukunft aus den feindseligen Absichten und der ungeheueren Macht der UdSSR sowie aus dem Wesen des Sowjetsystems."[30]

Weiter heißt es in der NSCD 20/4 unmissverständlich:

„Unser Endziel muß natürlich das Entstehen nicht-totalitärer Regierungen in Osteuropa sein, die gewillt sind, sich der Gemeinschaft der freien Welt anzupassen und an ihr mitzuwirken. Gewichtige taktische Überlegungen sprechen jedoch dagegen, sich dieses Ziel als unmittelbar realisierbar zu setzen ... Das gegenwärtig geeignetere Verfahren ist demnach, einen häretischen Ablösungsprozeß in den Satellitenstaaten zu begünstigen. So gering sie auch

---

27 - Vgl. Jens Mecklenburg (Hrsg): GLADIO, Elefanten Press 1997, S. 14

28 - Vgl. Stafford, Davids; Berlin underground, Europäische Verlagsanstalt, 2003, S. 134;

29 - zitiert nach Bernd Greiner/Kurt Steinhaus: Auf dem Weg zum 3. Weltkrieg?, Amerikanische Kriegspläne gegen die UdSSR, Köln, 1980; in N.N. Jakovlev: CIA Contra UdSSR; VEB Deutscher Verlag der Wissenschaften, 1985; S. 28 (weitere Details!)

30 - zitiert nach Bernd Greiner/Kurt Steinhaus: Auf dem Weg zum 3. Weltkrieg?, Amerikanische Kriegspläne gegen die UdSSR, Köln, 1980; in N.N. Jakovlew CIA Contra UdSSR; VEB Deutscher Verlag der Wissenschaften, 1985; ebd, S. 32 (weitere Details!)

jetzt erscheinen mögen, Gründe für ketzerische Abspaltungen existieren bereits. Wir können zur Vertiefung dieser Risse beitragen, ohne Verantwortung auf uns zu nehmen. Und wenn sich die endgültigen Ablösungsprozesse durch setzen, wären wir nicht direkt in diesen Angriff auf das sowjetische Prestige verwickelt; der Streit würde zwischen dem Kreml und der kommunistischen Reformbewegung ausgetragen." [31]

Die Direktive 20/4 forderte eine ideologische Offensive an allen Fronten nicht nur an der offenen, sondern auch an der geheimen Front.

Besonders „sollten wir die Unterstützung und den Schutz entsprechend unseren Möglichkeiten verstärken für alle Führer und Gruppen in diesen Ländern, die westorientiert sind." [32]

Am 14. April 1950 bestätigt der US-Präsident die NSC-Direktive Nr.68 sie wird die militärische Charta des Kalten Krieges. Mit dieser Direktive wird der unmittelbare Zusammenhang zwischen der Strategie des direk ten militärischen Konfliktes und der Strategie des Kalten Krieges festge schrieben.

In ihr heißt es:

„Die Rolle der Sowjetunion als Hauptkraft in Eurasien ist für die USA stra tegisch und politisch absolut nicht hinnehmbar. ... Im Gegensatz zu anderen Mächten, die vor ihr nach Hegemonie strebten, ist die Sowjetunion von einem neuen fanatischen Glauben beseelt, der im Widerspruch zu unserem eigenen steht. Sie versucht, dem Rest der Welt ihre absolute Herrschaft aufzuzwingen Daher kommt es dauernd zu Konflikten [...] was die Politik der Eindämmung betrifft, so ist sie mit allen Mitteln bis hin zum Krieg bestrebt, erstens: eine weitere Expansion der sowjetischen Macht zu blockieren; zweitens: die wah ren sowjetischen Absichten aufzudecken; drittens: eine Zurücknahme de Kontrolle und des Einflusses des Kreml herbeizuführen; und viertens: ganz allgemein die Saat der Zerstörung innerhalb des sowjetischen Systems zu för dern, dass der Kreml schließlich dahin gebracht wird, sein Verhalten so zu ändern, dass es mit den allgemein akzeptierten internationalen Maßstäben übereinstimmt.[...]

(Es wäre von großer Wichtigkeit, dass ...) „wir auf allen Gebieten überlegen sind, besonders aber auf dem militärischen [...] Ohne überlegene militärische Gesamtstärke, bereits vorhanden oder leicht zu mobilisieren, ist eine Politik

---

31 - zitiert nach Bernd Greiner/Kurt Steinhaus: Auf dem Weg zum 3. Weltkrieg?, Amerikanische Kriegspläne gegen die UdSSR, Köln, 1980; in N.N. Jakovlew CIA Contra UdSSR; VEB Deutscher Verlag der Wissenschaften, 1985; ebd,S. 41 (weitere Details!)
32 - zitiert in John Prados: Presidents' Secret Wars, S. 49

der Eindämmung - die in ihrer Wirkung eine Politik des kalkulierten und graduellen Drucks ist - , nichts weiter als ein Bluff."

„Im Zeichen moderner Waffensysteme gewinnen die militärischen Vorteile eines Erstschlages zunehmend an Bedeutung; und dieser Umstand heißt für uns, so weit in Alarmbereitschaft zu sein, dass wir mit unserer ganzen Macht zuschlagen können, sobald wir angegriffen werden, und falls möglich, bevor der sowjetische Schlag tatsächlich ausgeführt ist."[33]

Außerdem wird gefordert: Zu verstärken sind „...rechtzeitige Maßnahmen und Operationen mit geheimen Mitteln auf dem Gebiet der ökonomischen, politischen und psychologischen Kriegführung mit dem Ziel, in ausgewählten, strategisch wichtigen Satellitenländern Unruhen und Revolten auszulösen und zu unterstützen."[34]

Aber damit waren die Aktivitäten zur Entwicklung neuer und Weiterentwicklung vorhandener Strategien des Kampfes gegen den Sozialismus noch nicht abgeschlossen. Im Mai 1953 gab Präsident Eisenhower den Startschuß für das Projekt „Solarium" (benannt nach einem Sitzungszimmer im Weißen Haus). Im Rahmen von drei Planungsgruppen – Task Forces A, B und C – sollten langfristige Strategien entwickelt werden.

Die Task Force A stand unter Leitung von George Kennan und sollte die Möglichkeiten der traditionellen „containment"-Politik bewerten und mögliche Veränderungen, unter den Voraussetzungen einer Strategie der Veränderungen im Sowjetblock von innen, vorschlagen.

Task Force B stand unter Leitung des Luftwaffengenerals James McCormack und sollte begründen, dass die Überschreitung einer „speziellen Linie" in der Welt einer Kriegserklärung durch die Sowjetunion gleichkäme. Diese „Perimeter-Strategie" beinhaltete die Option, dass das Überschreiten dieser Linie, „ob durch offene oder verdeckte Aggression, durch subversive Aktionen von Einheimischen oder anderen" auch einen globalen Krieg zur Folge haben könnte.

Task Force C schließlich, unter Leitung von Admiral Richard L. Connolly, sollte die aggressivste Variante der Umsetzung der Befreiungspolitik, einschließlich des Einsatzes von Atomwaffen, formulieren mit dem Ziel, die Anstrengungen zur Aufweichung des Sowjetblocks zu erhöhen und den Zusammenhalt der „freien Welt" bei diesen Unternehmungen zu gewährleisten. Nach der Meinung des damaligen Sicherheitsberaters, Robert Cutler,

---

33 - Vgl. Jürgen Bruhn: Der Kalte Krieg oder die Totrüstung der Sowjetunion; Focus,1995, S.40f.; zitiert nach Documents on Foreign Relations of the United States, 1950, GPO, Bd. 1, S. 134-292
34 - Vgl. N.N. Jakovlew: CIA contra UdSSR; VEB Deutscher Verlag der Wissenschaften, 1985, S. 46

riskiere man eine eine etwas höhere Kriegsgefahr, wenn die USA einige der aggressiven Operationen, wie von Task Force C vorgeschlagen, durchsetze.[35]

Die Ergebnisse wurden am 30. Juli 1953 im NSC diskutiert und im September 1953 in der NSC-Direktive 162/2 zusammengefaßt. Diese Direktive wurde als eine Art Fortsetzung und Ergänzung der NSC-Direktive 68 betrachtet und diente seit ihrer Unterzeichnung am 30. Oktober 1953 als Richtlinie für die amerikanische Außen- und Sicherheitspolitik.[36] Eine weitere Zusammenfassung der Schlussfolgerungen aus „Solarium" entstand im März 1954 mit der NSC-Direktive 5412.

NSC-Direktiven wurden auch ganz speziell zur Perfektionierung der Spionagetätigkeit der US-Geheimdienste erlassen. 1954 war Präsident Eisenhower äußerst unzufrieden mit den Ergebnissen der Auslandsspionage über die Sowjetunion. Er beauftragte den Leiter des Massachusetts Institute of Technology (MIT), James Killian, mit der Leitung einer streng geheimen Kommission die die Aufgabe erhielt, „mehr substanzielle Informationen über die Absichten und Möglichkeiten des Feindes zu gewinnen." Die Kommission erhielt den Namen „Sachverständigenrat für den Überraschungsangriff" (Surprise Attack Panel). Im Auftrag der Kommission unterbreitete Generalleutnant James Doolittle dem Präsidenten folgende Lageeinschätzung:

„Die Beschaffung und korrekte Einschätzung exakter und zuverlässiger Informationen über die Fähigkeiten und Absichten der Sowjetunion sind heute ein militärisches und politisches Erfordernis ersten Ranges. ... Wir haben es mit einem unerbittlichen Feind zu tun ...In einem solchen Spiel gibt es keine Regeln Bislang akzeptierte Normen der Menschlichkeit greifen in diesem Fall nicht. Sollten die Vereinigten Staaten überleben, so muß die traditionelle amerikanische Haltung des ‚Fair Play'überdacht werden. Wir müssen effektive Spionage- und Spionageabwehrdienste entwickeln und lernen, unseren Feind durch intelligentere, raffiniertere und effektivere Methoden zu unterwandern, zu sabotieren und zu schädigen, als er sie gegen uns einsetzt."

35 - Vgl. Stöver, Bernd, Die Befreiung vom Kommunismus, Böhlau-Verlag Köln, 2002, S. 187 f. mit weiteren Details

36 - Vgl. Rolf Steininger: Der kalte Krieg; Fischer TB, 2004, S. 27f.; sh.a. Prados, John: President, Secret Wars; Quill, William Morrow, New York, 1986, S.121

37 - Vgl. Stafford, David: Berlin underground; Europäische Verlagsanstalt, 2003, S. 133f.

38 - auszugsweise entnommen aus: Charisius/Lambrecht/Dorst: „Weltgendarm USA; Militärverlag der DDR, 1983, S. 70; vgl. auch: Dropshot. The United States Plan for War with the Soviet Union in 1957; herausg. v. Anthony C. Brown, New York 1978; zitiert in N.N. Jakovlec, CIA contra UdSSR, VEB Deutscher Verlag der Wissenschaften, 1985; ebenso Jürgen Bruhn: Der Kalte Krieg oder: Die Totrüstung der Sowjetunion, Focus, Gießen,1995

Doolittle zog die Schlussfolgerung, dass alle wissenschaftlichen und technischen Möglichkeiten zur Gewinnung von Informationen ausgeschöpft werden müssen, da der Eiserne Vorhang die althergebrachten Methoden der Spionage zu teuer und zu gefährlich mache. Diese und weitere Aufgabenstellung wurden in der NSC-Direktive 5412 zusammengefaßt.[37]

Es muß wohl nicht ausführlich kommentiert werden, welche Geisteshaltung hinter einer solchen Aufgabenstellung steht, die davon ausgeht, dass alle bislang akzeptierten Normen der Menschlichkeit in diesem Falle beiseite geschoben werden dürfen und müssen, nur um den potentiellen Feind maximal zu schädigen. So arbeiten und denken Geheimdienste in einer „Demokratie".

(Vgl. Wortlaut der NSC-Direktiven Nr. 20/4 und 58 in der Anlage: Dokumente)

Noch deutlicher wird die Entstehung und Entwicklung des Kalten Krieges, wenn wir uns die Ursprünge und die Zeitrahmen der Planungen für den Einsatz von Atomwaffen und der Strategie des Erstschlages gegen die Sowjetunion ansehen.

Pläne der USA für einen Kernwaffenkrieg gegen die Sowjetunion (Auswahl)[38]

19. September 1945	Memorandum JCS 1496/2	Als Grundlage für die Militärpolitik der USA empfehlen die Vereinigten Stabschefs (Joint Chiefs of Staff - JCS) eine Politik des Erstschlags bzw. des Präventivkrieges
9. Oktober 1945	Memorandum JCS 1518 und Direktive JCS 1545	„Zukünftige Aktionspläne der Amerikanischen Streitkräfte" „... die USA (hätten) bei jeder regional auftretenden Krise die Initiative zu ergreifen und zu behalten."
3. November 1945	Joint Intelligence Committee Paper 329	„Atombombenziel Sowjetunion" Das Vereinigte Aufklärungskomitee schlägt 20 sowjetische Städte als Kernwaffenziele vor.

3. Dezember 1945	JIC 329/1	Der präventive Atomschlag ist mit Instrumenten der „konventionellen Kriegsführung" zu koppeln.
24. September 1946	Bericht des Sonderberaters des Präsidenten, Clark M. Clifford	Clifford fordert die Einkreisung der UdSSR durch eine entsprechende US-Politik in Westeuropa, im Nahen Osten, gegenüber Indien, Südostasien und China. Die Sowjetunion sei besonders „durch Atomwaffen, biologische Kriegführung und Luftangriffe verwundbar."
1. Mai 1947	Memorandum JCS 1725/1	Die JCS fordern „geeignete Stützpunktgebiete" und „Verbindungslinien", um „binnen kurzer Zeit nach Kriegsbeginn offensive strategische Luftoperationen gegen lebenswichtige russische Industrie- und Bevölkerungszentren zu unternehmen."
8. November 1947	Memorandum JCS 496/1 Operation „Broiler"	Nach präventiven Atomschlägen ist die UdSSR durch Okkupationstruppen zu besetzen. Ziele: „a) Die Vernichtung der kommunistischen Diktatur in der UdSSR und überall in der Welt, letztlich die Vernichtung der sowjetischen Doktrin des Kommunismus.

		b) Die Zurückdrängung Russlands in die Grenzen von 1939; die Einwirkung auf die Bevölkerung einzelner Teile der UdSSR, damit diese einen unabhängigen Status erlangt oder Föderationen bildet"[39]
Mitte 1948	Plan „Charioteer" JCS	Beginn mit „konzentrischen Angriffen unter Einsatz von Atombomben gegen Regierungszentren und Zentren der politischen Administration und der Verwaltung, gegen städtische Industriegebiete und ausgewählte Betriebe der Erdölraffinerien..." Die Planung geht von 133 Atombomben auf 70 sowjetische Städte aus
21. Juli 1948	Kriegsplan „Halfmoon" (vorher: „Fleetwood") JCS 1844/13	Gegen die UdSSR soll eine „Luftoffensive" mit Kernwaffeneinsatz durchgeführt werden. Sie soll aus den Räumen Großbritannien/Island, Khartum/Kairo/Suez und Okinawa erfolgen und durch Einsatz von Flugzeugträgergruppen unterstützt werden.

39 - Vgl. Jürgen Bruhn: Der Kalte Krieg; Focus, Giessen, 1988, S. 31

26. Mai 1949	Kriegsplan „Offtackle" JSPC 877/59	JSPC - Vereinigtes Strategisches Planungskomitee geht von einem Kriegsbeginn am 1. Juli 1949 aus und orientiert auf eine „strategische Offensive im westlichen Eurasien" mit allen verfügbaren Kernwaffenkräften. Danach sollen „alliierte Streitkräfte" die „militärische Niederlage der Streitkräfte der UdSSR" vollenden.
23. November 1948 19. Dezember 1949	Kriegsplan „Dropshot" NSC 20-4 JCS 1920/5 drei Bände	Kriegsbeginn 1957; zu diesem Zeitpunkt sollte die nukleare Überlegenheit der USA gegenüber der UdSSR in einem Verhältnis von 10:1 stehen. Die Offensivkapazitäten der UdSSR sollen durch einen präventiven Schlag mit 300 Atombomben auf ausgewählte Zielkomplexe innerhalb von 30 Tagen liquidiert werden.

(Wortlaut der NSC-Direktive Nr. 30 und des Planes OFFTACKLE sh. Anhang: Dokumente)

Mit der Beschlussfassung über den National Security Act 1947 erhielten die JCS den Auftrag für die Planungsarbeiten über einen globalen Konflikt, wobei als Hauptkriegsschauplatz der europäische Kontinent angenommen wurde. Die USA gingen von der Voraussetzung aus, dass die Sowjetunion mit ihren Verbündeten die Kapazitäten zur militärischen Inbesitznahme ganz Europas besaß.

Das Krisenszenario von 1947 sah etwa wie folgt aus:

> „Griechenland und die Türkei ersuchten die USA um Unterstützung zur Abwehr der kommunistischen Bedrohung. Vor dem Forum der Vereinten Nationen wurden Jugoslawien, Albanien und Bulgarien der offenen Unterstützung für die kommunistischen Untergrundeinhciten in Griechenland beschuldigt. In Ungarn übernahm ein sowjet-freundliches Regime durch einen Putsch die Macht. In Indonesien waren kommunistische Guerillakräfte gegen die holländische Kolonialmacht im Vormarsch. Die sowjetmarxistischen Parteien in Frankreich und Italien verstärkten ihre Agitationen und hatten Zulauf, und in der Meeresstraße von Korfu führte die albanische Miliz einen Minenkrieg gegen britische Kriegsschiffe."[40]

Der Plan „DROPSHOT" von 1949 ging von einem Kriegsbeginn am 1. Januar 1957 aus und sah bereits die Einbeziehung der NATO-Partner und anderer Verbündeter in die Kriegshandlungen vor. Im Plan „DROPSHOT" wurden als Ziele formuliert: „Im Zusammenwirken mit unseren Alliierten der UdSSR die eigenen Ziele aufzuzwingen, wozu ihr Wille und ihre Fähigkeit zum Widerstand durch strategische Offensive im westlichen Eurasien und strategische Verteidigung im Fernen Osten zu brechen sind." Für die erste Phase war der Abwurf von 300 Atombomben und von 250.000 Tonnen konventioneller Bomben auf politische, ökonomische und militärische Zentren in der Sowjetunion vorgesehen. Die sowjetische Industrie wäre damit zu rund 85 Prozent zerstört.

In der zweiten Phase des Krieges sollten die Luftangriffe auf Ziele in der UdSSR fortgesetzt, die Seeherrschaft gesichert und die Vorbereitungen für eine Offensive der NATO-Kontingente in Europa abgeschlossen werden.

In der dritten Phase war geplant, dass 144 NATO-Divisionen vom Westen her – mit entsprechender Luftunterstützung – und 50 Divisionen vom Süden, von der nordwestlichen Schwarzmeerküste, her die Streitkräfte der Sowjetunion und ihrer Verbündeten vernichten und zur Kapitulation zwingen, damit in der vierten Phase die Besetzung ihrer Territorien realisiert werden konnte. Als Okkupationstruppen für die Sowjetunion waren 23 Divisionen und vier Luftarmeen vorgesehen. Die UdSSR sollte in fünf Besatzungszonen aufgeteilt werden: Westteil, Kaukasus-Ukraine, Ural-Westsibirien-Turkestan, Ostsibirien, Transbaikalien-Region Primorje.

---

40 - Vgl. GLADIO - Die geheime Terrororganisation der NATO; Hrsg. Jens Mecklenburg, S. 50ff.; zitiert nach Österreichische Militärzeitschrift, Heft 2/1991, S. 122

Wie in all diesen abenteuerlichen Planungen war auch hier breiter Raum für die psychologische Kriegführung vorgesehen: „Groß angelegter psychologischer Krieg ist eine Hauptaufgabe der USA. Sein wichtigstes Ziel ist zu erreichen, dass die Völker der UdSSR und deren Satelliten das heutige Machtsystem nicht mehr unterstützen."

Damit diese Kriegsplanung aber auch wirklich einen neuen Weltkrieg auslösen würde, sah der Plan „DROPSHOT" vor, nach der Kapitulation der Sowjetunion eine machtvolle Offensive im Fernen Osten und in Südostasien zu starten, um die Kriegsziele der USA vollständig zu erreichen.[41]

Mit dem Beginn der Satellitenaufklärung entstand eine neue Qualität der Bewertung der militärischen Möglichkeiten der Gegenseite. Waren die USA bisher davon ausgegangen, dass die Sowjetunion etwa 1.000 Interkontinentalraketen zur Verfügung hatte, korrigierte die CIA per 21. September 1961 diese Schätzung radikal nach unten. Nunmehr wurde die Zahl der Mittelstreckenraketen mit 250-300 Raketen angegeben, Interkontinentalraketen aber nur in der Größenordnung von 10 bis 25, deren Zahl sich in der nächsten Zeit wohl kaum erhöhen dürfte. Außerdem gab es Korrekturen bezüglich der Wirksamkeit des sowjetischen Frühwarnsystems, wodurch die amerikanischen Planer davon ausgingen, dass mit 21 Bombern der strategischen Luftflotte die 42 Raketenabschussbasen der UdSSR zerstört werden könnten, bevor diese von der Sowjetunion startklar gemacht werden konnten. Damit wurden erneut Überlegungen der amerikanischen Militärs über die Möglichkeiten eines Präventivschlages inspiriert. Bis zu diesem Zeitpunkt galt als Weiterentwicklung des Planes „Dropshot" für die USA-Planung der Single Integrated Operation Plan –62 (SIOP-62) seit April 1961 als verbindliche Grundlage der strategischen Planung. Im SIOP-62 waren 1777 Ziele in allen Ländern des sowjetisch-chinesischen Blocks aufgelistet, die Mehrzahl in der Sowjetunion. „Innerhalb von 28 Stunden wären diese Länder von 2258 Flugzeugen und Raketen mit insgesamt 3423 Atom- und Wasserstoffbomben angegriffen worden. Man ging davon aus, dass 54 % der sowjetischen Bevölkerung und 16 % der chinesischen Bevölkerung getötet worden wären, bei 16 Millionen Toten in den USA."[42]

Daraufhin kam es zu deutlichen Warnungen an die UdSSR mit einer Aufzählung der Potenziale der USA für eine atomare Vergeltung. Fakt ist, das

---

41 - Vgl. Charisius/Dobias/Roschlau: Pressidential Directive No.59; Schriftenreihe Militärpolitik aktuell; Militärverlag der DDR, 1981, S. 15f.

42 - Vgl. Rolf Steininger: Der kalte Krieg, Fischer TB 2004, S. 109f.

strategische Verhältnis USA-Sowjetunion betrug zu diesem Zeitpunkt etwa 17:1.[43]

Aber auch das Ende des Kalten Krieges bewegte die amerikanischen Strategen. Solange in den osteuropäischen Staaten keine Ordnung komplett nach amerikanischem Vorbild errichtet und gesichert war, empfanden sie immer wieder Gefahren und neue Bedrohungen. Hutchings verschleiert das Problem mit den Worten:

Der Westen sollte den „Umgang mit den neuen Übeln, die sich aus der Asche des kommunistischen Imperiums erhoben und die europäische Sicherheit bedrohten, lernen. [...]
Die demokratische Entwicklung in Ostmitteleuropa war also in höchstem Maße zu einer Sicherheitsfrage geworden - nein, mehr als das: zu dem sicherheitspolitischen Problem des neuen Europas."[44]

Da wir nicht wenige Mechanismen der „Sicherung der Demokratie" nach amerikanischem Vorbild kennen und am Beispiel des Wirkens von General Vernon Walters darstellen konnten, können wir erahnen, welche Mechanismen und Kräfte die USA in diesen Ländern installiert haben, um dieses „sicherheitspolitische Problem" in den Griff zu bekommen. NATO-Osterweiterung und EU-Beitritte sind da wohl nur die äußeren „Markenzeichen".

Aber immerhin muss auch ein solcher Destabilisierungsexperte wie Robert L. Hutchings letzten Endes eingestehen:

„Das Ende des Kalten Krieges schien also gleichermaßen das Ende jenes ‚langen Friedens' zu bedeuten, in dem das nukleare Abschreckungspotential auch konventionellen Krieg verhindert hatte."[45]

2. Entwicklungen in Osteuropa (Polen, Ungarn, DDR)

Nicht wenige der Direktiven des Nationalen Sicherheitsrates aus den vierziger und fünfziger Jahren beweisen, dass die Strategien der USA schon immer von Angriffen gegen die europäischen volksdemokratischen, später sozialistischen Staaten ausgingen.

---

43 - Vgl. Rolf Steininger: Der kalte Krieg, Fischer TB, 2004, S. 110
44 - Vgl. Hutchings, Kalter Krieg, S. 206
45 - Vgl. Hutchings, Kalter Krieg, S. 206

Aber die verstärkten Angriffe ab Mitte der 8oer Jahre machte die USA-Strategie von der endgültigen Außerkraftsetzung der „Breshnew-Doktrin" abhängig. Für Walters war dafür das entscheidende Signal die Entscheidung der Sowjetführung über den Rückzug ihrer Truppen aus Afghanistan.

Dazu erklärt Walters in seiner Rückschau:

„Der sowjetische Abzug aus Afghanistan, so begründete ich meine These (vor den Deutschlandexperten der USA-Botschaft in Bad Godesberg – Anm. K.E.), komme einer Niederlage gleich und sei für mich ein klares Zeichen dafür, dass Moskau nicht länger bereit sei, die Rote Armee auszusenden, um die von ihren eigenen Völkern bedrohten kommunistischen Regime zu stützen, wie es die Sowjets 1953 in Ostdeutschland, 1956 in Ungarn und 1968 in der Tschechoslowakei getan hatten. Drohe aber keine Intervention sowjetischer Truppen, würden die Völker Osteuropas dies bald erkennen und ihre massiven Proteste auf die Straße tragen. Das habe in Polen in gewisser Weise bereits begonnen (mit millionenschwerer Dollarunterstützung – Anm. E.-J.L.), und insbesondere in Ostdeutschland sei mit einer ähnlichen Entwicklung zu rechnen, denn dort könnten fast alle Menschen das westdeutsche Fernsehen empfangen und verstehen. Wenn den Satellitenregierungen bewusst werde, dass sie den eigenen Völkern ohne sowjetische Hilfe gegenüberstünden, werde es ihnen schwer fallen, diese mit Gewalt in Schach zu halten.

Ich jedenfalls hätte den Eindruck, die Vorboten des Sturms förmlich spüren zu können, der da in Ostdeutschland und anderswo heraufzog."[46]

Es galt also für die USA, die Grenzen der sowjetischen Toleranz in Osteuropa zu analysieren und immer wieder Ansatzpunkte zu suchen und Strategien zu entwickeln, um diese weiter auszudehnen.

Auch dazu finden wir bei Hutchings eine klare Aussage:

„In der Tat war dies vermutlich der wichtigste Beitrag, den die Vereinigten Staaten zu den Ereignissen von 1989 geleistet haben. Anstatt eine strategische Partnerschaft mit einer reform-orientierten Sowjetunion einzugehen, verknüpften wir unsere bilateralen Beziehungen mit der Sowjetunion und unsere allge-

46 - Vgl. Walters, Vernon A.: Die Vereinigung war voraussehbar; Siedler, 1994, S. 24

meinen Ost—West—Beziehungen untrennbar mit dem Ziel, der sow—
jetischen Vorherrschaft in den ostmitteleuropäischen Staaten
ein Ende zu setzen."[47]

Die Aufmerksamkeit der Planer im NSC richtete sich vor allem auf die Entwicklungen in Polen und Ungarn. Dort waren die Anzeichen für anhaltende Wirtschaftskrisen, die den sozialen Unmut immer weiter verschärften, am deutlichsten. Zugleich verstärkte sich der Druck der organisierten Opposition auf das herrschende Regime – und in Polen und Ungarn war das Entgegenkommen „reformorientierter" Mitglieder der herrschenden „Nomenklatura" auch am weitesten gediehen. Das war nicht zuletzt den Auswirkungen des „Reformkurses" der neuen sowjetischen Führung unter Gorbatschow, Schewardnadse und Jakowlew zuzuschreiben. Hier bahnten sich also in Kürze tiefgreifende Veränderungen an.

Aber auch diese Entwicklung erfolgte nicht im Alleingang, sondern wurde von außen aktiv unterstützt. Dazu dienten nicht nur die Gespräche und Gebete mit dem Papst, nebst Austausch von Geheimdienstinformationen (vgl. Kap. III.), die Geheimdienst-Aktivitäten vor Ort, sondern auch massive Wirtschaftshilfen für „reformwillige" Kräfte. Auch dafür gibt es glaubwürdige Zeugen aus dem Nationalen Sicherheitsrat der USA:

„Die kommunistische Regierung Polens hatte unter dem Druck
gewaltiger wirtschaftlicher Probleme Gespräche am Runden Tisch
begonnen, an denen auch Vertreter der immer noch verbote-
nen Solidarnosc teilnahmen. Als sich die Gespräche dem Ende
näherten, taten sich NSC und Außenministerium zusammen, um
gegen den Widerstand des Finanzministeriums Präsident Bush
zu bewegen, Polen im Gegenzug für Reformen Wirtschaftshilfe
zu versprechen. Bush wollte Vorsicht walten lassen, um keine
negative Reaktion der Sowjetunion hervorzurufen. Er wollte
eine Wiederholung der ungarischen Tragödie von 1956 oder der
tschechischen von 1968 vermeiden. So wartete er den 17. April
1989 ab, den Tag, an dem das Verbot von Solidarnosc aufgehoben wurde, bevor er an die Öffentlichkeit trat und das
Hilfsangebot verkündete. Hilfe aus dem Westen werde ,gleich-
zeitig mit der Liberalisierung erfolgen', erklärte er. ,Der
Westen kann jetzt eine kühne Vision der Zukunft Europas vor-

---

47 - Vgl. Hutchings, Kalter Krieg, S, 61f.

schlagen: Wir träumen von dem Tag, an dem es keine Schranken für die Bewegungsfreiheit von Menschen, Waren und Ideen mehr gibt.' Diese Politik sollte sich ausweiten und schließlich zu einer koordinierten Aktion von vierundzwanzig Staaten (G24) werden, die Polen, Ungarn und binnen weniger Monate auch den Rest Osteuropas wirtschaftlich unter die Arme griffen."[48]

Auch zur Entwicklung in Ungarn äußern sich diese Zeugen:

„Vor die Wahl zwischen kommunistischer Vergangenheit und demokratischer Zukunft gestellt, entschied sich Ungarn für die Zukunft. Am 25. August führten Nemeth und Horn auf Schloß Gymnich bei Bonn Geheimgespräche mit Kohl und Genscher, der sich gerade von seinem zweiten Herzinfarkt erholte und das Krankenhaus verlassen hatte, um an dem Treffen teilzunehmen. Die Ungarn informierten ihre Gesprächspartner, dass sie vorhatten, die Flüchtlinge in den Westen ausreisen zu lassen. Kohl soll daraufhin einen Kredit in Höhe von fünfhundert Millionen Mark zugesagt haben, doch die Teilnehmer des Gesprächs bestreiten das vehement."[49]

Welche Hinweise gibt es bezüglich der strategischen Intentionen gegenüber der DDR?

In der Führungsriege der SED war wohl kaum ein Mitglied zu orten, das Verständnis und Entgegenkommen für antisozialistische Reformbestrebungen aufbringen konnte.

In der erstarkenden (aber nie sonderlich starken) Bürgerbewegung der DDR verschärften sich die Auseinandersetzungen über Wege und Vorgehensweisen einer Erneuerung oder einer Beseitigung des Sozialismus in der DDR.

Wie der Stellenwert der Opposition in der DDR in den USA bewertet wurde, können uns wiederum die beiden unbestechlichen Zeugen vom NSC Philip Zelikow und Condoleezza Rice, darstellen:

„Westliche Beobachter hatten seit langem vermutet oder gespürt, dass viele Ostdeutsche das Regime verachteten oder hassten. Aber diese Verbitterung schien in passive, zynische Resignation umgeschlagen zu sein. Offen kritisch trat nur eine winzige Minderheit auf: Vertreter einer Gegenkultur aus

---

48 - Vgl. Philip Zelikow/Condoleezza Rice: Sternstunde der Diplomatie, Propyläen, 1997 (im weiteren zitiert als: Rice, Sternstunde), S. 54
49 - Vgl. Rice, Sternstunde, S. 109

Friedens-, Frauen- und Ökologiegruppen, ein paar Figuren des literarischen Establishments und eine handvoll kritischer marxistischer Intellektueller. Einen gewissen Schutz für ihre Aktivitäten fanden sie in der evangelischen Kirche, die sich eine stets gefährdete Unabhängigkeit von direkter staatlicher Kontrolle bewahrt hatte. Die Dissidenten blieben jedoch eine Randerscheinung der ostdeutschen Gesellschaft. ... Wenn es eine Bedrohung des Regimes in Ost-Berlin gab, dann kam sie von reformerischen Kräften innerhalb der SED."[50]

Eine etwas andere Position dazu bezieht Wolfgang Schäuble auf die Frage, ob er die „Ostängste" bezüglich der Art und Weise der Vereinigung ernst genommen habe:

„Die habe ich schon ernst genommen. Aber ich habe zunehmend doch geglaubt, dass es in Wahrheit eben doch eine Minderheitenposition war. Es hat sich herausgestellt, dass diejenigen, die Aktivisten der ersten Zeit der Wende und der Revolution gewesen sind, dass die eigentlich zunächst einmal die DDR modernisieren, demokratisieren wollten. Die Wiedervereinigung war ihnen gar nicht so wichtig. Dann kam die nächste Stufe, dann wollte man möglichst viel von dem, was die DDR war, in eine gemeinsame Deutsche Ordnung hineinbringen. Die wollten natürlich nicht einfach nur beitreten oder gar angeschlossen werden, was ja auch richtig oder verständlich war."[51]

Bundeskanzler Kohl war in dieser Phase voll auf den Kurs der Grand Strategy der US-Administration eingeschwenkt. Er schwor sein Kabinett auf seine „Kohl-Doktrin" ein, „dem DDR-Regime war jede wirtschaftliche Unterstützung zu verweigern, bis es tiefgreifende politische Reformen eingeleitet hatte. Während Krenz verzweifelt auf Hilfe hoffte, um sein Land zu stabilisieren, wollte ihm Kohl diese erst gewähren, wenn er das bestehende System stürzte."[52]

Kohl war also der beste und aktivste Partner der USA-Politik gegen den europäischen Sozialismus. Deshalb konnte Walters in seinen Erinnerungen an seinen Einsatz in Bonn immer wieder auf das größtmögliche Verständnis hinweisen, welches Kohl und das Bundeskanzleramt seinen Ideen und Vorschlägen

---

50 - Vgl. Rice, Sternstunde, S. 69f.

51 - zitiert bei Alexander von Plato: DieVereinigung Deutschlands – ein weltpolitisches Machtspiel; Ch. Links Verlag, 2002 (im weiteren zitiert als: AvP, Vereinigung), S. 301 aus einem Gespräch Schäuble – Hans-Christoph Blumberg, 1999

52 - Vgl. Rice, Sternstunde, S. 141

entgegengebracht hatten. Die Schaltstelle dieser engstmöglichen Kooperation zwischen Bonn und Washington war ohne Zweifel der Geheimdienst-General und Botschafter Vernon Walters. Noch dazu, da er nach eigenem Eingeständnis vom damaligen Außenminister Baker nicht allzu viel zu erwarten hatte und deshalb oft genug mit direkten Kontakten zu Präsident Bush bzw. zum Nationalen Sicherheitsrat operierte.

Die enge Abstimmung zwischen Walters und Kohl wird auch durch folgende Gesprächsnotiz von Walters deutlich:

„Kurz bevor Kohl den sowjetischen Präsidenten im Kaukasus besuchte, sagte er mir, Gorbatschow habe ihn telefonisch eingeladen, um mit der sowjetischen Führung Fragen zu klären, die zwischen den beiden Regierungen noch offen seien. ‚Wenn Sie mich einladen, um mir die deutsche Einheit für den Austritt Deutschlands aus der NATO anzubieten‘, habe Kohl geantwortet, ‚dann müssen Sie wissen, dass ich die deutsche Einheit nicht für diesen Preis kaufen werde. Wahrscheinlich werden wir sie ohnehin bekommen.‘

‚Kommen Sie trotzdem‘, sei die Antwort Gorbatschows gewesen, ‚das wird kein Problem sein. Wir werden die Dinge schon regeln.‘"[53]

Eine aussagekräftige Zusammenfassung der Bedingungen und Entscheidungen, die zu dem historisch einmaligen Tempo der Herstellung der deutschen Einheit geführt hatten bzw. geschaffen worden waren, bieten uns die damaligen Mitarbeiter des Nationalen Sicherheitsrates (NSC) der USA, Philip Zelikow und Condoleezza Rice (heute Außenministerin von Präsident Bush jr.), Zitat:

1) Zwischen der UdSSR und der DDR kommt es zu scharfen Meinungsverschiedenheiten in bezug auf die Notwendigkeit und Richtung von Reformen (1988-1989).
2) Ungarn trifft Grenzentscheidungen, die missverstanden werden, und macht anschließend eine Kehrtwende in der Politik gegenüber rumänischen und ostdeutschen Flüchtlingen (Mai-September 1989).

---

53 - Vgl. Walters, Vereinigung, S.95

3) Die DDR entscheidet sich gegen eine „chinesische Lösung" und die SED wählt mit sowjetischer Zustimmung eine reformkommunistische Führung unter Egon Krenz (Oktober 1989).

4) Die Politik, mit der die neue Führung der wachsenden Unruhe im Land Herr zu werden versucht, kulminiert in der ungeplanten Öffnung der Berliner Mauer (November 1989).

5) Kohl wendet sich, von Bush ermutigt vom ostpolitischen Paradigma des ‚Wandels durch Annäherung' ab und greift auf den Adenauer-Grundsatz vom ‚Wandel durch Stärke' zurück. Er destabilisiert die DDR-Regierung unter Hans Modrow und schürt die öffentliche Diskussion über die Vereinigung. Versuche, Kohl zu zügeln und die Erwartungen in der DDR zu dämpfen, werden mit Hilfe der USA vereitelt (Oktober-Dezember 1989).

6) Kohl verwirft sowohl Konföderationsverhandlungen mit der DDR als auch einen ‚Runden Tisch' und entscheidet sich mit Rückendeckung der USA für den direkten wirtschaftlichen und politischen Anschluß der DDR an die BRD (Januar-Februar 1990).

7) Die USA setzen sich Maximalziele für die NATO-Mitgliedschaft des vereinigten Deutschland und die geplanten Zwei-plus-Vier-Gespräche über die internationalen Aspekte der Vereinigung (Januar-Februar 1990).

8) Kohls Plan für eine schnelle Vereinigung und die Anzeichen dafür, dass er international durchsetzbar sein könnte, verhelfen der Ost-CDU bei den Wahlen in der DDR zu einem Überraschungssieg (März 1990).

9) Die diplomatischen Reaktionen der UdSSR bleiben wirkungslos, da die Zwei-plus-Vier-Gespräche verzögert werden, um die USA und die BRD in die Lage zu versetzen, den Westen auf gemeinsame Ziele für die Vereinigung einzuschwören. (Februar-Mai 1990).

10) Die BRD bietet der UdSSR begrenzte finanzielle Hilfe an und setzt eine wohlmeinende, aber ergebnislose internationale Diskussion über ein umfangreiches Hilfspaket in Gang (Mai-Juli 1990).

11) Die USA und die BRD einigen sich auf Begrenzungen der deutschen Streitkräfte und bedeutende Änderungen der politischen und militärischen Rolle der NATO, ohne ihre bisherigen Ziele aufzugeben (Juni-Juli 1990).

12) Gorbatschow trifft eine Reihe von Entscheidungen: Er schließt eine Invasion Litauens aus, löst sich von Strukturen der kollektiven Führung und beginnt während des Washingtoner Gipfeltreffens seine Haltung zur deutschen Frage zu ändern.

> Zugleich kann er auf dem XXXIII. Parteitag der KPdSU alle gegen
> ihn gerichteten Angriffe abwehren (Mai-Juli 1990).
>
> 13) Zwischen den am Zwei-plus-Vier-Mechanismus beteiligten Staaten
> werden in komplexen politisch-militärischen Verhandlungen inein-
> andergreifende politische und wirtschaftliche Vereinbarungen er-
> zielt, insbesondere zwischen der UdSSR, der BRD und den USA
> (Juli-September 1990).[54]

3. Die Führung von UdSSR und KPdSU

Die Grundlinien des außenpolitischen Kurses der USA wurden in der geheimen „National Security Directive" Nr. 23 vom Frühjahr 1989 (vgl. auch Kapitel
I.) über die Beziehungen der Vereinigten Staaten zur Sowjetunion festgeschrieben:

„Moskau kann nicht einfach neue Beziehungen mit dem internationalen System erklären. Diese können auch nicht von anderen
verfügt werden. Die Sowjetunion muss sie sich vielmehr durch
die Demilitarisierung ihrer Außenpolitik verdienen, außerdem
müssen sie Hand in Hand mit einem Verhalten gehen, das sich
mit den Prinzipien jener Weltordnung deckt, auf die sich die
Sowjetunion 1945 verpflichtete, die sie seither jedoch ständig gebrochen hat. [...] Die Vereinigten Staaten werden die Sowjetunion Schritt für Schritt, Frage für Frage und Institution
für Institution herausfordern, sich in Übereinstimmung mit
jenen höheren Normen zu verhalten, die die sowjetische Führung
selbst verkündet hat. Moskau wird in den Vereinigten Staaten
einen willigen Partner finden." [55]

Eine Direktive des Nationalen Sicherheitsrates ist ein verbindliches
Dokument, formuliert im Interesse der „Nationalen Sicherheit" der USA
mit Orientierungen für alle Institutionen und Personen der USA, die mit dem
Gegenstand der Direktive zu tun haben. Damit war auch Walters an diese
Orientierung gebunden, ja, er stand mit an vorderster Front zur Durchsetzung
dieser Aufgabenstellungen.

Es lohnt sich auch, über den letzten Satz in diesem internen Dokument

---

54 - Vgl. Rice, Sternstunde, S. 15f.
55 - zitiert bei Hutchings, Kalter Krieg, S. 57

nachzudenken. Wollten die USA wirklich ein williger Partner für die UdSSR sein? Wer sich verbindlich festlegt, seinen Gegner vor sich herzutreiben und ihm ohne Gnade Stück für Stück seine Positionen zu zerschlagen, der ist kein „williger Partner", sondern Verfechter einer aggressiven Politik.

Dazu äußerte sich der damalige Nationale Sicherheitsberater der Bush-Administration, Brent Scowcroft, in einem Interview im Jahre 1999:

„Im Wesentlichen denke ich, war es Gorbatschow, der wundervolle Worte dazu gesagt hat (gemeint ist das Projekt des gemeinsamen europäischen Hauses – Anm. K.E.). Aber zu dem Zeitpunkt, Anfang 1989 waren diesen Worten noch keine Taten gefolgt. In Mittel- und Osteuropa galten noch die Regeln des Kalten Krieges. Was wir also sehen wollten, waren Taten, die diese Strukturen zerschlugen. Und das entscheidende Ziel war natürlich die Wiedervereinigung Deutschlands und Berlins, denn dies würde ein klares Zeichen setzen, dass der Kalte Krieg beendet sei."[56]

Präsident Bush nutzte denn auch seine Rede vom 31. Mai 1989 in der Rheingold-Halle in Mainz, um die sowjetische Führung zu beschwichtigen (oder zu täuschen). Bush erklärte dort, an die sowjetische Führungsspitze gewandt:

„Es ist nicht unser Ziel, ihre legitimen Sicherheitsinteressen zu unterminieren. Unser Ziel ist, sie Schritt für Schritt davon zu überzeugen, dass ihre Definition von Sicherheit überholt ist, dass ihre massiven Ängste unbegründet sind. [...] Politische Freiheit im Osten, ein Berlin ohne Grenzen, eine saubere Umwelt, ein weniger militarisiertes Europa – jedes einzelne dieser Ziele ist erhaben, aber gemeinsam bilden sie die Grundlage unserer langfristigeren Vision: ein Europa, das ungeteilt und frei und im Frieden mit sich selbst ist. Vor ein paar Jahren wäre [diese Vision] noch viel zu revolutionär gewesen, um sie überhaupt in Betracht zu ziehen. Und doch stehen wir heute schon kurz vor einer ehrgeizigeren Vereinbarung in Europa, als sie sich irgend jemand erträumte."[57]

An anderer Stelle erklärt Bush in dieser Rede:

„Der Kalte Krieg begann mit der Teilung Europas. Er kann

---

56 - Vgl. AvP, Vereinigung, S. 21, Interview vom 14.09.1999
57 - zitiert bei Hutchings, S. 69f.

nur beendet werden, wenn die Teilung Europas aufgehoben ist.
[...] Es könne kein europäisches Haus (à la Gorbatschow) geben,
wenn sich nicht alle seine Bewohner von Raum zu Raum frei
bewegen können. [...] Wir streben die Selbstbestimmung für ganz
Deutschland und alle Länder Osteuropas an. [...] Berlin muß die
nächste Station sein. "[58]

Dazu passt auch die Einschätzung, die der Botschafter der USA in der Sowjetunion, Jack Matlock, in einem Telegramm vom 22. Februar 1989 formulierte:

„Wir stehen vor der historischen Möglichkeit, das Ausmaß zu
testen, in dem die Sowjetunion bereit ist, neue Beziehungen
zum Rest der Welt aufzubauen, und günstige Tendenzen in der
Sowjetunion zu unterstützen, um die Wirtschaft zu ‚zivilisie-
ren' und die Gesellschaft zu ‚pluralisieren'. Die Einfluss-
möglichkeit der USA, obwohl sicher nicht unbegrenzt, war
niemals größer. Sie sollte aber nicht genutzt werden, um Gorbatschow oder der Sowjetunion zu ‚helfen', sondern um die
Interessen der USA zu verfolgen."[59]

Es gibt Anzeichen, dass die Führung der Sowjetunion zu diesem Zeitpunkt
noch die Strategie der Vereinigten Staaten einigermaßen realistisch beurteilte.

Nach einem Besuch von US-Botschafter Jack Matlock bei Schewardnadse
im Mai 1989 zur Vorbereitung des Besuches von Außenminister Baker in
Moskau, äußerte sich Schewardnadse gegenüber seinen Mitarbeitern recht
aufgebracht: „Müssen die Amerikaner denn gar nichts tun, um uns
zu helfen? Sind wir denn die einzigen, die sich bewegen müssen?
Wir unternehmen enorme Anstrengungen, und alles, was wir aus
Washington hören, ist: ‚Mehr! Mehr! Ihr müsst mehr tun!'. Er
hatte das berechtigte Gefühl, die Verhandlungen mit der Bush-
Administration seien eine sehr einseitige Angelegenheit: ‚Wir
geben, sie nehmen!'[60]

Wenige Wochen nach der Mainzer Rede von Präsident Bush erklärte
Gorbatschow vor dem Europarat in Straßburg:

„Ich weiß, dass viele im Westen das Bestehen zweier Gesell-
schaftssysteme als Hauptschwierigkeit betrachten. In Wirklichkeit liegt die Schwierigkeit ganz woanders – in der

58 - zitiert bei AvP, Vereinigung, S. 22
59 - zitiert bei Hutchings, Kalter Krieg, S. 55
60 - Vgl. Beschloss, Höchste Ebene, S. 81

weitverbreiteten Überzeugung (manchmal sogar dem politischen Ziel), dass die Überwindung der Teilung Europas mit der Überwindung des Sozialismus gleichzusetzen sei. Aber das ist Konfrontationspolitik, wenn nicht Schlimmeres. Aus solchen politischen Ansätzen wird sich keine europäische Einheit ergeben."[61]

Aber diese Erkenntnis hielt Gorbatschow nicht davon ab, weiterhin seine außenpolitische Perestroika mit den Zielen eines „gemeinsamen Hauses Europa", mit dem „neuen Denken" über gemeinsame Abrüstungsbestrebungen zu verfolgen. Diese außenpolitische Strategie war realitätsfern, naiv und von tödlicher Ignoranz gegenüber der Strategie des Westens.

Allein der Einsatz des Geheimdienst-Generals mit über dreißig Jahren Fronterfahrung bei der weltweiten Durchsetzung der amerikanischen Interventionspolitik, Vernon Walters, als Botschafter in Bonn hätte in der Führung der KPdSU und des KGB die Alarmglocken schrillen lassen müssen.

Walters selbst fühlt sich veranlasst, die „Verdienste" der Vereinigten Staaten bei der Schwächung der Sowjetunion noch einmal besonders hervorzuheben. In seinem Erinnerungsband „Die Vereinigung war voraussehbar" schreibt er:

„Die deutsche Öffentlichkeit (insbesondere die Sozialdemokraten) billigte den Vereinigten Staaten kaum Verdienste am veränderten Verhalten der Sowjetunion unter Gorbatschow zu. Sie schienen zu glauben, Gorbatschow habe plötzlich und ohne jeden Grund entschieden, dem Westen entgegenzukommen, und alle Verbesserungen in den Ost-West-Beziehungen seien ausschließlich seiner Initiative zu verdanken. Kaum Anerkennung findet die Tatsache, dass der amerikanische Kongreß unter Präsident Reagan jedes Jahr einen Verteidigungshaushalt von 300 Milliarden Dollar beschloß (das entspricht etwa dem jährlichen Staatshaushalt der BRD, und Deutschland ist immerhin die drittgrößte Wirtschaftsmacht in der Welt). Die Sowjetunion versuchte verzweifelt, ihren Rüstungsvorsprung zu halten, konnte dies aber am Ende nicht mehr durchstehen. Gorbatschow sah sich gezwungen, einen Kurs zu ändern, der die Sowjetunion an den Rand des wirtschaftlichen und finanziellen Ruins geführt hatte."[62]

---

61 - zitiert bei Hutchings, S. 70

62 - Vgl. Walters, Vernon A.: Die Vereinigung war voraussehbar - Hinter den Kulissen eines entscheidenden Jahres", Siedler Verlag, 1994, S. 76

Es hat wohl selten einen so kompetenten Zeugen gegeben, der freimütig bestätigt, dass es eines der Ziele der US-Administration seit Jahren war, die Sowjetunion totzurüsten.

Aber in gewohnter Manier wird diese Aussage durch eine Lüge vom „Rüstungsvorsprung" der Sowjetunion untermauert.

Sehen wir uns die Realitäten der Rüstungsvorsprünge etwas genauer an, insbesondere im Zeitvergleich bestimmter waffentechnischer Entwicklungen[63]:

Aktivität	USA	UdSSR
Zündung des ersten nuklearen Gefechtskopfes	1945	1949
Entfaltung nuklearer Gefechtsköpfe		
auf den europäischen Kriegschauplätzen	1948	1955
Schwere Bombenflugzeuge als Trägermittel	1948	1955
Wasserstoffbombe	1952	1953
Atom-U-Boote	1956	1962
Interkontinentalraketen in geschützten		
Startstellungen	1959	1960
Gefechtsdienst von Atom-U-Booten mit		
ballistischen Raketen	1960	1963
Versuche mit Mehrfachsprengköpfen	1968	1973
Ausstattung von Raketen mit		
Mehrfachsprengköpfen	1970	1975
Flügelraketen großer Reichweite		
werden entfaltet		
luftgestützte	1980	1984
seegestützte	1982	1984
bodengestützte	1983	1984
Mobile interkontinentale Raketen im Dienst	1983	1985

63 - zusammengestellt u.a. nach: Jürgen Bruhn: Der kalte Krieg oder: Die Totrüstung der Sowjetunion Focus-Verlag, 1995, S. 112

Noch deutlicher wird dieser Vergleich beim Verhältnis der amerikanischen und sowjetischen strategischen Kernwaffenkräfte im Zeitraum von 1960 bis 1980:

Aktivitäten   Verhältnis USA / UdSSR[64]

	1960	1965	1970	1975	1980
Bomber	600//150	600//250	550//145	400//135	340//156
Interkontinental-Raketen	20//=	850//200	1054//1300	1054//1527	1050//1398
Unterseeboote	48//15	400//25	656//300	656//784	656//1028
Ballist. Raketen Insgesamt	668/165	1850//475	2260//1745	2110//2446	2046//2582
Strategisches Kräftverhältnis	**20,2 : 1**	**9,2 : 1**	**2,2 : 1**	**3 : 1**	**1,6 : 1**

Wir sehen also, mit einer wahnsinnigen Aufholungsjagd auf Kosten der zivilen Wirtschaft und des Lebensstandards der Bevölkerung erreichte die UdSSR innerhalb von 20 Jahren eine Reduzierung des Vorsprungs der USA auf dem Gebiet der strategischen Kernwaffen von über dem 20fachen auf das 1,6fache, also niemals ein direktes Patt.

Nicht zu vergessen, dass die westliche Seite den Nordatlantikpakt im August 1949 gründete, während die östliche Seite den Warschauer Vertrag erst ab Mai 1955 installierte.

Gorbatschow unterstrich seine Bemühungen für das „Neue Denken" in der Außenpolitik auch noch mit konkreten Maßnahmen. In einer Rede vor der UN-Vollversammlung im Dezember 1988 verkündete er eine einseitige Reduzierung der sowjetischen Streitkräfte um 500.000 Mann und Maßnahmen zur Verringerung des Offensivcharakters der sowjetischen Truppen in Osteuropa. In dieser Rede beerdigte er auch öffentlich die „Breshnew-Doktrin",

64 - Vgl. A.W.Karpenko, B.E.Tschertok, Raketenabwehr /Untertitel:/ Ein historischer Abriß, Elbe-Dnjepr-Verlag 2001,S.70

indem er verkündete, dass die anderen sozialistischen Länder ihren eigenen Weg ohne jede Einmischung der Sowjetunion gehen könnten.

Anfang Dezember kam es noch einmal zu einem verzweifelten Versuch der UdSSR, etwas Initiative zurückzugewinnen. Am 8. Dezember schlug die Sowjetunion vor, in kurzer Zeit ein Treffen der Botschafter der Vier Mächte in Berlin abzuhalten, um über die Lage in der DDR und die Besorgnisse hinsichtlich des möglichen Zusammenbruchs der öffentlichen Ordnung in der DDR zu sprechen. Die USA mussten diesem Vorschlag zustimmen, schlugen aber eine sehr begrenzte Tagesordnung vor, um die BRD-Regierung nicht zu brüskieren, da die Bush-Administration sich bereits Mitte November verpflichtet hatte, keine Intervention der Vier Mächte in die inneren Verhältnisse in Deutschland zuzulassen. Das Treffen fand am 11. Dezember 1989 im ehemaligen Kontrollratsgebäude in Berlin statt. Es war das erste Treffen der Botschafter der Vier Mächte seit der Unterzeichnung des Vierseitigen Abkommens über Berlin (West) von 1971. Die USA, vertreten durch Botschafter Vernon Walters, blockten dabei eine sowjetische Initiative zur Bildung einer multilateralen Arbeitsgruppe ab, um zu verhindern, dass daraus ein reguläres Forum der Vier Mächte für diplomatische Gespräche über die Entwicklung in Deutschland wurde. Die westdeutsche Führung reagierte sehr unwillig und gereizt. Botschafter Walters bezeichnete später das Pressefoto über das Treffen als das „schlimmste Bild des Jahres". [65]

11. Dezember 1989. Anläßlich der aktuellen Ereignisse in Deutschland treffen sich die Botschafter der Vier Mächte ein letztes mal zu Gesprächen in Berlin. Von links: Vernon A. Walters (USA) Christopher Mallaby (Großbritannien), Wjatscheslaw Kotschemassow (UdSSR) und Serge Boidevai (Frankreich).

Zur Vorbereitung der US-Administration auf das für Anfang Dezember 1989 geplante Gipfeltreffen zwischen Bush und Gorbatschow in Malta, legte der Sicherheitsberater, Brent Scowcroft, Präsident Bush eine zusammengefasste Einschätzung des Nationalen Sicherheitsrates vor, die folgende Aussagen enthielt:

1. Die Sowjets haben die Kontrolle über ihre Osteuropapolitik verloren. Sie haben die gegenwärtige Entwicklung nicht antizipiert und reagieren nur noch auf Tagesereignisse.
2. Moskau ist gegen die deutsche Vereinigung, die „dem sowjetischen Sicherheitssystem das Herz herausreißen" würde. Ihr schlimmster Alptraum ist ein mit der NATO verbündetes geeintes Deutschland.
3. Die Sowjets arbeiten derzeit hektisch an der Entwicklung einer Politik, mit der die Existenz zweier deutscher Staaten gesichert werden kann. Sie versuchen, mit Frankreich und Großbritannien zusammenzugehen, um den Status quo zu erhalten.
„4. Es gibt noch kein Anzeichen dafür, dass Moskau wegen der deutschen Frage in Panik gerät. Sollte ihr Einfluß jedoch weiter abnehmen, könnte die UdSSR auf Forderungen aus den fünfziger Jahren zurückgreifen, etwa der nach einem gesamteuropäischen kollektiven Sicherheitssystem oder der nach Verhandlungen über einen Friedensvertrag mit Deutschland. Ein Warschauer Pakt, der seinen osteuropäischen Anker verloren hat, würde rasch zerfallen, so dass die sowjetische Verteidigungslinie an der Grenze der Ukraine verliefe."

Von der CIA kam eine ähnliche Analyse mit dem Zusatz, dass Gorbatschows persönliche Äußerungen über Deutschland eine gewisse Ambivalenz erkennen lassen. [66]

Der DDR-Diplomat Karl Seidel bewertet die strategische Situation der Jahre 1989/90 mit folgenden Worten:

„Das Ziel der USA war nicht ein ‚Gemeinsames Haus Europa' sozialistischer und kapitalistischer Staaten, sondern blieb immer die Beseitigung des sozialistischen Systems. Sie hielten am ‚alten Denken' und im Gegensatz zu Gorbatschow am internationalen Klassenkampf fest. Das ‚Neue Denken' war geradezu das Signal, zum Sturz des Sowjetimperiums anzusetzen. Gerade dar-

65 - Details in Rice, Sternstunde, S. 204ff.
66 - Vgl. Rice, Sternstunde, S. 185f.

aus erwuchs das enge Zusammengehen von US-Präsident Bush und Bundeskanzler Kohl, und gerade deshalb unterstützte Bush fast vorbehaltlos Kohl dabei, um die angeschlagene DDR vollends aufzurollen."[67]

Karl Seidel konnte aus einem Gespräch zwischen Egon Krenz und Valentin Falin vom 24. November 1989 entnehmen, dass sich die Sowjetführung des Ernstes der Lage bewusst sein musste:

„Falin wies darauf hin, dass die USA der Meinung seien, jetzt sei die Stunde gekommen, um die Schwierigkeiten der sozialistischen Gemeinschaft zu nutzen."[68]

In einem Memorandum vom Juli 1990 an Gorbatschow sprach Falin noch einmal die Warnung aus, dass die UdSSR mit dieser Entwicklung ihre Rechte als Siegermacht des Zweiten Weltkrieges verlieren würde, während die Bundesrepublik als Verursacher des Krieges von allen Verpflichtungen befreit werde.[69]

Aber Valentin Falin war zu diesem Zeitpunkt bereits ein „einsamer Rufer in der Wüste", die andere „Deutschlandexperten" im Führungszirkel um Gorbatschow bezüglich der sowjetischen Deutschlandpolitik geschaffen hatten.

Jedoch auch die inneren Entwicklungen in der DDR begünstigten den Prozeß der Liquidierung der DDR und der „Wiedervereinigung".

„Nach Einschätzung der CIA war jetzt binnen weniger Monate mit einer völligen Umgestaltung Ostdeutschlands zu rechnen, die zu einer nichtkommunistischen Regierung und zu einem dramatischen Anwachsen des Verlangens nach Wiedervereinigung führen werde."[70] Außenminister Baker erhielt diese Einschätzung noch vor seinem Berlin-Besuch vom 11. Dezember 1989, obwohl diese Prognose nach der Eröffnung der DDR-Grenzen und im Hinblick auf die eskalierenden Demonstrationen in vielen Städten der DDR den Analytikern der CIA auch keine besonderen Schwierigkeiten gemacht haben dürfte. Aber Baker zog daraus den Schluß, dass der Schlüssel für die weitere Entwicklung in der DDR liegen wird. Das bestimmte auch seine Entscheidung, sich am 12. Dezember 1989 mit Ministerpräsident Hans Modrow in Potsdam zu treffen. In einer Botschafterberatung hatte sich Vernon Walters entschieden gegen diesen Besuch ausgesprochen, ihm war jede Geste, die als eine Aufwertung der DDR gedeutet werden könnte, suspekt.

---

67 - Vgl. Karl Seidel: Berlin-Bonner-Balance, edition ost, 2002, S. 383
68 - Vgl. Karl Seidel: Berlin-Bonner-Balance, edition ost, 2002, S. 411
69 - sinngemäß zitiert in AvP, Vereinigung, S. 372
70 - Vgl. Rice, Sternstunde, S, 207

Insgesamt begünstigt wurde der Kurs gegenüber einer deutschen Vereinigung dadurch, dass die DDR in der sowjetischen Europapolitik keinen Platz mehr hatte, mehr noch, sie war zum Hindernis geworden. Zuvor schon nur noch eine wertlose Karte im Spiel der Großmächte, musste die DDR nun endgültig geopfert werden. Allein daraus ist das ständige, beflissene Zurückweichen der sowjetischen Führung vor den Forderungen der USA und der BRD in allen Verhandlungen dieser Zeit mit dem Ziel der Aufgabe der DDR zu erklären.

Der westdeutsche Historiker Alexander von Plato, der äußerst gründlich alle ihm zugänglichen Protokolle der westlichen Seite und der Sowjetunion über Verhandlungen und Gespräche in dieser Zeit studiert und miteinander verglichen hat, konstatiert: „...dass ab Anfang November 1989 (u.a. nach dem Antrittsbesuch von Egon Krenz am 1. November 1989 in Moskau und seiner schonungslosen Analyse der Lage in der DDR – Anm. K.E.) die sowjetische Führung wusste, sie müsse eine Strategie entwickeln für den Fall des politischen und ökonomischen Bankrotts der DDR. Und diese Strategie müsste umfassende Vorschläge enthalten zu der Zukunft des Warschauer Vertrags, denn wenn die DDR als wichtigster Verbündeter der Sowjetunion an der Westgrenze des Warschauer Vertrages fallen würde, funktionierte das gesamte militärische Konzept nicht mehr, würden die diplomatischen Möglichkeiten schwinden und die Bedrohungsfaktoren steigen. Die deutsche Frage setzte damit die Zukunft beider Militärallianzen in Europa auf die unmittelbare Tagesordnung."[71]

Alexander von Plato legt an anderer Stelle noch einmal den Finger auf die Wunde mit seinen Fragen:

„Warum hatte die Sowjetunion nicht Ende 1989 der Wiedervereinigungspolitik unter NATO-Dominanz eine Strategie entgegengesetzt, bei der die deutsche Wiedervereinigung Teil eines europäischen Sicherheitssystems werden sollte – inklusive der Sowjetunion und der USA bei Auflösung der Militärbündnisse? Vermutlich bestand nur zu jener Zeit eine reelle Chance für den Erfolg einer solchen Strategie."[72]

Die Inkonsequenz, das ständige Zurückweichen und die Konzeptionslosigkeit waren offensichtlich auch auf der Sitzung des deutschlandpolitischen Krisenstabes der Führung der KPdSU erkennbar. Gorbatschow hatte für den 26. Januar 1990 (in anderen Quellen wird der 25. Januar genannt) seine Berater

---

71 - Vgl. AvP, Vereinigung, S. 418
72 - Vgl. AvP, Vereinigung, S. 420

zusammengerufen, um über die Deutschlandpolitik zu diskutieren. Teilnehmer waren Außenminister Schewardnadse, Ministerpräsident Ryschkow, ZK-Sekretär Jakowlew, Valentin Falin und dessen Stellvertreter Raffael Fjodorow, KGB-Chef Wladimir Krjutschkow sowie die Berater Marschall Sergej Achromejew, Anatolij Tschernjajew und Georgi Schachnasarow. Gorbatschow gab den Diskussionsrahmen vor mit der Maßgabe, dass alle Prämissen erlaubt seien, außer dem Einsatz der Streitkräfte. Es wurden extreme Positionen diskutiert von einer völligen Anpassung an die Politik von Bundeskanzler Kohl (Tschernjajew) bis zum Festhalten an der DDR (Falin). Krjutschkow nahm eine neutrale Position ein, verwies aber darauf, dass die SED in ihrer bisherigen Form nicht mehr existiere und die staatlichen Strukturen der DDR in Auflösung begriffen seien.

Lt. Protokoll erklärte Krjutschkow:

„Die Tage der SED sind gezählt. Sie ist keine Stütze und kein Hebel (mehr-AvP). Modrow ist nur eine Übergangsfigur, er hält sich nur noch mit Zugeständnissen, aber bald wird das nicht mehr ausreichen. Man muß der SPD in der DDR mehr Aufmerksamkeit schenken. Unser Volk hat Angst, dass Deutschland erneut zu einer Bedrohung wird. Es (das vereinte Deutschland – AvP) wird niemals unseren jetzigen Grenzen zustimmen. Man muß unser Volk langsam an den Gedanken der Wiedervereinigung Deutschlands gewöhnen. Unsere Streitkräfte in der DDR sind ein Faktor im allgemeinen europäischen Prozess (Womit er den KSZE-Prozess meinen dürfte – AvP). Wir müssen unsere Freunde – ehemalige KGB- und Innenministeriums-Mitarbeiter – aktiv unterstützen."[73]

Gorbatschow griff in pragmatischer Form Gedanken von beiden Extremen auf, aber daraus war keine eigenständige Strategie für eine wirksame Deutschlandpolitik entstanden. Das Zurückweichen vor den aggressiven Forderungen des Westens war unübersehbar. Vielleicht hat dabei auch mitgeholfen, dass u.a. Bonn kurzfristig einer Subventionierung von Lebensmittellieferungen in die Sowjetunion in Höhe von 220 Millionen D-Mark zugestimmt hatte.[74]

73 - zitiert bei AvP, Vereinigung, S. 191
74 - Vgl. Rice, Sternstunde, S. 233ff.

4. USA und BRD/Westeuropa/NATO

Selbstverständlich mussten die Vereinigten Staaten zur Durchsetzung ihrer Strategie das westeuropäische Hinterland stabilisieren.

Sehr drastisch formulierte diese Aufgabe der Stabschef des Weißen Hauses, John Sununu: Washington musste Westeuropa „in Reih und Glied peitschen", bevor man sich Ostmitteleuropa zuwenden konnte.[75]

Das erfolgte vorwiegend über die Mechanismen der NATO, aber eindeutig nach den Vorgaben der USA.

Nach dem Gipfeltreffen von Malta informierte Bush am 4. Dezember 1989 in Brüssel die Staats- und Regierungschefs der NATO über die Ergebnisse und hielt am Nachmittag eine Rede über „ein neues Europa und einen neuen atlantischen Geist". Darin formulierte er als Aufgabe für die NATO, „die Ergebnisse der friedlichen Revolutionen in Osteuropa zu sichern und den ‚strukturellen Rahmen für weitere friedliche Veränderungen' zu schaffen."[76]

Der Nationale Sicherheitsrat der USA hatte es auch übernommen, einen Entwurf des Kommuniques der NATO-Tagung in London zu formulieren. Mit nur wenigen Änderungen durch die beteiligten Staatschefs wurde dieses Kommunique dann angenommen.

Der NATO-Gipfel hatte die Strategie der USA übernommen.

Die Erklärung des Londoner NATO-Gipfels sah Veränderungen auf vier verschiedenen Gebieten vor.

Als neue politische Aufgabe der Allianz wurde Kooperation und Partnerschaft mit den ehemaligen Gegnern proklamiert, bis hin zum Vorschlag eines Nichtangriffspaktes bzw. der Aufforderung, diplomatische Verbindungsbüros im NATO-Hauptquartier einzurichten.

Relativ vage (lt. Erklärung, „da wo angezeigt") avisierte die NATO eine Modifizierung der konventionellen Militärstrategie der „Vorneverteidigung", stellte aber dabei schon die Aufgabe der Schaffung hochmobiler und anpassungsfähiger Streitkräftestrukturen und die zukünftige Bildung von multinationalen Streitkräfte-Gliederungen. Damit waren die Grundlagen gelegt für die im Jahre 1999, zum 50. Jahrestag der Bildung der NATO, erfolgte grundlegende Änderung der NATO-Strategie.

Als „neue Nuklearstrategie" der NATO formulierte die Londoner Erklä-

---

75 - zitiert in „Die Märkische" vom 17./18. Juli 1999: Henrich Metzke: „Bush wollte Taten sehen"
76 - Vgl. Rice, Sternstunde, S. 195

rung, dass die Nuklearkräfte auch wirklich zur Ultima ratio werden sollten. Das bedeutet aber, dass sie bis zu diesem Zeitpunkt nicht die „Waffen des letzten Rückgriffs" waren, sondern das Kalkül eines früheren Einsatzes immer bestanden hat. Das bestätigen auch die Planungs- und Übungselemente solcher zentraler NATO-Übungen wie WINTEX.

Als Verbeugung vor dem Zeitgeist kann das letzte Element der Londoner Erklärung über die Verstärkung des KSZE-Prozesses angesehen werden. Kurze Zeit später spielten weder KSZE noch die Nachfolgerin OSZE eine Rolle in den strategischen Planungen der USA und der NATO.

Schon auf dem Rückflug vom NATO-Gipfel in London nach Washington entwarfen Bush und sein Sicherheitsberater Scowcroft einen Brief an Gorbatschow. Er sollte die sowjetischen Besorgnisse endgültig zerstreuen. Hier dieses „Glanzstück der Diplomatie" (oder besser der Heuchelei – wenn wir an die Inhalte der längst ausgearbeiteten Grand Strategy denken):

```
„Ich habe aufmerksam zugehört, was Sie in jenen überaus
hilfreichen Gesprächen (in Washington) gesagt haben.
Auf der Grundlage eines Entwurfs, den ich unter meinen
NATO-Kollegen zirkulieren ließ, haben wir vor weni-
gen Stunden eine Erklärung herausgegeben, die eine
Transformation des Bündnisses in jedem Aspekt sei-
ner Tätigkeit und insbesondere in seiner Beziehung zur
Sowjetunion verspricht. Bevor Sie die NATO-Erklärung
lesen, sollen Sie wissen, dass sie vor allem im Hinblick
auf Sie geschrieben wurde und dass ich diesen Punkt in
London gegenüber meinen Kollegen nachdrücklich betont
habe.
Herr Präsident, vor uns liegen bedeutende Entscheidungen,
während wir auf die Versöhnung Europas hinarbeiten.
... Ich hoffe, die heutige NATO-Erklärung wird Sie davon
überzeugen, dass die NATO den Sicherheitsinteressen
von ganz Europa dienen kann und will. Ich habe in den
vergangenen Tagen mit größtem Interesse den Verlauf
Ihres Parteitages verfolgt und bewundere die Art und
Weise, wie Sie den aufkeimenden demokratischen Prozeß
in Ihrem Lande handhaben. Wie Sie wissen, habe ich vor
dem amerikanischen Volk wiederholt unterstrichen, wie
stark ich Ihre Anstrengungen in dieser Hinsicht unter-
stütze.
Herr Präsident, wir haben bemerkenswerte Veränderungen in
```

> der Welt und in unseren Beziehungen erlebt. Ich hoffe, dass
> das vielleicht bedeutendste Gipfeltreffen in der Geschich-
> te der NATO die amerikanisch-sowjetischen Beziehungen in
> der vor uns liegenden Periode auf eine noch höhere Ebene
> heben wird."[77]

Eine wesentliche Komponente der Disziplinierung Westeuropas war in den Augen der USA die Lösung der „deutschen Frage". Dazu schätzte der Nationale Sicherheitsrat der USA ein:

„Deutschland nahm eine Schlüsselposition unter unseren westlichen Bündnispartnern ein ....

Und von allen Protagonisten verfolgte die Bundesrepublik eine
Agenda, die unserer am nächsten kam, vor allem im Hinblick auf
den Beitrag des Westens zur Integration Ostmitteleuropas und
der SU."[78]

Dazu kam, dass Außenminister Genscher eine in Nuancen abweichende Position zur Europapolitik der USA und zum Vorgehen zur Herstellung der staatlichen Einheit Deutschlands hatte. Im Rahmen der Auseinandersetzungen über die weitere Rolle der NATO, über die Regelungen zur Ausdehnung oder Nichtausdehnung der NATO-Strukturen auf das Territorium der DDR spielten Genschers Auffassungen eine wichtige Rolle. Immerhin konstatierten amerikanische Geheimdienstberichte, dass Genscher nur noch kurzfristig mit der Existenz der NATO rechnete und plante, im Verlauf des Jahres 1990 weitere Konzepte für gesamteuropäische Sicherheitsstrukturen vorzustellen.[79]

Aber wer die Existenz der NATO in Frage stellte, der richtete sich gegen ganz vitale Interessen der Vereinigten Staaten. Deshalb bestand selbstverständlich für Botschafter Walters die Aufgabe, intensivere und inhaltsreichere deutsch-amerikanische Beziehungen zur Durchsetzung der Interessen der USA zu gestalten. Dabei manövrierte er über seine Direktkontakte zum Bundeskanzleramt systematisch das Bonner Auswärtige Amt und Außenminister Genscher ins Abseits.

Es gehörte zu den unumstößlichen Prämissen der Politik der USA bezüglich der Herstellung der deutschen Einheit, dass das wiedervereinigte Deutschland

---

77 - Vgl. Rice, Sternstunde, S. 447
78 - Vgl. Hutchings, Kalter Krieg, S. 233
79 - Vgl. Rice, Sternstunde, S. 250

Mitglied der NATO bleiben müsse. Im Nationalen Sicherheitsrat befürchtete man, dass Bundeskanzler Kohl bei seinen Gesprächen mit Gorbatschow im Interesse der unter seiner Führung herzustellenden deutschen Einheit Zugeständnisse bezüglich der NATO-Mitgliedschaft Deutschlands machen könnte. Der NSC- Mitarbeiter Robert Blackwell äußerte sich dazu intern, dass die NATO-Verbündeten einen „westlichen Kokon" um Kanzler Kohl spinnen müssten. „Immer wenn er vor der Wahl steht, die NATO zu verlassen oder einen Bruch mit den Russen zu riskieren, werden die westlichen Nationen einen Ring um ihn bilden. Wie ein einmütiger Chor wird der Westen hinter ihm stehen und ihm einflüstern: ‚Wir stehen zu dir'. Wir werden ihm in Erinnerung rufen, dass die Deutschen ihn auf die gleiche Stufe mit Bismarck und Adenauer stellen werden, was immer auch in diesem Jahr mit Deutschland geschieht."[80] Wir können davon ausgehen, dass in diesem Chor der „Kohl-Einflüsterer" Vernon Walters einen Solo-Part gespielt hat.

Im Ergebnis all dieser Entwicklungen wurde am 31. Januar 1990 im Bundeskanzleramt eine Arbeitsgruppe Deutschlandpolitik unter Leitung des Chefs des Bundeskanzleramtes, Rudolf Seiters, gebildet, die einem Kabinettsausschuß „Deutsche Einheit" zuarbeiten sollte. Die Arbeitsgruppe einigte sich auf die unverzügliche Schaffung einer Wirtschafts- und Währungsunion mit der DDR. „Die Bundesregierung beschloß, die Schaffung der Wirtschaftsunion mit dem Abbau des Sozialismus und der Einführung der Marktwirtschaft in der DDR zu verknüpfen. Ohne diesen Schritt, sagte Finanzminister Waigel im Bundestag, könne die D-Mark nicht als offizielle Währung in der DDR eingeführt werden."[81]

Da gibt es doch immer noch Politiker, die uns erklären wollen, das alles sei eine Entscheidung der Bevölkerung der DDR gewesen. Aber genau mit diesem Thema haben alle bundesdeutschen Parteien den Wahlkampf in der DDR für die Volkskammerwahlen vom März 1990 manipuliert und über die massiven Konsumversprechungen, einschließlich der „blühenden Landschaften", die Wähler zu der vom „Bauch" gesteuerten Wahlentscheidung veranlasst. Damit waren Mehrheitsverhältnisse in der Volkskammer der DDR geschaffen worden, die ein willfähriges Abnicken aller Forderungen der Bundesrepublik ermöglichten.

80 - Vgl. Beschkoss, Höchste Ebene, S. 249
81 - Vgl. Rice, Sternstunde, S.281

Der Hinweis auf die Haltung der Bundesregierung, speziell des Bundes-kanzleramtes, zur Unterstützung der Strategie der USA bekräftigt aber nochmals unsere Einschätzung, dass unter dieser politischen Konstellation kein Schlachtross des Kalten Krieges extra noch einmal zur Disziplinierung Deutschlands, vor allem seines Außenministers Genscher, als Botschafter in Bonn tätig werden musste. Es mussten also andere Gründe für die Entscheidung von Vater Bush eine Rolle gespielt haben, General Walters in Bonn einzusetzen.

Ein geheimes NSC-Memorandum an den Präsidenten brachte die Deutschland-Politik der USA bereits im März 1989 auf folgenden Punkt:

„Heutzutage sollte des Schicksal der Bundesrepublik Deutsch-land oberste Priorität für die amerikanische Außenpolitik in Europa haben [...] Selbst wenn wir große Schritte unter-nehmen, die Teilung Europas durch größere Offenheit und Pluralismus zu überwinden, können wir keine Vision für Euro-pas Zukunft vertreten, die auf eine Strategie für eine Lösung der ‚deutschen Frage‘ verzichtet. Wir können hier zwar keine unmittelbar bevorstehende politische Wiedervereinigung ver-sprechen, sollten aber doch einige Veränderungen zusichern."[82]

Aber doch bewegte die Strategen der USA auch die Frage, wie ein größeres und mächtigeres Deutschland in die von ihnen angestrebte europäi-sche Ordnung eingepasst werden könnte. Noch dazu, weil diesbezügliche Bedenken bei der britischen Premierministerin Thatcher und beim französi-schen Präsidenten Mitterand eine große Rolle spielten.

Deshalb präzisierten die Verantwortlichen in der US-Administration noch einmal die Positionen zu den äußeren Bedingungen der Vereinigung und erar-beiteten eine diplomatische Strategie, wie sie diese in den Zwei-plus-Vier-Verhandlungen durchsetzen wollten. Kernpunkt dieser Positionen war, „die Einwilligung einer geschwächten, aber immer noch bedrohli-chen Sowjetunion für eine abrupte Umwälzung der europäischen Kräfteverhältnisse zu gewinnen. Die Vereinigten Staaten woll-ten die demokratischen Veränderungen in Europa konsolidieren, die sowjetische Militärmacht in Osteuropa reduzieren und ihre Präsenz in Deutschland beenden. US-Truppen sollten dagegen auf deutschem Boden stationiert bleiben, wenn auch in geringerer

---

82 - Vgl. Hutchings, Kalter Krieg S. 52; zitiert nach Memorandum von Bent Scowcroft an Präsident Bush mit der Überschrift: „The NATO Summit", 20. März 1989; Vgl. Fn 41, S. 455

Zahl. Sollten die Amerikaner ihr Ziel erreichen, käme dies für die Sowjetunion einer katastrophalen Niederlage gleich. Dies war die raue, unverschleierte Wahrheit. Die USA hatten beschlossen, die Vereinigung Deutschlands allein nach westlichen Bedingungen zu vollziehen."[83]

Bei Gesprächen Ende Februar im Camp David diskutierte Bush noch einmal mit Kohl den möglichen Widerstand der Sowjetunion gegen eine NATO-Mitgliedschaft Deutschlands. Doch dann wischte er alle Bedenken beiseite mit den Worten: „Zum Teufel damit. Wir haben die Oberhand gewonnen, und nicht sie. Wir können nicht zulassen, dass die Sowjets die Niederlage in einen Sieg ummünzen."[84]

Solche offenen Worte müssten auch heute noch einigen Verantwortlichen in der früheren Sowjetunion die Schamröte ins Gesicht treiben, wenn sie auch nur noch einen Funken Anstand und Verantwortungsbewusstsein für ihren früheren ach so „treuen Verbündeten" fühlen würden. Aber ebenso klar, wie der Erfolg der amerikanischen Strategie ist, besteht jetzt auch Klarheit, wieviel Verrat und Niedertracht es in der sowjetischen Führung dieser Zeit gegenüber der DDR gegeben hat. Die DDR war eben doch nur eine „Lusche" im Spiel der Großmächte, von denen eine gerade dabei war, ihren Status als Großmacht zu verspielen.

Selbst den führenden Strategen im Nationalen Sicherheitsrat schien es unfassbar, dass die Sowjetunion die DDR so ohne weiteres aufgeben könnte. Sie formulierten mit scheinbarem Mitgefühl:

„Die Teilung Deutschlands und die Herrschaft über dessen Osthälfte konnte als bedeutendste Errungenschaft der sowjetischen Außenpolitik der vergangenen fünfzig Jahre gelten. Der Vorposten im Herzen Europas war der größte und letzte verbliebene Ausgleich für die gewaltigen Opfer, die die Sowjetunion im Großen Vaterländischen Krieg erlitten hatte. Und jetzt drohte die NATO, diese Bastion der sowjetischen Macht zu überrennen. Es schien unvorstellbar zu sein, dass sich die Sowjetunion widerstandslos in eine solche Niederlage fügen würde."[85]

---

83 - Vgl. Rice, Sternstunde, S. 279
84 - Vgl. Rice, Sternstunde, S. 302
85 - Vgl. Rice, Sternstunde, S. 376

Recht offen bewerteten die NSC-Strategen die möglichen Optionen Gorbatschows, um sich dieser Entwicklung entgegenzustemmen. Die Mehrheit im Politbüro drängte Gorbatschow, in der deutschen Frage hart zu bleiben. Unter Berufung auf die traditionellen sowjetischen Sicherheitserfordernisse und Vorrechte hätte er feststellen können, dass die westlichen Positionen unannehmbar seien und zu einer tiefen internationalen Krise führen würden. Er konnte drohen, die Zwei-plus-Vier-Verhandlungen platzen zu lassen. Das hätte der Sowjetunion einen Teil der Stärke in den laufenden Verhandlungen zurückgeben können. Aber es war den Beteiligten auch klar, dass daraus wesentliche Beeinträchtigungen der sowjetischen Beziehungen zu Deutschland und den Vereinigten Staaten entstanden wären, die möglicherweise in Konfrontationsverhalten des Kalten Krieges zurückgeführt hätten. Nun war die Schlüsselfrage für Gorbatschow: „Welchen Preis war die Sowjetunion bereit zu zahlen, um die Kooperation mit dem Westen aufrechtzuerhalten? Und sollte die Sowjetunion ihre Machtstellung in Europa gegen westliche Hilfe eintauschen?"[86] Hier sind die Stichworte für die Entscheidung formuliert: Kooperation mit dem Westen und westliche Hilfe. War Gorbatschow zu diesem Zeitpunkt schon klar, dass der Preis dafür die Implosion des sozialistischen Systems in Europa und der Zerfall der Sowjetunion war? Oder war das alles bereits in seinem Kalkül, wie er Jahre später als „Wanderprediger" des Antikommunismus in aller Welt verkündete?

Spätestens nach den Gesprächen zwischen Kohl und Gorbatschow im Juli 1990 war klar, dass die Führungsriege der KPdSU vor den Attacken des Westens völlig kapituliert hatte. Gorbatschow erklärte in der gemeinsamen Pressekonferenz nach den Gesprächen im Kaukasus: „Ob wir es wollen oder nicht, die Zeit wird kommen, da ein vereinigtes Deutschland, falls es dies will, Mitglied der NATO wird. Wir bieten Deutschland an, dann – wiederum unter der Voraussetzung, dass es dies wünscht – bis zu einem gewissen Grad und in bestimmter Art und Weise mit der Sowjetunion zusammenzuarbeiten."[87] Welch eine klägliche Kapitulation!

---

86 - Vgl. Rice, Sternstunde, S. 387
87 - Vgl. Beschloss, Höchste Ebene, S. 315

5. Die „Grand Strategy"

Hutchings definiert seine Auffassung von der „Grand Strategy" mit folgenden Worten:

„Grand Strategy hingegen bedeutet in der Sprache der Diplomatie eine Art von höherer Strategie, die die Integration von Politik und Macht im Auge hat, um nationale Ziele unter Umgehung eines Krieges zu erreichen. Daher ist dieser Begriff ausgesprochen passend für die Beschreibung der amerikanischen Diplomatie am Ende des Kalten Krieges."[88]

Die wesentlichen Elemente der alten/neuen Strategie der USA waren zusammengefasst.

Erstens:
Es sollte eine neue Psychologie der Ost-West-Beziehungen durchgesetzt werden. Sie sollten aggressiver und stärker erfolgsorientiert gestaltet werden und keine Aktivitäten zur Erhaltung des Status quo beinhalten, sondern ein Entgegenkommen der Sowjetführung nach den Interessen und dem Diktat der USA erzwingen.

Zweitens:
Die Partner der westlichen Allianz mussten diszipliniert und auf eine einheitliche Linie der transatlantischen Partnerschaft eingeschworen werden.

Drittens:
Unter Führung der USA galt es, die Anstrengungen auf die politische Liberalisierung Ostmitteleuropas in den Mittelpunkt zu stellen mit dem Ziel, die Unabhängigkeit dieser Staaten von der Führung durch die Sowjetunion zu erreichen.

Viertens:
Die sowjetische Führung musste weit über das von ihr vorgegebene „neue Denken" hinaus mit Forderungen konfrontiert werden, die an den Ursachen statt an den Folgen des Ost-West-Konfliktes ansetzten.

---

88 - Vgl. Hutchings, Kalter Krieg, S.20

> Ein Angriffspunkt war dabei Gorbatschows Forderung von einem „gemeinsamen europäischen Haus". Diese Vision war auf die Stabilisierung des Status quo ausgerichtet und verbot damit auch eine Politik der Einmischung von außen. Die USA wischten mit der zentralen Forderung nach Beendigung des Kalten Krieges durch eine „Befreiung" der osteuropäischen Staaten Gorbatschows Europapolitik von der Tagesordnung.
>
> „Das Endziel schließlich war die Beendigung des Kalten Krieges und die Überwindung der Teilung Europas durch eine friedliche, demokratische Umgestaltung seiner östlichen Hälfte."[89]

Das einzige, was wir an diesem Zitat ernst nehmen können, ist der Begriff „friedliche Umgestaltung". Es war dies in erster Linie der noch vorhandenen realen militärischen Macht der Sowjetunion und der Warschauer Vertragsstaaten zu verdanken.

In der Tat war es das Ende des Kalten Krieges. De facto bedeutete es einen Wiedereinstieg in die Phase der heißen Kriege. Die toten Zivilisten des Balkans, Afghanistans und des Irak bezeugen dies in nicht zu widerlegender Weise.

Die sozialen Folgen dieser „Umgestaltung" für die Völker des sogenannten Ostblocks (einschließlich der früheren DDR) sprechen für sich.

Wir haben den Begriff „alte/neue Strategie" verwendet. Diese Bezeichnung sollte noch einmal darauf hinweisen, dass so neu, wie es uns Hutchings und andere Autoren glauben machen wollen, diese Strategie nun auch wieder nicht war. Ihre Grundzüge ziehen sich durch alle Planungsdokumente, Studien und Analysen, die seit Mitte der vierziger Jahre zur Planung der Subversion gegen die UdSSR und ihre Verbündeten gefertigt wurden. Die USA haben seit 1945 immer wieder versucht, die „Satelliten" der Sowjetunion herauszubrechen, innere Unruhen zu erzeugen oder zu nutzen, nationale und religiöse Gefühle zu verstärken, wirtschaftlichen Druck auszuüben, also das ganze Programm der psychologischen Kriegsführung und subversiver Aktivitäten abzuspulen. Das ist ihnen über Jahrzehnte hin nicht oder nur in Ansätzen gelungen – aber auf einmal funktioniert diese Strategie und führt zum Kollaps des realsozialistischen Systems in Europa. Die Strategie war nicht neu und auch nicht besonders originell, die Akteure waren auf westlicher Seite oft-

---

89 - Vgl. Hutchings, Kalter Krieg, S. 72

mals noch die gleichen bzw. mit der gleichen Denkart ausgestattet. Das gehört zu den Fragen über die Ursachen des Zusammenbruchs des Realsozialismus in Europa. Unsere Recherchen zeigen im historischen Abriß die gewaltigen Anstrengungen der imperialistischen Seite, ihre Ziele durchzusetzen. Wir sind aber nicht so lebensfremd, dass wir diese Aktionen als die alleinigen, nicht einmal als die bedeutenderen Ursachen des Scheiterns des Sozialismus in Europa ansehen. Die Zuspitzung der Widersprüche im Inneren der Sowjetunion und der anderen RGW-Staaten öffneten die Einfallstore für die westliche „Grand Strategy". Die Verschärfung der inneren Widersprüche wurde sowohl durch das halsstarrige Festhalten der alten Parteibürokraten an alten und falschen Methoden begünstigt, aber ebenso durch die inkonsequenten Vorstellungen der „Reformer", die meist nur mit pragmatischen Ansätzen ohne eine durchdachte Strategie und Bewertung der Folgen in der Innen- und Außenpolitik agierten. Das öffnete zudem auch jenen Kräften in der Führung dieser Länder den Weg, die sehr schnell ihre Chance in der bedingungslosen Durchsetzung der westlichen Interessen sahen.

Letzten Endes waren die inneren Widersprüche in der DDR und den anderen RGW-Ländern die Basis für eine ständig anwachsende Volksbewegung, die weit über die eigentliche oppositionelle Bürgerrechtsbewegung hinausreichte und zunehmend auch Mitglieder der noch regierenden sozialistischen/ kommunistischen Parteien erfasste.

In einer komplizierten Dialektik der dominierenden inneren und der in der „Grand Strategy" verankerten äußeren Faktoren sind die Ursachen für das Ende des Realsozialismus in Europa zu suchen.

Das Resümee über die Ergebnisse der „Grand Strategy" ziehen die heutige Außenministerin von Präsident Bush jr., Condoleezza Rice und ihr Co-Autor Philip Zelikow im Epilog ihres Buches „Sternstunde der Diplomatie":

„Mit der Vereinigung Deutschlands hatte die Sowjetunion ihren westlichen Vorposten verloren. Die europäische Nachkriegspolitik hatte fast fünfzig Jahre lang im Schatten einer massiver sowjetischen Militärpräsenz gestanden. Ende 1990 verblaßte dieser Grundzug eines geteilten Europas und einer geteilten Welt zusehends. Am 19. November wurde während des KSZE-Gipfels in Paris der Vertrag über die Reduzierung der konventionellen Streitkräfte in Europa unterzeichnet. Der Abzug der sowjetischen Truppen aus Mittel- und Osteuropa war in vollem Gange und der KSE-Vertrag garantierte, dass die sowjetischen Streitkräfte in Europa, einschließlich des europäischen Teils von

Russland, auf die Hälfte ihrer bisherigen Stärke verringert und auf absehbare Zeit unterhalb dieser Grenze bleiben würden."[90]

„Der stille Tod der Sowjetunion ist eines der erstaunlichsten Ereignisse der Zeitgeschichte. Als die Fahne mit dem Hammer-und-Sichel-Emblem am 25. Dezember 1991 zum letzten Mal über dem Kreml eingeholt wurde, war der Staat, den Lenin aufgebaut hatte, am Ende."[91]

Zu diesem Zeitpunkt war General Vernon A. Walters aber bereits wieder auf seinem Alterssitz in Florida angelangt. Er konnte Ende Juni 1991 seinem Präsidenten melden: „Mission accomplished!!" Die Hauptarbeit war getan, die Scherben konnten auch niedere Chargen zusammenfegen, dazu brauchte man den Drei-Sterne-General nicht mehr. Also war nun endgültig der Ruhestand „verdient". Immerhin hatte er noch rund zehn Jahre Zeit, in seinen Erinnerungen als der aktivste Staatsterrorist der Vereinigten Staaten zu schwelgen und auch jüngeren Geheimdienstoffizieren weise Ratschläge zu erteilen (sh. a. Kap. III.).

Der zynische Triumph der vermeintlichen Sieger ist aus den obigen Zitaten unübersehbar und die Demütigung der untergegangenen „Supermacht" ruft auch heute noch schmerzliche Empfindungen hervor.

Heute stehen NATO und Europäische Union an den westlichen Grenzen eines schwachen Russlands, das wirtschaftlich von drei Dutzend Milliardären und ihrem Anhang beherrscht wird, die den freigesetzten Turbo-Kapitalismus mit vollen Zügen genießen. Diese 36 Milliardäre haben ein Vermögen von 140 Milliarden Dollar zusammengerafft, das etwa einem Viertel des russischen Bruttoinlandsproduktes entspricht. Andererseits sind immer größere Teile der Völker der osteuropäischen Staaten und Russlands der Armut, dem Hunger, dem sozialen Untergang preisgegeben. Ein schlimmer Preis für eine schlimme Politik!

---

90 - Vgl. Rice, Sternstunde, S. 497f.
91 - Vgl. Rice, Sternstunde, S. 503

Anhang

Dokumente

Direktiven des Nationalen Sicherheitsrates der Vereinigten Staaten

1. NSC 10/2 **vom 18. Juni 1948**
   Direktive des Nationalen Sicherheitsrates über das Büro für Spezielle
   Projekte (National Security Council Directive on Office of Special Projects)

2. NSC 20/4 **vom 23. November 1948**
   Aufgaben der Vereinigten Staaten im Hinblick auf die UdSSR, um den sowjetischen Bedrohungen der Sicherheit der Vereinigten Staaten entgegenzuwirken (U.S. Objectives with Respect to the U.S.S.R. to Counter Soviet
   Threats to U.S. Security)

3. NSC 58 **vom 14. September 1949**
   Politik der Vereinigten Staaten bezüglich der sowjetischen Satellitenstaaten
   in Osteuropa (United States Policy Toward the Soviet Satellite States in
   Eastern Europe)

Militärische Planungen

4. NSC 30 **vom 10. September 1948**
   Atomwaffen - Politik der Vereinigten Staaten
   (United States Policy on Atomic Weapons)

5. JSPC 877/59 **vom 26. Mai 1949**
   Übersicht über den Entwurf eines Kriegsplanes für den Notfall
   (OFFTACKLE)

6. Policy Planning Staff 58 **vom 16. August 1949**
   Politische Auswirkungen der Zündung einer Atombombe durch die
   UdSSR
   (Political Implications of Detonation of Atomic Bomb by the U.S.S.R.)

TOP SECRET

Direktive

des Nationalen Sicherheitsrates

über das Büro für Spezielle Projekte

(National Security Council Directive on Office of Special Projects)

NSC 10/2   18. Juni 1948

1. Der Nationale Sicherheitsrat, in Kenntnis der bösartigen verdeckten Aktionen der UdSSR, ihrer Satellitenstaaten und der kommunistischen Gruppierungen zur Diskriminierung und Verhinderung der Ziele und Aktivitäten der Vereinigten Staaten und anderer Westmächte, hat entschieden, dass im Interesse des Weltfriedens und der nationalen Sicherheit der USA die offenen Auslandsaktivitäten der U.S - Regierung durch verdeckte Operationen ergänzt werden müssen.

2. Die Central Intelligence Agency erhielt vom Nationalen Sicherheitsrat den Auftrag zur Durchführung von Spionage- und Gegenspionage-Operationen im Ausland. Aus operativen Gründen erscheint es deshalb angebracht, keine eigene Agentur für verdeckte Operationen zu schaffen, sondern in Friedenszeiten die Verantwortung dafür innerhalb der Strukturen der CIA anzusiedeln und sie in Übereinstimmung mit den Spionage- und Gegenspionage-Operationen der CIA unter der vollständigen Kontrolle des Direktors der Zentralen Aufklärung (Director of Central Intelligence)[1] zu realisieren.

3. Deshalb legt der Nationale Sicherheitsrat in Übereinstimmung mit Paragraph 102(d)(5) des Gesetzes über die Nationale Sicherheit (National Security Act) von 1947 fest, dass in Friedenszeiten:

   a. Ein neues Office of Special Projects innerhalb der CIA zu bilden ist, um verdeckte Operationen zu planen und durchzuführen sowie in Zusammenarbeit mit den Vereinigten Stabschefs solche Operationen auch für Kriegszeiten zu planen und vorzubereiten.

   b. Eine hochqualifizierte Person, vorgeschlagen vom Außenminister, akzeptiert vom Direktor der CIA und bestätigt vom Nationalen Sicherheitsrat,

---

1 - Der Director of Central Intelligence ist immer identisch mit dem Direktor der CIA (Anm. K.E.)

soll als Leiter des Office of Special Projects eingesetzt werden.

c. Der Leiter des Office of Special Projects wird direkt dem Direktor der Zentralen Aufklärung (DCI) berichten. Im Interesse der Sicherheit und der Flexibilität der Operationen sowie ihrer höchstmöglichen Effektivität wird das Office of Special Projects unabhängig von den anderen Komponenten der CIA tätig werden.

d. Der Direktor der Zentralen Aufklärung wird verantwortlich sein für

(1) die Absicherung – durch kompetente Vertreter des Außenministers und Verteidigungsministers –, dass verdeckte Operationen in einer Art und Weise geplant und durchgeführt werden, die in Übereinstimmung mit der US.– Außen- und Militärpolitik sowie mit den offenen Aktivitäten stehen. Sollten Differenzen zwischen dem Direktor der Zentralen Aufklärung und den Vertretern des Außen- oder des Verteidigungsministers über solche Planungen auftreten, dann wird die Angelegenheit dem Nationalen Sicherheitsrat zur Entscheidung vorgelegt.

(2) Dafür zu sorgen, dass Planungen für verdeckte Operationen in Kriegszeiten außerdem mit einem Vertreter der Vereinigten Stabschefs entwickelt werden, der dafür verantwortlich ist, dass diese Planungen in Übereinstimmung stehen mit den bestätigten Planungen für militärische Operationen im Kriegsfall.

(3) Durch geeignete Kanäle andere Institutionen der US-Regierung, sowohl im Inland als auch im Ausland (einschließlich diplomatischer und militärischer Vertretungen in jeder Region) zu informieren, soweit ihre Tätigkeit durch diese Operationen beeinflusst wird.

e. Verdeckte Operationen, die die wirtschaftliche Kriegsführung betreffen, werden vom Office of Special Projects unter der Federführung von Behörden, die verantwortlich für die Planungen von wirtschaftlicher Kriegsführung sind, realisiert.

f. Zusätzliche Finanzen für die Durchführung von vorgeschlagenen Operationen im Haushaltsjahr 1949 müssen sofort angefordert werden. Später notwendige operative Finanzen müssen über die normalen Operativfonds der CIA abgefordert werden.

4. In Kriegszeiten – oder auf Weisung des Präsidenten – müssen alle Planungen für verdeckte Operationen mit den Vereinigten Stabschefs abgestimmt werden. In aktiven Kriegsschauplätzen, in denen amerikanische Streitkräfte operieren, sind verdeckte Operationen unter der unmittelbaren Leitung des zuständigen Oberkommandierenden durchzuführen und die Befehle dazu über die Vereinigten Stabschefs zu übermitteln, soweit nicht der Präsident andere Regelungen verfügt hat.

5. Soweit in dieser Direktive der Begriff „verdeckte Operationen" verwendet wird, sind darunter alle Aktivitäten zu verstehen (außer den hier bereits erwähnten), die von dieser Regierung durchgeführt oder unterstützt werden gegen feindliche ausländische Staaten oder Gruppen oder zur Unterstützung befreundeter Staaten oder Gruppen, die jedoch so geplant und durchgeführt werden, dass für nicht autorisierte Personen dabei keine Verantwortlichkeit der Regierung der Vereinigten Staaten nachweisbar wird und dass bei der Aufdeckung dieser Operationen die Regierung der Vereinigten Staaten glaubhaft jede Verantwortung dafür zurückweisen kann. Insbesondere geht es um solche Operationen, die verdeckte Aktivitäten umfassen auf den Gebieten der Propaganda, der wirtschaftlichen Kriegsführung, der vorbeugenden direkten Aktionen, wie Sabotage, Gegensabotage, Zerstörungen und Maßnahmen zur Evakuierung; der Subversion gegen feindliche Staaten, wie Hilfe für Widerstandsbewegungen im Untergrund, Guerrilla-Kämpfer, Befreiungsgruppen aus Flüchtlingen bzw. Unterstützung von einheimischen antikommunistischen Elementen in allen bedrohten Ländern der freien Welt.

Diese Operationen umfassen nicht die bewaffneten Konflikte zwischen offiziellen Streitkräften und nicht Spionage oder Gegenspionage sowie Tarnungen und Täuschungen im Rahmen von militärischen Operationen.

6. Diese Direktive ersetzt die Direktiven im Dokument NSC 4-A, welches hiermit für ungültig erklärt wird.

Kommentar der Herausgeber:

Eine zusätzliche Dimension der US-amerikanischen Politik der Eindämmung (containment) beinhaltet die Entwicklung von Kapazitäten für verdeckte Aktionen. In der NSC-Direktive 4/A vom 14. Dezember 1947 (...) autorisierte der Nationale Sicherheitsrat die neu gegründete Central Intelligence Agency, geheime psychologische Operationen durchzuführen – insbesondere Aktivitäten, die die Nutzung von anonymen, gefälschten und/oder subventionierten Publikationen beinhalten. Jedoch im Mai 1948, insbesondere mit Blick auf den Putsch in der Tschechoslowakei und der anwachsenden Berlin-Krise, forderte Kennan eine Ausweitung dieser Befugnisse auch auf verdeckte politische Aktionen. Der Nationale Sicherheitsrat bestätigte Kennan's Empfehlungen und beschloss die Einrichtung des Büros für Sonderprojekte (Office of Special Projects) (welches jedoch kurze Zeit später umbenannt wurde in Büro für politische Koordinierung – Office of Policy Coordination) innerhalb der CIA.

Das Dokument definiert außerdem den Begriff „verdeckte Operationen", der eine breite Auswahl von Aktivitäten beinhaltet, welche von der Propaganda und der wirtschaftlichen Erpressung bis zu Sabotage, Subversion und unkonventioneller Kriegsführung reichen.

NSC 10/2 unterstreicht die Notwendigkeit der Durchführung verdeckter Operationen in Übereinstimmung mit den politischen und militärischen Zielen der Vereinigten Staaten und präzisierte die notwendigen engen Konsultationen zwischen dem Leiter des Office of Special Projects, dem Direktor der CIA, dem Außen- und Verteidigungsministerium sowie dem Nationalen Sicherheitsrat. Zur Unterstützung dieser Forderung nach engerer Kooperation überträgt die Direktive die Verantwortung für die Berufung des Leiters des Office of Special Projects dem Außenminister und nicht dem Direktor der CIA. Kennan erklärte dazu 1975: Die Direktive hat nicht alles geregelt, was ich mir vorgestellt hatte. Wir hatten gedacht, dass dies eine Einrichtung sei, die genutzt werden kann und sollte, wenn eine Situation entsteht, in welcher sie gebraucht wird. Dabei könnten Jahre vergehen, in denen wir diese Einrichtung nicht brauchen. Aber wenn die Notwendigkeit entsteht, dann brauchen wir eine Einrichtung in der Regierung, die die notwendigen Finanzen, Erfahrungen und Fähigkeiten besitzt, um solche Operationen durchzuführen – und sie auch in bester Qualität zu realisieren.

Quelle:
Thomas H. Etzold und John Lewis Gaddis (ed.):
"Containment: Documents on American Policy and Strategy, 1945 – 1950
New York, Columbia University Press; S. 125ff.
(Übersetzung: Klaus Eichner)

TOP SECRET

Aufgaben der Vereinigten Staaten im Hinblick auf die UdSSR,
um den sowjetischen Bedrohungen der Sicherheit der Vereinigten Staaten
entgegenzuwirken
(U.S. Objectives with Respect to the USSR to Counter Soviet Threats to U.S.
Security)

NSC 20/4   23. November 1948

Problemstellung

1. Zur Bewertung und Beurteilung bestehender und voraussehbarer
   Bedrohungen unserer nationalen Sicherheit, die von der UdSSR ausgehen
   sowie zur Formulierung unserer Aufgaben und Ziele als ein Leitfaden bei
   der Festlegung von Maßnahmen, die zur Abwehr dieser Bedrohungen notwendig erscheinen.

Analyse der Natur der Bedrohungen

2. Der Wille und die Fähigkeit der Führer der UdSSR, eine Politik durchzuführen, die die Sicherheit der Vereinigten Staaten bedroht, ist die Grundlage
   für die größte einzelne Gefahr für die Vereinigten Staaten in absehbarer
   Zukunft.

3. Die kommunistische Ideologie und das Verhalten der Sowjetunion
   beweisen klar, dass das letztendliche Ziel der Führer der UdSSR die
   Beherrschung der Welt ist. Die sowjetischen Führer gehen davon aus, dass
   die Kommunistische Partei der Sowjetunion die militante Avantgarde des
   Weltproletariats auf seinem Weg zur politischen Macht ist und dass die
   UdSSR, als Basis der kommunistischen Weltbewegung, erst dann gesichert sein wird, wenn die nichtkommunistischen Nationen in ihrer Stärke
   und Zahl soweit reduziert sind, dass der kommunistische Einfluss weltweit
   dominiert. Das unmittelbare Ziel von höchster Priorität seit dem vergangenen Krieg ist die politische Eroberung von Westeuropa. Der Widerstand
   der Vereinigten Staaten wird von der UdSSR als das Haupthindernis zur
   Erreichung dieser Zielstellungen betrachtet.

4. Die sowjetischen Führer gehen davon aus, dass sie ihre Ziele erreichen
   durch:

a. Anstrengungen zur Installation sowjetisch-kontrollierter Gruppen in Positionen, die Macht und Einfluss gewährleisten, die Ausnutzung aller Möglichkeiten, die ihnen Schwäche und Instabilität in anderen Staaten bieten, und die maximale Anwendung von Techniken der Infiltration und Propaganda sowie die erdrückende Macht des Übergewichts der sowjetischen Streitkräfte.

b. Realisierung einer politischen, wirtschaftlichen und psychologischen Kriegführung gegen alle Elemente, die den kommunistischen Zielen entgegenstehen, und im besonderen alle Versuche, den Wiederaufbau und die Zusammenarbeit der westeuropäischen Staaten zu verhindern oder zu stören.

c. Schnellstmöglicher Aufbau des Kriegspotentials der sowjetischen Einflusssphäre in Erwartung eines Krieges, der nach sowjetischer Denkart unvermeidlich ist.

Sowohl die unmittelbaren Handlungen als auch die letztendlichen Ziele der sowjetischen Führer wirken sich nachteilig auf die Sicherheit der Vereinigten Staaten aus und das wird zweifellos auch in Zukunft so sein.

5. Die gegenwärtigen sowjetischen Voraussetzungen zur Bedrohung der Sicherheit der Vereinigten Staaten durch Maßnahmen unterhalb der Schwelle eines Krieges bestehen aus:

a. Eine komplette und effektive Konzentration der Macht durch die UdSSR und die kommunistische Weltbewegung.

b. Ein überzeugender Appell durch eine pseudo-wissenschaftliche Ideologie mit dem Versprechen einer Heilslehre, an die Menschen herangebracht durch intensive Anstrengungen einer modernen, totalitären Propagandamaschine.

c. Höchsteffektive Techniken der Subversion, Infiltration und der Eroberung politischer Macht, ausgearbeitet und erprobt im Verlauf eines halben Jahrhunderts.

d. Die Macht zum Einsatz der militärischen Gewalt Russlands und der anderen Länder, die bereits erobert sind, mit dem Ziel der Einschüchterung oder, wenn notwendig, für militärische Aktionen.

e. Der relativ hohe Grad von politischer und sozialer Instabilität, wie es in dieser Zeit in anderen Ländern häufig zu verzeichnen ist, vor allem in den europäischen Staaten, die noch unter den Kriegsfolgen leiden oder aber auch in Kolonien und Einflusssphären, von denen diese Länder als Absatzmärkte oder Rohstoffquellen abhängig sind.

f. Die Fähigkeiten, die Grenzen der Toleranz, die den Kommunisten und ihren leichtgläubigen Anhängern in den demokratischen Ländern gewährt werden, auszunutzen. Das betrifft solche Werte wie die Ablehnung einer Einschränkung demokratischer Freiheiten, nur um Aktivitäten einzelner Fraktionen zu verhindern und auch die Fehler in diesen Ländern, die Täuschungen und Bösartigkeiten des Kommunismus zu entlarven.

6. Es ist unmöglich, mit einigermaßen Genauigkeit die Dimension der Bedrohungen der Sicherheit der Vereinigten Staaten durch die sowjetischen Maßnahmen unterhalb der Schwelle eines Krieges zu bewerten. Der Erfolg dieser Maßnahmen ist abhängig von einem breiten Spektrum von gegenwärtig noch nicht kalkulierbaren Faktoren, darunter der Grad des Widerstandes an verschiedenen Orten, die Effektivität der amerikanischen Politik, die Entwicklung des Kräfteverhältnisses innerhalb der sowjetischen Machtstrukturen etc. Hätten die Vereinigten Staaten in den vergangenen zwei Jahren nicht rigorose Maßnahmen ergriffen, um den Widerstand in den westeuropäischen Staaten und den Mittelmeeranrainern gegen den sowjetischen Druck zu stärken, wären heute die meisten der westeuropäischen Staaten bereits von der kommunistischen Bewegung politisch erobert worden. Heute, da einige radikale Veränderungen der Situation entstanden sind, die den Kommunisten neue Möglichkeiten eröffnen, scheint es jedoch im Augenblick nur geringe Chancen für die Kommunisten zu geben, Länder westlich der Linie Lübeck-Triest politisch zu erobern. Die erfolglosen Ergebnisse dieser politischen Offensive hatte für sie die Folge, dass ernsthafte Probleme hinter dem Eisernen Vorhang entstanden sind, so dass ihre Politik gegenwärtig vor allem durch größere Maßnahmen defensiver Art bestimmt wird. Es kann jedoch nicht geschlussfolgert werden, dass die sowjetischen Kapazitäten für Subversion und politische Aggressionen in der kommenden Dekade zurückgehen werden, sie werden eher noch gefährlicher als in der Gegenwart sein.

7. Unter den jetzigen Umständen sind die Kapazitäten der UdSSR, die Vereinigten Staaten durch den Einsatz von Streitkräften zu bedrohen gefährlich und unmittelbar:

a. Obwohl die UdSSR nicht in der Lage ist, dauerhaft und entscheidend einen direkten militärischen Angriff gegen das Territorium der Vereinigten Staaten oder die westliche Hemisphäre zu führen, hat sie die Voraussetzungen für ernsthafte Unterseeoperationen und für den Einsatz einer begrenzten Zahl von Kamikaze-Bombern.

b. Aktuelle Geheimdienstanalysen bescheinigen den sowjetischen Streitkräften die Fähigkeiten, innerhalb von etwas sechs Monaten Kontinentaleuropa sowie den Nahen Osten bis nach Kairo zu überren nen sowie gleichzeitig wichtige Positionen im Fernen Osten zu besetzen. Parallel dazu könnte Großbritannien durch Luft- und Raketenangriffe bedroht werden.

c. Eine russische Besetzung dieser Gebiete würde das sowjetische Kriegspotential entscheidend verbessern, wenn ihnen genügend Zeit gelassen wird und die sowjetischen Führer in die Lage versetzt würden, die russische Macht zu konsolidieren und Europa in das sowjetische System zu integrieren. Das wäre eine mögliche Konzentration feindlicher Kräfte, die eine nicht akzeptable Bedrohung der Sicherheit der Vereinigten Staaten hervorrufen würde.

8. Jedoch, eine schnelle militärische Expansion in die eurasischen Gebiete würde die sowjetischen Logistikeinrichtungen belasten und zu ernsthaften Überforderungen der russischen Wirtschaft führen. Wenn zur gleichen Zeit die UdSSR sich im Krieg mit den USA befindet, dürften, unter Beachtung einer strategischen Offensive der Vereinigten Staaten, die sowjetischen Kapazitäten nicht ausreichen, um die Okkupation dieser Gebiete durch sowjetische Kräfte abzusichern. Wenn dann die Vereinigten Staaten gleichzeitig ihre Potentiale der psychologischen Kriegführung und der subversiven Aktivitäten in der Einflusssphäre der Sowjets voll entfalten, dann dürfte die UdSSR mit anwachsender Unzufriedenheit sowie forciertem Widerstand durch Untergrundgruppen in ihrem Machtbereich konfrontiert sein.

9. Aktuelle Einschätzungen gehen davon aus, dass die unter Punkt 7a. beschriebenen militärischen Kapazitäten progressiv anwachsen werden und dass die UdSSR nicht später als 1955 in der Lage sein wird, ernsthafte Luftangriffe gegen die Vereinigten Staaten mit atomaren, biologischen und chemischen Waffen zu führen, ausgedehntere Unterseeoperationen (einschließlich des Abschusses von Kurzstreckenraketen) zu unternehmen sowie mit Luftlandeoperationen vorgeschobene Basen zu erobern. Jedoch wäre die UdSSR auch dann nicht in der Lage, eine erfolgreiche Invasion des Territoriums der Vereinigten Staaten zu unternehmen, solange die amerikanischen Streitkräfte ihren gegenwärtigen Status aufrechterhalten. Die sowjetischen Kapazitäten zur Eroberung Europas, des Nahen Ostens und der Besetzung von Teilen des Fernen Ostens werden noch bis 1958 weiterbestehen.

10. Die sowjetischen Kapazitäten und ihre in diesem Material charakterisierten Wachstumsmöglichkeiten ergeben ein relatives Anwachsen der sowjetischen Kapazitäten gegenüber denen der USA und der westlichen Demokratien, obwohl sie durch folgende Faktoren auch kompensiert werden könnten:

a. Die Ergebnisse des ERP (European Recovery Programm – Programm des Europäischen Wiederaufbaus als Bestandteil des Marshall-Plans; Anm. K.E.).

b. Die Entwicklung der Westeuropäischen Union und ihre Unterstützung durch die USA.

c. Die anwachsende Effektivität der militärischen Kapazitäten der USA, Großbritanniens und anderer befreundeter Nationen.

d. Das Anwachsen interner Widersprüche innerhalb der UdSSR und zwischen der UdSSR und ihren Verbündeten.

11. Die UdSSR hat die Vereinigten Staaten bereits in einem Kampf um die Macht einbezogen. Obwohl nicht mit Sicherheit prognostiziert werden kann, ob oder wann die gegenwärtige politische Kriegführung in einen bewaffneten Konflikt übergeht, besteht trotzdem jederzeit eine fortlaufende Kriegsgefahr.

a. Da die Möglichkeiten von planmäßigen sowjetischen bewaffneten Aktionen, die unser Land betreffen könnten, nicht vorausgesagt werden können, muss eine sorgfältige Bewertung der verschiedensten Faktoren erfolgen, die auf die Möglichkeit hinweisen, dass die sowjetische Regierung keine bewaffneten Aktionen plant oder erwägt, in die die Vereinigten Staaten einbezogen werden könnten, oder ob die sowjetische Regierung noch nach Wegen sucht, ihre Ziele vorrangig mit politischen Mitteln, begleitet von militärischer Einschüchterung, zu erreichen.

b. Krieg kann auch ausbrechen als Folge von Zwischenfällen zwischen Streitkräften, die sich direkt gegenüberstehen.

c. Krieg kann entstehen als Folge von Fehlkalkulationen, durch Fehler auf jeder Seite bei der genauen Einschätzung, wie weit man die andere Seite bedrängen kann. Es besteht die Möglichkeit, dass die UdSSR verleitet sein könnte, bewaffnete Aktionen durchzuführen, die auf einer fehlerhaften Bewertung der Entschlossenheit und Bereitschaft der USA beruhen ihre Streitkräfte einzusetzen, um die Entwicklung einer Bedrohung zu verhindern, die für die Sicherheit der USA inakzeptabel ist.

12. Zusätzlich zur Gefahr eines Krieges muss in gleicher Weise einer Gefahr begegnet werden, dass durch die politische Kriegführung der UdSSR möglicherweise die relative Position der USA beeinträchtigt werden könnte durch ein Anwachsen der Stärke der Sowjetunion, wodurch wir entweder in eine Niederlage kurz vor Kriegsausbruch geführt werden oder man uns zu einem Krieg unter äußerst ungünstigen Bedingungen zwingt. Ein solches Ergebnis könnte entstehen, wenn Wankelmut, Nachgiebigkeit oder isolatio

nistische Konzeptionen unsere Außenpolitik bestimmen, wodurch wir unsere Verbündeten bzw. unseren Einfluss verlieren könnten; wenn interne Uneinigkeit und Subversion auftreten, wenn wirtschaftliche Instabilität in Form von Krisen oder Inflation entsteht oder wenn unangemessene bzw. ungeeignete Ausgaben für die Rüstung und die Auslandshilfe eingesetzt werden.

13. Um Bedrohungen unserer nationalen Sicherheit abzuwehren und Bedingungen zu schaffen, die zu positiven und langfristig zu Beziehungen zum gegenseitigen Vorteil zwischen dem russischen und unserem Volk führen könnten, ist es lebensnotwendig, dass unsere Regierung generelle Zielstellungen ausarbeitet, die uns sowohl in Friedenszeiten als auch im Falle eines Krieges zu einer dauerhaften Aufrechterhaltung unserer Positionen befähigen. Aus diesen allgemeinen Zielstellungen leiten sich spezifische Ziele ab, die wir durch Methoden kurz vor Kriegsausbruch durchsetzen wollen als auch gewisse Ziele, die wir im Falle eines Krieges erreichen wollen.

Schlussfolgerungen

Bedrohungen der Sicherheit der Vereinigten Staaten

14. Die schwerwiegendste Bedrohung der Sicherheit der Vereinigten Staaten innerhalb einer voraussehbaren Zukunft entsteht aus der feindlichen Haltung und der ungeheueren Macht der UdSSR sowie aus der Natur des Sowjetsystems.

15. Die politische, wirtschaftliche und subversive Kriegführung, die die Sowjetunion jetzt durchsetzt, enthält gefährliche Potentiale, um die relative Weltposition der Vereinigten Staaten zu beeinträchtigen und ihre traditionellen Institutionen durch Mittel kurz vor dem Krieg zu zerstören, soweit dem nicht ein erfolgreicher Widerstand in der Politik unseres und anderer nichtkommunistischer Staaten entgegengesetzt wird.

16. Dem Risiko eines Krieges mit der UdSSR kann, in übereinstimmender Abwägung, erfolgreich durch eine rechtzeitige und angemessene Vorbereitung der USA begegnet werden.

   a. Obwohl aktuelle Einschätzungen besagen, dass die sowjetischen Führer im Augenblick wahrscheinlich keine direkten militärischen Aktionen, die die Vereinigten Staaten betreffen, beabsichtigen, kann die Möglichkeit einer solchen vorsätzlichen Entscheidung für einen Krieg nicht ausgeschlossen werden.

   b. Gegenwärtig und in voraussehbarer Zukunft besteht fortgesetzt die

Gefahr, dass ein Krieg ausbrechen könnte, entweder durch eine fehlerhafte sowjetische Beurteilung der Entschlossenheit der Vereinigten Staaten, alle Mittel zur Verteidigung ihrer Sicherheit einzusetzen, durch eine fehlerhafte Bewertung unserer Pläne und Absichten oder durch eine fehlerhafte amerikanische Bewertung der sowjetischen Reaktionen auf unsere Aktivitäten.

17. Die sowjetische Machtausübung und Vorherrschaft in Eurasien, entweder erreicht durch bewaffnete Aggressionen oder durch politische und subversive Methoden, kann aus strategischen und politischen Gründen von den Vereinigten Staaten nicht akzeptiert werden.

18. Die Fähigkeiten der Vereinigten Staaten sowohl in Friedenszeiten als auch im Falle eines Krieges, Bedrohungen ihrer Sicherheit zu begegnen bzw. ihre Ziele durchzusetzen, könnten ernsthaft durch innenpolitische Entwicklungen beeinträchtigt werden. Dazu zählen vor allem:

a. Wirksame Spionage, Subversion und Sabotage, besonders durch abgestimmte und gut geführte kommunistische Aktivitäten.

b. Anhaltende oder anwachsende wirtschaftliche Instabilität.

c. Interne politische oder soziale Widersprüche

d. Unangemessene oder übermäßige Ausgaben für Rüstung und Auslandshilfe.

e. Eine übermäßige oder verlustreiche Inanspruchnahme unserer Ressourcen in Friedenszeiten.

f. Verringerung des Ansehens und Einflusses der Vereinigten Staaten durch Unschlüssigkeit oder Beschwichtigungspolitik oder durch das Fehlen von Professionalität und Ideenreichtum bei der Gestaltung der Außenpolitik bzw. durch ein Ausweichen vor internationaler Verantwortung.

g. Entstehung einer falschen Vorstellung von Sicherheit durch irreführende Veränderungen in der sowjetischen Taktik.

Aufgaben und Ziele der Vereinigten Staaten gegenüber der UdSSR

19. Um die Bedrohungen unserer nationalen Sicherheit abzuwehren und unsere Positionen gegenüber der UdSSR zu stärken, sollten unsere generellen Aufgaben im Hinblick auf Russland sowohl in Friedenszeiten als auch in Kriegszeiten bestehen in:

a. Die Macht und den Einfluss der UdSSR soweit zu begrenzen, dass nicht länger eine Bedrohung des Friedens, der nationalen Unabhängigkeit und der Stabilität der internationalen Gemeinschaft der Nationen besteht.

b. Eine grundlegende Veränderung im Herangehen an die internationalen

Beziehungen bei der in Russland gegenwärtig an der Macht befindlichen Regierung zu erreichen, in Übereinstimmung mit den Zielen und Prinzipien, wie sie in der UN-Charta festgelegt sind.

Bei der Verfolgung dieser Ziele müssen wir sorgfältig darauf achten, dass dauerhafte Beeinträchtigungen unserer Wirtschaft sowie unserer grundlegenden Werte und Institutionen, die Bestandteil unserer Lebensweise sind, nicht erfolgen.

20. Wir sollten uns bemühen, unsere generellen Aufgaben bezüglich der Methoden unterhalb der Schwelle eines Krieges durch die Verfolgung folgender Ziele zu erreichen:

a. Durch Stärkung und Verbesserung der abgestimmten Zurückdrängung der bestehenden russischen Macht und des Einflusses weg von den Gebieten um die traditionellen russischen Grenzen herum und die Schaffung von Möglichkeiten, dass die Satellitenstaaten insgesamt ihre Unabhängigkeit von der UdSSR erhalten.

b. Durch Verstärkung von Entwicklungen im russischen Volk, die zu Haltungen führen, welche helfen könnten, die gegenwärtige sowjetische Haltung zu modifizieren und eine Wiederbelebung des nationalen Lebens von Gruppen zu erlauben, wodurch die Fähigkeit und Entschlossenheit offensichtlich wird, die nationale Unabhängigkeit zu erreichen und zu erhalten.

c. Durch Ausrottung eines Mythos, durch welchen die Menschen unter dem Einfluss der sowjetischen Militärmacht von einer subversiven Haltung gegenüber Moskau und die ganze Welt von einer Sicht auf die wahre Natur der UdSSR und der sowjetisch geführten kommunistischen Weltbewegung abgehalten werden und dadurch eine logische und realistische Haltung ihnen gegenüber verhindert wird.

d. Durch die Schaffung von Situationen, die die sowjetische Regierung zwingen anzuerkennen, dass es unmöglich ist, auf der Basis ihrer gegenwärtigen Konzeption zu agieren und die Notwendigkeit anzuerkennen, in Übereinstimmung mit den Prinzipien der internationalen Beziehungen auf der Grundlage der Ziele und Forderungen der UN-Charta zu handeln.

21. Das Erreichen dieser Ziele erfordert, dass die Vereinigten Staaten:

a. Eine Stufe der militärischen Bereitschaft erreichen, welche so lange wie möglich als ein Hindernis für eine sowjetische Aggression aufrechterhalten werden kann, als unverzichtbare Unterstützung unserer politischen Haltung gegenüber der UdSSR, als eine Quelle zur Ermunterung der Völker, sich gegen die sowjetische politische Aggression zu wehren und als eine ausreichende Grundlage für unmittelbare militärische Aufgaben und für eine schnelle Mobilisierung, sollte ein Krieg unvermeidlich sein.

b. Gewährleistung der inneren Sicherheit der Vereinigten Staaten gegenüber Gefahren der Sabotage, Subversion und Spionage.

c. Maximale Erweiterung unseres wirtschaftlichen Potentials, darin eingeschlossen die Stärkung unserer Friedenswirtschaft und die Einrichtung von entscheidenden Reserven, die im Falle eines Krieges zur Verfügung stehen müssen.

d. Verstärkung der Orientierung nicht-sowjetischer Völker auf die Vereinigten Staaten und Hilfe für jene Nationen, die in der Lage und bereit sind, einen gewichtigen Beitrag zur Sicherheit der USA zu leisten, ihre wirtschaftliche und politische Stabilität sowie ihre militärischen Kapazitäten zu verbessern.

e. Hervorrufung maximaler Spannungen in den Strukturen der sowjetischen Macht und vor allem in den Beziehungen zwischen Moskau und den Satelliten-Staaten.

f. Gewährleistung, dass die amerikanische Öffentlichkeit umfassend informiert wird und die Bedrohungen unserer nationalen Sicherheit voll begreift, so dass die Öffentlichkeit vorbereitet sein wird, um all unsere entsprechenden Maßnahmen zu unterstützen.

22. Im Falle eines Krieges mit der UdSSR sollten wir durch erfolgreiche militärische und andere Aktivitäten bemüht sein, solche Bedingungen zu schaffen, die einer erfolgreichen Durchsetzung der Ziele der USA dienen ohne jede Voraussicht auf eine bedingungslose Kapitulation. Kriegsziele, ergänzend zu unseren Aufgaben in Friedenszeiten sollten enthalten:

a. Beseitigung der sowjetrussischen Vorherrschaft in Gebieten außerhalb der Grenzen eines jeden russischen Staates, dem erlaubt wird weiter zu existieren.

b. Vernichtung der Beziehungsstrukturen, durch welche die Führer der Allunions-Kommunistischen Partei in die Lage versetzt werden, mit moralischer und disziplinarischer Autorität Druck auszuüben auf die einzelnen Bürger oder Gruppen von Bürgern in Ländern, die nicht unter kommunistischer Kontrolle stehen.

c. Sicherung, dass jedes Regime oder alle Regimes, die in der Folge eines Krieges auf traditionellem russischen Territorium entstehen werden:

(1) Keine effektive Militärmacht besitzen, die ihnen einen Angriffskrieg ermöglichen könnten.

(2) Dafür zu sorgen, dass niemals wieder etwas ähnliches wie der Eiserne Vorhang ihre Kontakte zur Welt außerhalb verhindert.

d. Dazu kommt, wenn in einem Teil der Sowjetunion irgendein bolschewistisches Regime zurückbleibt, muss gewährleistet sein, dass es niemals genügend Herrschaft über das militärisch-industrielle Potential der Sowjetunion erhält, die dies dem Regime ermöglichen würde, einen Krieg unter vergleichbaren Bedingungen mit irgend einem anderen Regime auf dem traditionellen russischen Territorium durchzuführen.

Bemühungen zur Schaffung von Nachkriegsbedingungen, die:

(1) verhindern, dass eine Entwicklung von Machtbeziehungen erfolgt, die gefährlich für die Sicherheit der Vereinigten Staaten und für den Weltfrieden sein kann.

(2) förderlich sein könnten für eine erfolgreiche Entwicklung einer effektiven Organisation der Welt auf der Grundlage der Ziele und Prinzipien der Vereinten Nationen.

(3) eine frühestmögliche Unterbrechung der Militärkontrolle durch die USA erlauben.

23. Bei der Verfolgung der obengenannten Kriegsziele sollten wir endgültige und verfrühte Entscheidungen oder Festlegungen vermeiden, die Grenzveränderungen betreffen oder die Installation einer Regierung auf feindlichem Territorium oder die Unabhängigkeit nationaler Minderheiten oder auch Nachkriegs-Verantwortlichkeiten für die Neuordnung der unvermeidlichen politischen, wirtschaftlichen und sozialen Unordnungen im Ergebnis des Krieges.

Kommentar der Herausgeber:

Die NSC-Direktive 20/4 war das Endprodukt der Überprüfung der amerikanischen Politik gegenüber der Sowjetunion, die im Sommer 1948 vom Verteidigungsminister Forrestal initiiert worden war. Obwohl NSC 20/4 in modifizierter Form die Schlussfolgerungen der NSC-Direktive 20/1 wiederholt, geschah dies, ohne viele der Begründungen des Vorgängerdokuments im Detail zu wiederholen. Präsident Truman bestätigte dieses Dokument am 24. November 1948 und es blieb die grundlegende Definition der Politik der USA gegenüber der Sowjetunion bsi zum April 1950, als die NSC-Direktive 68 in Kraft trat.

Quelle:

Thomas H. Etzold und John Lewis Gaddis (ed.):

"Containment: Documents on American Policy and Strategy, 1945 – 1950

New York, Columbia University Press; S. 203ff.

(Übersetzung: Klaus Eichner)

TOP SECRET

Politik der Vereinigten Staaten
bezüglich der sowjetischen Satellitenstaaten in Osteuropa
(United States Policy Toward the Soviet Satellite States in Eastern Europe)

NSC 58   14. September 1949

Problemstellung

Es gilt Mittel zu finden, um unsere Bemühungen zu verbessern und zu intensivieren, die darauf gerichtet sein sollten, den vorherrschenden sowjetischen Einfluss in den Satellitenstaaten Albanien, Bulgarien, Tschechoslowakei, Ungarn, Polen und Rumänien zu reduzieren oder evtl. zu eliminieren.

Analyse

1. Seit dem Kriegsende in Europa haben wir (a) das westwärts orientierte Vordringen der Sowjetmacht, gegenwärtig immerhin bis zu der Linie von Lübeck bis nach Triest, feststellen können (b) selbst gewichtige Fortschritte machen können bei der Entwicklung von Westeuropa als Gegenkraft zum Kommunismus. Das sind defensive Maßnahmen. Jetzt ist jedoch für uns die Zeit reif, größere Aufmerksamkeit auf die Offensive zu richten, um zu beurteilen, ob wir nicht mehr tun können zur Eliminierung oder wenigstens zur Zurückdrängung des vorherrschenden sowjetischen Einflusses in den Satellitenstaaten Osteuropas.

2. Diese Staaten sind in sich gesehen nur von zweitrangiger Bedeutung in der europäischen Szene. Möglicherweise müssen sie eine größere Rolle in einem freien und integrierten Europa spielen; aber in dem gegenwärtigen Kampf der zwei Welten müssen sie vorrangig betrachtet werden, da sie in unterschiedlichen Abstufungen die politisch-militärischen Gehilfen der Sowjetmacht sind und deren Macht in das Herz Europas tragen. Sie sind Teil des monolithischen Sowjetreiches.

3. Wir gehen davon aus, dass es eine generelle Übereinstimmung gibt, solange die UdSSR die einzige und hauptsächliche Bedrohung unserer Sicherheit und der Stabilität der Welt darstellt, müssen unsere Ziele im Hinblick auf die europäischen Satelliten der UdSSR darin bestehen, die sowjetische Kontrolle über diese Länder zu beseitigen und ihren Einfluss auf diese Staaten auf ein normales Maß zurückzudrängen.

Allgemeine Kommentare bezüglich der Satelliten

4. Das Kriterium, welches wir zur Definition eines „Satelliten"–Staates heranziehen, ist die Unterwerfung unter die Führung des Kreml. Im Sinne dieser Definition sind Albanien, Bulgarien, Tschechoslowakei, Ungarn, Polen und Rumänien Satellitenstaaten. Jugoslawien ist es nicht; obwohl ein kommunistischer Staat, ist es gegenwärtig nicht dem Kreml untergeordnet und kein integraler Bestandteil des Sowjetsystems. Das betrifft auch Finnland; ohne die Existenz einer großen sowjetischen Marinebasis auf dessen Territorium zu leugnen, hat Finnland insgesamt einen hohen Grad von Widerstand gegen den sowjetischen Druck nachgewiesen und war insbesondere in der Lage, sich gegen eine innenpolitische Dominanz des sowjetischen Innenministeriums zu wehren.

5. Gewisse Verallgemeinerungen können über die Satellitenstaaten formuliert werden. Zum größten Teil wurden sie durch die Sowjetarmee im Verlauf oder nach dem Kriege besetzt. Ihre gegenwärtigen Regierungen wurden nach dem Diktat oder zumindest unter Leitung des Kreml eingesetzt. Und sie sind alle Minderheitenregierungen, die von Kommunisten dominiert werden. Im besonderen ist die interne politische Macht, welche den Schlüsselfaktor im kommunistischen Machtsystem darstellt, unter Kontrolle Moskaus.

6. Darüber hinaus haben die Satellitenstaaten unter dem Druck Moskaus ihre Volkswirtschaften vom Westen auf den Osten orientiert. Der Kreml erzwingt diese Umorientierung mit dem Ziel, die Satelliten zur Bereicherung der sowjetischen Wirtschafts- und Militärmacht auszubeuten und ihre Hinwendung zum Westen zu verhindern. Darüber hinaus werden die Volkswirtschaften der Satelliten sowjetisiert. Das sowjetische Modell des Staatsmonopols für Handel und Industrie und der kollektiven Landwirtschaft wird in diesen Staaten beschleunigt durchgesetzt.

7. Aber auch das kulturelle Leben der Menschen in den Satellitenstaaten wurde ständig weiter sowjetisiert. Ein generelles Modell in der Erziehung, Religion, der Wissenschaft und bildenden Kunst wurde dem Geist und Verstand in Osteuropa aufgepresst.

8. Diese Entwicklungen haben keine Massenunterstützung in den Satellitenländern. Die Mehrheit der Bevölkerung in diesen Ländern betrachtet ihre Regierung und die Sowjetunion nicht als eine emanzipatorische Kraft sondern als Macht der Unterdrückung.

Die Anatomie der Sowjetmacht in den Satellitenstaaten

9. Was ist die Anatomie der Sowjetmacht in diesen Ländern? Die folgenden vier Faktoren bestimmen den Einfluss und die Kontrolle der Sowjets:

   a. Gewisse traditionelle Bindungen, wie der Pan-Slawismus und die orthodoxe Kirche, und in einigen Teilen der Bevölkerung eine gemeinsame Furcht vor einer Wiederholung der Aggression durch die Deutschen.

   b. Der Aufenthalt von oder die unmittelbare Einkreisung durch Elemente der sowjetischen Streitkräfte und Sicherheitskräfte.

   c. Die Durchdringung bzw. Beherrschung der Regierungen, der Partei und aller anderen Massenorganisationen (einschließlich der Wirtschaftsunternehmen) durch den Kreml, in der Gestalt von Sowjetbürgern oder durch Einwohner der entsprechenden Staaten.

   d. Ein geschlossener Block der kommunistischen Ideologie, mit der sich die führenden Gruppen verbunden fühlen.

10. Soweit vorhanden, werden die traditionellen Bindungen der Rasse und der Kultur durch den Kreml systematisch als bindende Kräfte genutzt. Gleichermaßen wird die vorhandene Furcht vor einem Wiederaufleben der deutschen Aggression von den Russen rigoros ausgenutzt, um die Satelliten in der sowjetischen Einflusssphäre zu halten. Das fadenscheinige alte Gebilde des Pan-Slawismus wurde zusammengeflickt und zurechtgeschnitten, um als ziemlich uneffektives ethnographisches und kulturelles Trostpflaster für Osteuropa zu dienen. Die korrupte orthodoxe Kirche, die eine lose religiöse Bindung zwischen Russland und einigen Balkanländern hergab, wurde erneut korrumpiert und gezwungen, vom ökumenischen Konzept abzugehen und das Primat des Moskauer Patriarchats anzuerkennen, welches durchgehend, zumindest in der Realität, wenn auch nicht im Geist, der kommunistischen Partei und dem Innenministerium dienlich ist.

11. Die Anwesenheit der sowjetischen Streitkräfte und Sicherheitstruppen in manchen Ländern oder in unmittelbarer Nähe all dieser Länder übt einen unmittelbaren Einfluss in der gesamten Region aus. Wo Sowjettruppen direkt stationiert sind, dienen sie dazu, die Autorität der offiziellen Marionetten durchzusetzen.

12. Stalinistische Durchdringung der Regierungen und Massenorganisationen der Satellitenstaaten ist ein reales Instrument der Sowjetmacht. Es ist die Absicherung des Kreml gegenüber ideologischen Anfälligkeiten von Teilen der Verantwortlichen dieser Staaten, die Garantie, dass die Politik des Kreml auf den Gebieten der Wirtschaft, der Politik und der Kultur durch-

gesetzt wird. Die Durchdringung aller Satellitenorganisationen, vor allem der Führungspositionen in den politischen Organisationen, durch stalinistische Agenten bedeutet, dass kein Bürger eines Satellitenstaates in verantwortlicher Position davor geschützt sein kann, den Unwillen des Kreml zu erregen. All das erzeugt einen Grad von Unterwürfigkeit, der allein durch ideologische Hypnose niemals erreicht werden könnte.

13. Es gibt drei erkennbare Schichten in den akkreditierten Lehren von Marx, Lenin und Stalin. Da ist erstens das traditionelle Konglomerat der marxistisch-leninistischen Philosophie auf der Grundlage des dialektischen Materialismus. Obwohl das Scharlatanerie ist, bietet diese Philosophie doch die gemeinsame Grundlage des Weltbildes sowohl der UdSSR und ihrer Satelliten als auch solcher Abweichler wie Tito oder die Trotzkisten. Egal, welche Differenzen sie trennen mögen, zu welchen opportunistischen Anpassungen an den Mammon des Privatkapitalismus sie sich gezwungen sehen, sie sind vereint in der gemeinsamen Ablehnung der Bourgeoisie.

14. Die zweite Schicht ist das leninistisch-stalinistische Modell der Ergreifung und Festigung der Macht. Das ist das aktive Schema des Totalitarismus, die moderne Wissenschaft von Revolution, Staatsstreich und Tyrannei. Von der russischen Revolution bis zum Staatsstreich in der Tschechoslowakei wurde dieses Modell mit Erfolg durchgesetzt. Es ist aber auch in sich selbst eine Bindungskraft der Satelliten an die UdSSR.

15. Die dritte Schicht ist besonders entwickelt als eine magnetische Kraft, um die Satelliten an die Einflusssphäre des Kreml zu binden. Es ist ein Dogma des Stalinismus, dass (a) die nichtsowjetische Welt unveränderlich feindlich ist, nicht nur gegenüber der Sowjetunion, sondern zu all den „Neuen Demokratien", einfach, weil deren Ziel der Kommunismus ist; (b) die UdSSR ist das sozialistische Vaterland, welches eine Bewegung anführt, die auserwählt ist, um über die nichtsowjetische Welt zu triumphieren; (c) die Satellitenstaaten können nur überleben und ihr Schicksal bestimmen durch die Identifizierung ihrer Interessen mit denen der UdSSR, indem sie gewissenhaft der unfehlbaren und unbesiegbaren Führung des Kreml folgen und (d) deshalb die Bürger der Satelliten der UdSSR vor allem Gefolgschaft zu leisten haben. Es ist dieses Dogma, welches die Erklärung dafür liefert, wie der Sowjetimperialismus in all seinen Aspekten, den politischen, wirtschaftlichen und kulturellen, aufgezwungen wird und warum die Satelliten ihren kolonialen Status akzeptieren. Es sollte außerdem erwähnt werden, dass die Vorliebe des Westens – eine ganz unverständliche Vorliebe – auf der Basis der oben unter (a) genannten Thesen zu reagieren, dazu führt, diesen Mythos zu verstärken und die Führung der Satelliten dazu zu bringen, dass

sie glauben, sie hätten keine Zukunft außerhalb des stalinistischen Lagers.

16.Die drei grundlegenden Faktoren, die in den vorangegangenen Paragraphen definiert wurden: (a) die militärische Einschüchterung, (b) die Durchdringung und (c) das stalinistische Dogma sind die Grundlage und die bestimmende Kraft für andere Mechanismen der Macht des Kremls und seines Einflusses auf die Satelliten. Solche sekundären Faktoren wie der Rat für Gegenseitige Wirtschaftshilfe[2] (und die Kehrseite der Medaille: das Verbot für die Satelliten, am Wiederaufbau-Programm für Europa – European Recovery Program – ERP – teilzunehmen), die Standardisierung der Militärtechnik, Verteidigungsbündnisse und gemeinsame Propagandaaktionen könnten nicht notwendigerweise entwickelt werden, wenn nicht diese drei grundlegenden Faktoren wirksam wären. Obwohl diese sekundären Faktoren nur von zweitrangiger Bedeutung für die Analyse der Anatomie der Sowjetmacht sind, haben sie jedoch enorme praktische Bedeutung bei der Bewertung, was wir tun können, um Einfluss und Kontrolle der Sowjets in den Satellitenstaaten zurückzudrängen. Insbesondere dieser Zusammenhang ist die Grundlage für detailliertere Untersuchungen, vor allem der wirtschaftlichen Mechanismen, im weiteren Verlauf dieses Dokumentes.

17.Zurück zu den grundlegenden Faktoren muss die Frage untersucht werden, welches die Schwachpunkte in dieser Anatomie des Einflusses und der Kontrolle der Sowjets sind. Die Schwäche der traditionellen Bindungen zwischen der UdSSR und ihren Satelliten liegt in deren vergleichsweisen Oberflächlichkeit und in den traditionellen Konflikten in dieser Region, welche in historischer Sicht immer die direkten Einflussmöglichkeiten begrenzt oder gestört haben. Pan-Slawismus kann Unterstützung finden in Bulgarien, ist jedoch für Albanien absurd. Und mit Gewissheit sind auch die lang anhaltenden Antagonismen der Polen, Rumänen und Ungarn gegenüber den Russen – ganz zu schweigen von den gegenseitigen Abneigungen zwischen den Satelliten – starke Gegenkräfte gegen den neuen stalinistischen Internationalismus.

18.Die Schwäche des Kreml bezüglich seiner in den Satellitenstaaten stationierten Streitkräfte liegt in der Tatsache, dass sie dort legal nur vorübergehend stationiert sein werden – soweit nicht neue Vertragsbedingungen ausgehandelt werden oder die Satelliten, in denen sie stationiert sind, direkt

---

2 - Der Rat für Gegenseitige Wirtschaftshilfe wurde im Januar 1949 von Vertretern der Sowjetunion, Bulgariens, Ungarns, Polens, Rumäniens und der Tschechoslowakei gebildet mit dem Ziel, Erfahrungen und technische Unterstützung in der Volkswirtschaft auszutauschen (Anm d. Hg.)

in die UdSSR eingegliedert werden. Der Rückzug dieser Truppen wird, unter den gegenwärtigen Umständen, die anderen Instrumente des sowjetischen Einflusses und der Kontrolle ohne die nachhaltige Wirkung der Truppenpräsenz bestehen lassen.

19. Einige Schwachpunkte resultieren auch aus schwierigen Faktoren der sowjetischen Penetrierung. Mit der Existenz von Agenten des Kreml in einflussreichen Positionen in den Partei- und Staatsstrukturen und mit den gegenseitigen Verdächtigungen und Denunziationen, die, wie das in der UdSSR zu sehen ist, alle zwischenmenschlichen Beziehungen durchdringen, erscheint dieser Kanal des Einflusses und der Kontrolle beinahe unanfechtbar. Seine einzige Schwäche dürfte in seiner eigenen Blamage und Demoralisierung liegen – die immer wiederkehrende Unvermeidlichkeit von Personalsäuberungen – und im nationalistischen Widerstand, der durch die Einmischung der Sowjets immer wieder erzeugt und entflammt wird. Das sind nicht zuletzt die Erfahrungen bei einigen der Minderheiten-„Nationen" der UdSSR – die Ukraine und die baltischen Staaten. Moskaus Einflussnahmen und Einmischungen in diese Teilstaaten provoziert Widerstand, der jedoch meistens unterdrückt werden kann durch individuelle oder eng begrenzte Maßnahmen der Sicherheitspolizei. Aber manche der Aufstände sind von solchem Ausmaß, dass sie den Einsatz von Truppen der Roten Armee oder von Sicherheitskräften erfordern. Außerdem werden die Kräfte der Armee und der Sicherheit niemals „Einheimische" in den Regionen, in denen sie eingesetzt werden. Diese Erfahrung wirft erneut die Frage nach der Wirksamkeit der Durchdringung mit stalinistischen Agenten auf für den Fall, dass die Sowjetarmee hinter die Grenzen der UdSSR zurückgezogen werden muss.

20. Die Schwäche der ideologischen Einflussnahme des Kreml auf die Führer der Satellitenstaaten liegt in dem Stalinschen Dogma der Unterwürfigkeit gegenüber der UdSSR, insbesondere in dem Zwang, dass die Interessen der Satelliten niemals in Konflikt mit denen der UdSSR geraten können oder dürfen. Dieser Mythos ist glücklicherweise die schwächste Stelle der verordneten Ideologie von Marx, Lenin und Stalin. Sie ruft ebensolche grundlegenden öffentlichen Reaktionen hervor, wie sie in der Geschichte der Kolonialismus hervorgerufen hat, tatsächlich ist sie auch eine Form des Kolonialismus. Der Mythos verliert schnell an Attraktivität für all jene, die ihre Wurzeln in der Region haben, wenn es klar wird, dass die Interessen der Satelliten, insbesondere ihre wirtschaftlichen Interessen, den imperialen Bedürfnissen des sowjetischen Souveräns untergeordnet werden müssen. Diese Entwicklung muss selbst auf jene Führungskräfte der Satelliten

Einfluss gewinnen, die in Moskau immer noch das Zentrum des neuen Internationalismus sehen. Das stalinistische Dogma musste zweifellos Einfluss auf das Denken der Führungskräfte der Satelliten gewinnen, soweit sie selbst Revolutionäre auf der Suche nach der Macht waren. Zu jener Zeit gab es kaum Konflikte zwischen ihren Interessen und denen des Kreml; sie waren völlig abhängig von Moskau und mussten darauf vertrauen, dass sie ihre revolutionären Ziele – und ihre persönlichen Ambitionen – lediglich durch die völlige Unterwerfung unter die Interessen der UdSSR durchsetzen konnten. Aber jetzt, da sie sich einbilden, einen bestimmten Anteil an der Macht zu haben, kommen neue und subtilere Kräfte in das Spiel. Die Macht – oder auch nur der Geschmack von Macht – korrumpiert kommunistische Führer ebenso wie die der Bourgeoisie. Anforderungen aus nationalen und persönlichen Interessen werden real und kommen in Konflikt mit den Interessen der Kolonialpolitik der Sowjets. Wenn dies geschieht, werden die Funktionäre der Satelliten, unter dem Zwang anderer Faktoren, immer noch Sklaven des Kreml sein, aber nicht mehr freiwillig.

Die Lehren Titos

21. Bevor wir dieses Problem untersuchen, wird es hilfreich sein, die Gründe zu analysieren, die zur gegenwärtigen Unabhängigkeit Titos von der Kontrolle Moskaus führten. Wie geschah es, dass Jugoslawien kein enger Verbündeter der UdSSR und ihrer Satelliten ist?

22. Die Antwort liegt offensichtlich nicht auf dem Gebiet der Ideologie. Die Staatsideologie Jugoslawiens ist, ebenso wie in der UdSSR und den Satelliten, der Marxismus-Leninismus. Darüber hinaus kam Tito zur Macht und hält diese aufrecht durch die exakte Anwendung des leninistisch-stalinistischen Modells des Totalitarismus. Lediglich auf der dritten Ebene der Ideologie – betreffend die Unterwürfigkeit unter die Interessen der UdSSR – unterscheidet sich Tito offensichtlich von der ideologischen Haltung der Satelliten. Wie konnte er das erreichen?

23. Der Schlüssel zu Titos erfolgreicher Abwehr der sowjetischen Kontrolle liegt in der Tatsache, dass (a) die Kommunistische Partei Jugoslawiens im wesentlichen seine persönliche Schöpfung war, (b) die Sowjetarmee Jugoslawien nicht besetzte und damit keine direkte Quelle für die Kräfte des Kreml geschaffen werden konnte, und (c) er von Anfang an in der Lage war, eine effektive stalinistische Durchdringung der Partei und des Regierungsapparates zu verhindern.

24. Unter diesen Umständen waren Tito und seine Anhänger in der Lage,

eine Partei, den Sicherheitsapparat und die Armee zu entwickeln, die Selbstvertrauen und einen besonderen Stolz in ihre eigenen Errungenschaften besitzen – und die in erster Linie sich selbst treu sind. Insoweit waren sie im Konflikt und in der Kraftprobe mit der UdSSR immun gegenüber den stalinistischen Aktionen zu ihrer Disziplinierung. Es ist schon eine Ironie der Geschichte, dass die Aktivitäten des Kominform-Büros des Kreml dazu geführt hatten, die Hausmacht Titos und seiner Anhänger zu stärken und die öffentliche Unterstützung seiner Politik zu verbreitern.

25. Warum kam es zur Spaltung zwischen Tito und dem Sowjetblock? Die Antwort liegt sowohl in der Natur der Jugoslawen als auch in der Natur des sowjetischen Imperialismus. Der Kreml hat eine schwere Fehlkalkulation bezüglich der jugoslawischen Kommunisten getroffen. Er unterschätzte den starken widerspenstigen Charakter der Jugoslawen und die organisatorischen Fähigkeiten der Titoisten, dem sowjetischen Druck zu widerstehen. Mit starker Hand wollte Moskau seine Kolonialpolitik gegenüber Jugoslawien durchsetzen. Indem Moskau so vorging, setzte es sein Ansehen bei den Titoisten aufs Spiel. Als der arrogante Druck Moskaus immer weiter anstieg, verstärkte sich auch der jugoslawische Widerstand, bis es zum offenen Bruch kam.

26. Ungeachtet der Bitterkeit über ihren gegenwärtigen Streit bleiben die Bindungen des Marxismus-Leninismus zwischen Moskau und den Titoisten bestehen. Wir dürfen uns nicht von einer Denkweise täuschen lassen, dass Tito für uns ein Werkzeug sein könnte in einem Familienstreit der Kommunisten. Das Beste, was wir von Tito erhoffen können, ist ein schlaues Spiel mit beiden Seiten im eigenen Interesse, so ähnlich wie es Franco im vergangenen Krieg zwischen den Achsenmächten und den Alliierten praktiziert hat. So unangenehm eine solche Beziehung auch sein mag, sie ist weit weniger nachteilig für uns und andere Nationen guten Willens als ein jugoslawischer Zement im sowjetischen Monolithen.

27. Die kommunistische Reformation in Jugoslawien entwickelt sich schnell und mit klaren Konturen auf der Grundlage jener speziellen Bedingungen, wie sie in den vorangegangenen Paragraphen beschrieben wurden. Diese Bedingungen bestehen nicht in den anderen Satellitenstaaten, sonst würden diese schnell den gleichen Weg gehen können wie Jugoslawien. Die Führer der Satellitenstaaten kamen nicht vorrangig durch eigene Anstrengungen an die Macht. Die meisten wurden durch Moskau, mit Hilfe der Roten Armee oder der Sicherheitspolizei eingesetzt. Außerdem haben diese Führer nicht den besonderen Korpsgeist der Titoisten. Vielmehr sind ihre Parteien und Regierungen umfassend durch Stalinisten unterwandert mit dem Ergebnis,

dass jede Konspiration gegen die Kontrolle des Kreml schnell aufgedeckt, isoliert und zerschlagen wird. Außerdem sind in ihren Armeen Informanten und Agenten. Und schließlich sind sowjetische Streitkräfte entweder auf ihren Territorien oder entlang ihrer Grenzen stationiert.

Für uns offene Verfahrensweisen

28. Bei der Suche nach Möglichkeiten, die Sowjetmacht in den Satellitenstaaten zu beseitigen, stehen uns zwei prinzipielle Wege für unser Handeln offen. Der eine ist der Krieg, der andere Maßnahmen unterhalb der Schwelle eines Krieges.

29. Die Entscheidung für einen Krieg als Richtung unserer Aktionen ist in diesem Dokument ausschließlich für den Zweck beschrieben, um klarzumachen, dass dieser Weg als praktische Alternative abgelehnt werden muss. Diese Entscheidung muss abgelehnt werden, aus keinem anderen Grund als dass diese Regierung aus grundsätzlichen Erwägungen nicht bereit ist, eine Politik zu verfolgen, die einen Krieg auslösen würde. Daraus folgt, dass dieses Dokument notwendigerweise Maßnahmen beschreibt, die unterhalb der Schwelle eines Krieges liegen. Jedoch, wenn uns ein Krieg in Osteuropa aufgezwungen wird, dann ist das eine ganz andere Sache und würde eine völlig neue Situation schaffen, die jenseits der Ansätze in diesem Dokument liegt. Es muss wohl kaum erwähnt werden, dass wir immer auf eine solche Möglichkeit vorbereitet sein müssen.

30. Es bleibt also die Kategorie der Mittel und Methoden unterhalb der Schwelle eines Krieges. Bevor wir das diskutieren, sollten wir zu Beginn in unserem Denken einen anderen Komplex von Alternativen sehen, zwischen denen wir eine klare Wahl zu treffen haben. Bei den Versuchen, eine Beseitigung der Sowjetmacht in diesen Ländern zu erreichen, dürfen wir offensichtlich nicht zulassen, dass ein Vakuum entsteht. Jener Typ von Regierung, der danach an die Macht kommt, muss sofort in der Lage sein, Einfluss und Kontrolle des Kreml zurückzudrängen. Deshalb muss es unser Ziel sein, als ersten Schritt die Autorität des Kreml zu ersetzen mit (a) Regierungen, die direkt freundlich uns gegenüber sind oder (b) eine jede Regierung, die nicht von Moskau dominiert wird, auch wenn es kommunistische Regimes sind.

31. Unser letztendliches Ziel muss es jedoch sein, die Errichtung nicht-totalitaristischer Regimes zu erreichen, die willig sind, sich der Gemeinschaft der freien Welt anzupassen und in ihr teilzunehmen. Starke taktische Bedingungen stehen jedoch dagegen, dieses Ziel als die grundlegende

Aufgabe zu setzen. Keines der osteuropäischen Länder, mit Ausnahme der Tschechoslowakei, hat bisher etwas anderes als autoritäre Herrschaft kenengelernt. Demokratie im westlichen Sinne ist ihrer Kultur und Tradition fremd. Darüber hinaus wurden die Führungskräfte mit nichttotalitären Positionen, soweit es sie überhaupt gab, gründlich dezimiert oder zerschlagen. Es gibt nur eine geringe Chance für einen sicheren Weg zur Macht durch eine bewaffnete Intervention des Westens. Soweit wir die Ersetzung des Totalitarismus durch eine Demokratie als unser vordringliches Ziel formulieren, würde der überwältigende Anteil dieser Aufgabe auf uns selbst zukommen, und wir würden uns in direkter Konfrontation mit dem Prestige des Kreml wiederfinden und damit harte Reaktionen der Sowjets provozieren, möglicherweise in Form eines Krieges oder zumindest in wirksamen indirekten Aggressionen. Am ehesten würden wir uns wiederfinden in einer tiefen Verstrickung in die Situation in Osteuropa und uns unkalkulierbare Belastungen politischer, wirtschaftlicher und militärischer Verantwortung aufbürden für das Überleben von ungewissen Regimes, die wir selbst an die Macht gebracht haben.

32. Wenn wir es denn so wollen, dass als erster Schritt abtrünnige kommunistische Regimes die gegenwärtigen stalinistischen Regierungen ersetzen, dann hätten wir wesentlich bessere Chancen. Zugegeben, es wäre eine schwierige Aufgabe zu versuchen, die Bindungen der Satelliten mit dem Kreml zu unterbrechen. Aber es wäre nicht annähernd so schwierig als die direkte Herausforderung nicht nur des gesamten Komplexes der kommunistischen Ideologie und Methodik, sondern auch der langen Erbschaft der autoritären Regierungssysteme.

33. Der einzig gangbare direkte Weg scheint zu sein, die Entstehung eines ketzerischen Prozesses des Abdriftens bei einem Teil der Satellitenstaaten zu erreichen. Da nun doch einige Schwachpunkte erkennbar sind, scheinen Bedingungen für diesen Prozess des Abdriftens zu wachsen. Wir können zum Anwachsen dieser Widersprüche beitragen, ohne dafür die Verantwortung übernehmen zu müssen. Und wenn der Bruch dann vollzogen wird, dann stehen wir nicht in direkter Verantwortung für die Beschädigung des Prestiges der Sowjets; die Auseinandersetzung vollzieht sich dann zwischen dem Kreml und den kommunistischen Reformern.

34. Damit könnte man sich eine solche Entwicklung vorstellen, die zur Herausbildung von zwei gegensätzlichen Blöcken in der kommunistischen Welt führen würde – eine stalinistische Gruppe und eine nonkonformistische Fraktion, möglicherweise in loser Allianz oder als Föderation unter der Führung von Tito. Eine Situation entsprechend dieser Charakterisierung

könnte uns evtl. eine Möglichkeit bieten, auf der Grundlage eines Gleichgewichts der Kräfte in der kommunistischen Welt zu operieren und die Tendenzen einer Angleichung an den Westen bei diesem Stand der Dinge zu verstärken.

35. Im Zusammenhang mit diesen Fortschritten in der Betrachtung des Problems sollten wir nun den am günstigsten erscheinenden Weg unseres weiteren Vorgehens untersuchen. Der offensichtlich erste Schritt, vielleicht sogar eine entscheidende Vorbedingung, ist die Herbeiführung von Bedingungen, die zu einem Rückzug der sowjetischen Truppen von den Territorien der Satellitenstaaten führen können. Der Abschluss eines Friedensvertrages mit Österreich würde die Berechtigung für die Truppenstationierung in Ungarn und Rumänien in Zweifel ziehen. Parallel dazu könnte eine Vereinbarung der Vier Mächte über Deutschland, sollte diese erreicht werden, auch Bedingungen einschließen, die im günstigsten Falle einen Abzug, aber zumindest eine Reduzierung der sowjetischen Truppen in Deutschland und Polen absichern könnten. Eine solche Entwicklung könnte den langen Weg einleiten, dass der Kreml nicht nur in den betreffenden Ländern, sondern auch in abhängigen Ländern zunehmend Positionen einbüßt. Natürlich gibt es keine Garantie, dass eine solche Entwicklung nicht gekontert wird durch Beistandspakte untereinander oder sogar durch die Einverleibung einiger oder aller Satelliten in die Union der Sozialistischen Sowjetrepubliken, womit eine neue legale Grundlage für die Stationierung sowjetischer Truppen in diesen Ländern geschaffen würde. In einem solchen Falle würde eine völlig neue Situation entstehen, die es notwendig machte, dieses Dokument völlig neu zu bewerten.

36. Eine zweite Möglichkeit für uns ist der Angriff auf die Schwachstellen der stalinistischen Unterwanderung der Regierungen und Massenorganisationen der Satelliten. Im Hinblick auf das bisher Gesagte, wird das keine leichte Aufgabe sein. Die Schwachpunkte jedoch, wie sie in Paragraph 19 dargestellt wurden, zeigen uns einen verwundbaren Sektor in dieser Front, insbesondere, wenn die Sowjettruppen hinter die Grenzen der UdSSR zurückgezogen würden. Das grundlegende Problem wird sein, die Isolierung der stalinistischen Elemente zu erreichen, nicht nur in den Satellitenstaaten, sondern auch in den kommunistischen Parteien, und wenn sie identifiziert und isoliert sind, Bedingungen zu schaffen, die ihre Macht zurückdrängen und evtl. sogar eliminieren. [im Quellentext wurde hier eine Schwärzung aus Sicherheitsgründen vorgenommen – d. Hg.] Die Neigung der Revolution, sich selbst zu verzehren, das Misstrauen des Kreml gegenüber seinen eigenen Agenten und den Institutionen der Denunziation, Säuberungen und

Liquidierungen sind grundlegende Defizite des sowjetischen Systems, die bisher noch nie entsprechend für unsere Zwecke genutzt worden sind.

37. Dieser Weg ist direkt verbunden mit und teilweise abhängig vom dritten Weg unserer Aktivitäten – einem Angriff an der ideologischen Front, speziell gerichtet auf das stalinistische Dogma einer Abhängigkeit und Unterwürfigkeit der Satelliten gegenüber der UdSSR. Diese Schlüsseldoktrin sollte unaufhörlich und auf der ganzen Breite in ihren politischen, wirtschaftlichen und kulturellen Aspekten angegriffen werden. Auf der positiven Seite sollte das Gegenteil dieses stalinistischen Dogmas – der Nationalismus – gestärkt werden. Diese Angriffe sollten sowohl in offener als auch in verdeckter Form vorgetragen werden.

38. Die unterstützenden Mechanismen der sowjetischen Herrschaft, wie sie in Paragraph 16 beschrieben sind, bieten verschiedene Angriffsflächen. Es ist schwierig zu bewerten, wie wir zum Beispiel Druck ausüben können, um gegen solche Mechanismen wie die sowjetischen militärischen Aufgaben in den Satellitenstaaten vorgehen zu können. Die Bereiche der Politik und Kultur jedoch bieten uns Möglichkeiten, unseren Einfluss zu verstärken. Zum Beispiel können wir durch formale diplomatische Kanäle und im Rahmen der UNO Druck ausüben, um die Bindungen zwischen den Satelliten und der UdSSR zu belasten. Und in unserer generellen ideologischen Offensive, wie in den vorangegangenen Paragraphen beschrieben, sollten wir nicht nachlassen, die Angriffe voranzutreiben, notwendigerweise in den meisten Fällen nur indirekt, gegen spezielle Instrumentarien, wie sie z.B. die „populären" Organisationen in den Satellitenstaaten darstellen.

39. Es wird jedoch vermutlich besonders auf dem Gebiet der Wirtschaft sein, dass wir unseren Einfluss am konkretesten spüren können. Alle Maßnahmen der sowjetischen Kontrolle über die Wirtschaft, wie z.B. der RGW, werden durch die Politik beeinflusst, die wir z.B. im Ost-West-Handel, beim Handel mit Gold und bei der Exportkontrolle ausüben. Die potentielle Effektivität unserer Taktik auf dem Gebiet der Wirtschaft ist sehr weit gespannt. Wenn wir erfolgreich die RGW-Strukturen treffen können, dann wird das Auswirkungen haben auf Gebiete der Politik, des Militärs und der Kultur. Wir haben zur Zeit keine Studie über alle Elemente dieses Problems zur Verfügung, nach der wir handeln könnten. Bis wir nicht eine aussagekräftige Studie über alle darin enthaltenen wirtschaftlichen – und politischen – Faktoren haben, können wir dieses wirtschaftliche Potential nicht voll mobilisieren und es mit höchstem Nutzeffekt einsetzen. Das ist ein taktisches Problem, das unverzüglich im Detail ausgearbeitet werden muss.

Faktoren, die unsere Entscheidung beeinflussen

40. Die breiten Aktionsmöglichkeiten, die uns geboten sind, werden durch eine Serie anderer Faktoren mit beeinflusst. Das betrifft Voraussetzungen bezüglich (a) Zeitpunkt und Tempo, (b) unserer langfristigen Zielstellungen, (c) unserer Position in der Welt, (d) unserer Beziehungen zur UdSSR und (e) die relative Verwundbarkeit der verschiedenen Satelliten.

41. Obwohl nun die Zeit reif ist für uns, um zur Offensive überzugehen, bedeutet das jedoch nicht, dass wir bereits auf ein maximales Tempo drücken sollten. Das Tempo, das wir anschlagen sollten, ist notwendigerweise bestimmt durch unser grundlegendes pragmatisches Herangehen an unsere auswärtigen Beziehungen. Wir müssen hier die Binsenweisheit anerkennen, was in der öffentlichen Meinung manchmal ignoriert wird, dass wir unser Tempo anpassen müssen an die Entwicklung der Situation in den Satellitenstaaten.

42. Ein Kurs zur Verstärkung von Spaltungserscheinungen in der kommunistischen Welt kann nicht ohne taktische Reserven vorangetrieben werden, da ein solcher Kurs eine taktische Angemessenheit erfordert, die notwendigerweise nicht dazu führen darf, unsere grundlegenden langfristigen Ziele – ein nicht-totalitäres System in Europa zu errichten – zu gefährden. Das Problem besteht darin, die Entwicklung von abweichlerischen Tendenzen im Kommunismus zu befördern, ohne jedoch zur gleichen Zeit unsere Chancen ernsthaft zu beeinträchtigen, diese zeitweiligen totalitären Regimes endgültig durch tolerante Regimes mit einer pro-westlichen Haltung zu ersetzen. Das bedeutet auch, dass wir unsere Unterstützung und unseren Schutz für Führer und Gruppen mit Westorientierung in diesen Ländern nicht vermindern, sondern im Gegenteil verstärken müssen.

43. Bedingungen unserer internationalen Lage, insbesondere im Hinblick auf die UNO, rufen weitere Begrenzungen für unsere Politik gegenüber den Satelliten hervor. Wir können nicht, als Beispiel, unsere Politik gegenüber Tito und den Titoismus anders gestalten als gegenüber Franco und den Faschismus. Außerdem können wir keinen grundsätzlich unilateralen Kurs einschlagen, weil wir uns zur kollektiven Idee bekannt haben, da unsere westeuropäischen Verbündeten weitreichende legitime Interessen in Osteuropa haben und da die volle Effektivität unserer Operationen abhängig ist von der Zusammenarbeit mit den Verbündeten.

44. Unsere Beziehungen zur UdSSR sind eine andere Voraussetzung, die wir in Betracht ziehen müssen. Die Frage der Satelliten ist eine Teilfunktion unseres Hauptproblems – der Beziehungen zur UdSSR. Keine Bewertung unse-

rer vorgeschlagenen Aktionswege gegenüber den Satelliten ist vollständig, wenn nicht die möglichen Wirkungen auf die UdSSR mit in Betracht gezogen werden. Vorschläge für Operationen in und gegen die Satelliten müssen konsequent geprüft werden, in welcher Art und mit welchem Ausmaß Reaktionen des Kreml dadurch provoziert werden. Soweit das in der gegenwärtigen Situation kalkulierbar ist, sollten solche Operationen nicht in Provokationen ausufern.

45. Schließlich müssen die Bedingungen der relativen Verwundbarkeit der verschiedenen Satelliten in unsere Überlegungen einfließen. Man sollte nicht gleichartige Aktionen gegen alle Satelliten starten. Offensichtlich muss unsere Politik sowohl hinsichtlich des Tempos als auch der Methoden sich deutlich unterscheiden beim Vorgehen gegen die verschiedenen Satelliten. Das sind taktische Probleme, die durch die operativen Bereiche in der Regierung flexibel ausgearbeitet werden müssen.

Schlussfolgerungen

46. Unser Gesamtziel im Hinblick auf die Satellitenstaaten sollte darin bestehen, zumindest eine graduelle Reduzierung und eventuelle Beseitigung der dominierenden Macht der Sowjets aus Osteuropa zu erreichen, ohne dass es zum Krieg kommt.

47. Als das einzige unmittelbar praktische Vorgehen sollten wir versuchen, dieses Ziel durch eine Verstärkung der Abweichungen vom Kommunismus in den Satellitenstaaten zu erreichen, dabei die Errichtung von nicht-stalinistischen Regimes als Übergangsverwaltung befördern, auch wenn diese von ihrer Natur her noch kommunistisch sind.

48. Aber es muss auch unser festes Ziel sein, dass diese Regimes dann durch nicht-totalitäre Regierungen ersetzt werden müssen, die den Wunsch haben, vertrauensvoll in der Gemeinschaft der freien Welt mitzuwirken.

49. Unter Beachtung aller Bedingungen und Voraussetzungen, die in diesem Dokument behandelt wurden, sollten wir ganz spezifisch:

a. Uns bemühen, einen Rückzug der sowjetischen Truppen hinter die Grenzen der UdSSR zu erreichen;

b. Dafür sorgen, dass die stalinistischen Kräfte zunehmend von den nationalistischen Kräften in den Parteien sowie von einer öffentlichen Unterstützung isoliert werden, mit dem Ziel, dass ihre Macht reduziert wird;

c. Das stalinistische Dogma der Unterwerfung der Satelliten unter die UdSSR angreifen und den Nationalismus befördern;

d. Die wirtschaftlichen Kräfte, die wir kontrollieren oder beeinflussen, voll zum Tragen bringen, um die Beziehungen der sowjetischen Satelliten zu stören.

50. Die operativen Strukturen der Regierung sollten unmittelbar mit den taktischen Planungen und ihrer Umsetzung, in Übereinstimmung mit dem in diesem Dokument erarbeiteten strategischen Konzept, beginnen. In Verbindung mit der wirtschaftlichen Planung erscheint es notwendig, als erstes die in Paragraph 39 behandelte Studie zu erarbeiten.

Kommentar der Herausgeber:
Die Direktive NSC 58, die im Außenministerium erarbeitet wurde, setzt die Strategie der Verstärkung von Spaltungen in der internationalen kommunistischen Bewegung, wie sie in der NSC-Direktive 20/1 ausgearbeitet wurde, auf das spezielle Gebiet von Osteuropa um. Entgegen den Vorwürfen, die gegen die Truman-Administration gerichtet werden, zeigt dieses Dokument keine Unvereinbarkeit zwischen dem Konzept der „Zurückdrängung" (containment) und dem Konzept der „Befreiung" (liberation), wenn der letztere Begriff das enthält, was die Autoren der Direktive 58 nennen „einen Prozess des Auseinanderdriftens auf der Grundlage von Dissens bezüglich der Satellitenstaaten". Die Direktive 58 verstärkt das Argument, ursprünglich im Dokument Nr. 1 des Policy Planning Staff erarbeitet, dass es um die sowjetische Politik der Expansion geht und nicht generell um den internationalen Kommunismus. Obwohl die Vereinigten Staaten nichtkommunistische Regierungen in Osteuropa bevorzugen würden, könnten sie auch mit kommunistischen Regierungen, die nicht unter sowjetischer Kontrolle stehen, im Interesse der weiteren Begrenzung der sowjetischen Herrschaft, zusammenarbeiten. ...

Am 13. Dezember 1949 unterzeichnete Präsident Truman eine modifizierte Version der Direktive, NSC 58/2, deren Schlussfolgerungen zum Zeitpunkt der Bearbeitung dieses Buches noch der Geheimhaltung unterlagen.

Quelle:
Thomas H. Etzold und John Lewis Gaddis (ed.):
"Containment: Documents on American Policy and Strategy, 1945 – 1950
New York, Columbia University Press; S. 211ff.
(Übersetzung: Klaus Eichner)

TOP SECRET

Atomwaffen - Politik der Vereinigten Staaten
(United States Policy on Atomic Weapons)

NSC 30   10. September 1948

Problemstellung

1. Untersuchung, ob es zu diesem Zeitpunkt ratsam erscheint, politische Richtlinien für den Einsatz von Atomwaffen zu formulieren.

Analyse

2. Die Entscheidung über den Einsatz von Atomwaffen ist eine höchst politische Entscheidung. Welche Umstände den Eintritt in einen Krieg beeinflussen, können in ihrer Gesamtheit ebenso wenig mit Sicherheit vorhergesagt werden wie der Ausbruch eines Krieges. Es dürfte unüberlegt sein, den Gebrauch irgendwelcher spezieller Waffensysteme zuvor zu befürworten oder zu verbieten, wenn der Charakter eines zukünftigen Konfliktes nur auf der Grundlage unvollkommener Voraussetzungen beurteilt werden kann. Unter diesen Umständen kann eine voreilige Festlegung in der Diagnose zu einem Desaster führen.

3. Wenn ein Krieg nicht verhindert werden kann, erscheint es sinnlos, darauf zu hoffen oder zu vertrauen, dass die Verpflichtung zur Begrenzung des Einsatzes gewisser Waffensysteme ihren Einsatz im Krieg verhindern könnte.

4. Die Vereinigten Staaten haben gegenwärtig nichts zu gewinnen, vergleichbar mit dem Risiko, diese Frage hochzuspielen, unabhängig davon, ob sie eine gut fundierte oder eine zweideutige Entscheidung über den Einsatz von Atomwaffen im Krieg zur Verfügung haben. Eine vorgerückte Entscheidung, dass Atomwaffen eingesetzt werden sollen, wird vorerst auch nur die militärischen Planer betreffen. Doch ist eine solche Entscheidung nicht so wichtig, da die Militärs auch ohne diese die Planungen über die Nutzung der in diesem Land vorhandenen Kapazitäten von Menschen, Material, Ressourcen und der Wissenschaft vorantreiben können und wollen.

5. In dieser Angelegenheit muss die öffentliche Meinung als ein Faktor von grundlegender Bedeutung angesehen werden. Überlegungen oder

Entscheidungen von dieser Tragweite, auch wenn sie offensichtlich positiv aufgenommen werden, könnten die Auswirkung haben, dass dem amerikanischen Volk eine moralische Frage von solcher lebenswichtigen Bedeutung für die Sicherheit zu einer Zeit unterbreitet wird, wenn die volle Bedeutung für die Sicherheit noch gar nicht klar ist. Falls eine solche Entscheidung durch das amerikanische Volk getroffen werden sollte, dann nur unter den Umständen einer aktuellen Notsituation, wenn die darin enthaltenen grundlegenden Faktoren für die Öffentlichkeit sichtbar sind.

6. Gleichermaßen muss die Meinung des Auslandes in Betracht gezogen werden. Eine offizielle Diskussion über den Einsatz von Atomwaffen würde auch von den Sowjets wahrgenommen, denen tatsächlich jedoch nicht der leiseste Ansatz gegeben werden darf zu glauben, dass die Vereinigten Staaten jemals entscheiden könnten, keine Atomwaffen, wenn es notwendig wird, gegen die Sowjets einzusetzen. Es könnte genügen, solche Überlegungen als Andeutungen, verstärkt vielleicht als Zweifel, in die Köpfe von verantwortlichen sowjetischen Vertretern zu setzen, um genau die sowjetische Aggression zu provozieren, die die Politik der Vereinigten Staaten grundsätzlich verhindern möchte. Wenn Westeuropa in der Gegenwart ein Bedürfnis der Sicherheit empfindet, ohne dass weder ein wirtschaftlicher Wiederaufbau Europas noch eine kleine Hoffnung auf eine zukünftige friedliche und stabile Welt möglich ist, dann ist das in großem Maße wegen der amerikanischen Atomwaffen, die im Augenblick das hauptsächliche Gegengewicht gegen die allgegenwärtige Drohung der sowjetischen Militärmacht darstellt. Das wurde durch den damaligen Außenminister, James F. Burnes, verdeutlicht, der vor der UN-Vollversammlung am 13. Dezember 1946 unter dem Beifall der Versammlung erklärte, dass: „In der jüngsten Vergangenheit betrafen die Besorgnisse der friedliebenden Nationen nicht das Ausmaß der Rüstung der Vereinigten Staaten. Die Besorgnisse bestanden darin, dass Amerika es versäumen könnte, adäquate Rüstungen zum Schutz des Friedens zu schaffen. ... Es war unsere militärische Schwäche, nicht unsere militärische Stärke, welche die Achsenmächte zur Aggression ermunterte."[3] Immer da, wo sich die Vereinigten Staaten gegen den Einsatz der Atomwaffen entscheiden oder eine öffentliche Debatte über diesen Einsatz auf der Grundlage moralischer Aspekte führen, wird dieses Land das Lob der radikalen Außenseiter dieser Welt und gewiss den Beifall des Sowjetblocks erhalten, aber die Vereinigten Staaten

---

3 - Dokument AEC/31. (liegt nicht gedruckt vor und ist nicht im Quellentext enthalten) – Anm. d. Hg.

werden ebenso von den unverdorbenen Bürgern in Westeuropa deswegen verurteilt werden, da die Gefahr besteht, dass ihre Sicherheit geschwächt wird.

7. Weiterhin muss beachtet werden, ob eine unilaterale öffentliche Entscheidung über den Einsatz von Atomwaffen getroffen werden sollte, während das Problem einer internationalen Kontrolle der Atomenergie in den Vereinten Nationen diskutiert wird. In den „Allgemeinen Schlussfolgerungen und Anmerkungen" des Dritten Berichts der Atomenergie-Kommission an den Sicherheitsrat vom 17. Mai 1948 wird festgestellt: Die neuen Modelle der internationalen Zusammenarbeit und die neuen Standards der Offenheit im Umgang der Staaten untereinander, die unverzichtbar sind auf dem Gebiet der Kernenergie, könnten eine internationale Zusammenarbeit mit breiteren Möglichkeiten eröffnen, sowohl was die Kontrolle über Massenvernichtungswaffen betrifft als auch die Beseitigung des Krieges selbst als Instrument der nationalen Politik. Jedoch sah sich die Mehrheit der Atomenergie-Kommission im Bereich der Kernenergie nicht in der Lage, die Übereinkunft mit der Sowjetunion über eben jene Elemente einer effektiven Kontrolle, die aus technischer Sicht unbedingt erforderlich sind, zu bestätigen, ganz zu schweigen von ihrer Akzeptanz der Natur und des Ausmaßes der Mitwirkung in der Weltgemeinschaft, die von allen Nationen auf diesem Gebiet nach dem ersten und zweiten Bericht der Atomenergie-Kommission erwartet wird. Als ein Ergebnis sah sich die Kommission gezwungen anzuerkennen, dass Vereinbarungen über effektive Mittel zur Kontrolle der Kernenergie abhängig sind von einer Zusammenarbeit auf wesentlich mehr Gebieten der Politik. (Die Kommission stellte fest, dass es zu keinem nützlichen Zweck führen kann, wenn Verhandlungen auf der Ebene der Kommission geführt werden.)

8. Internationale Zusammenarbeit auf einem „breiteren Feld der Politik" wäre sorgenvoll und gefährlich, wenn nicht die Sowjetunion und ihre Satelliten daran teilnehmen. Jeder Versuch, jetzt und in der Zukunft, unter diesen Umständen den Einsatz von Atomwaffen zu verbieten – oder negativ gesehen sich darauf festzulegen – könnte zu katastrophalen Folgen führen. Die erfolgreichen Mittel, die die Vereinigten Staaten in Zusammenarbeit mit anderen Nationen bei der Errichtung eines effektiven Systems der internationalen Kontrolle der Kernenergie eingesetzt haben, sollten direkt jene Kontrollmaßnahmen bestimmen, die die Vereinigten Staaten bei sich selbst für den Einsatz der Atomwaffen anwenden werden. Bis eine internationale Vereinbarung über einen akzeptablen Plan zur Kontrolle der Kernenergie erreicht werden kann (lediglich die Sowjetunion, Polen und die Ukraine

haben die Erreichung dieses Zieles blockiert)[4] ist es gefährlich irreführend, auf die Selbstverwirklichung einer unilateralen Festlegung über den Einsatz von Atomwaffen zu vertrauen.

9. Die Vereinigten Staaten haben gemeinsam mit anderen Staaten angeboten, Kernwaffen aus den nationalen Arsenalen zu entfernen, wenn ein voll effektives, durchsetzbares System der internationalen Kontrolle errichtet werden kann. In der Zwischenzeit sollte die Politik der Vereinigten Staaten sicherstellen, dass keine Festlegungen getroffen werden, solange noch kein praktikables und akzeptiertes System der internationalen Kontrolle der Kernenergie existiert, welche diesem Land dass Recht absprechen würde, im Falle von aktuellen Feindseligkeiten solche Waffensysteme einzusetzen. Die aktuelle Entscheidung zum Einsatz der Waffen obliegt dem Präsidenten (Chief Executive) entsprechend der aktuell bestimmenden Umstände.

10. Die Zeit und die Bedingungen, unter denen die Atomwaffen eingesetzt werden könnten, können nicht mit Gewissheit zuvor bestimmt werden, nicht vor dem unmittelbaren Ausbruch der Feindseligkeiten. Der Typ und der Charakter der Ziele, gegen die Kernwaffen eingesetzt werden sollten, ist vorrangig eine Aufgabe der militärischen Auswahl bei der Vorbereitung und Planung der großen Strategie. In diesem Falle jedoch gibt es ein zusätzliches Erfordernis der Verschmelzung von politischer und militärischer Verantwortung mit dem Ziel zu sichern, dass der Eintritt in den Krieg in seiner umfassenden Ausdehnung die grundlegenden und andauernden Ziele der USA-Politik voranbringen wird.

Schlussfolgerungen

11. Es besteht Übereinstimmung, dass im Falle von Feindseligkeiten, der nationale Militärapparat bereit sein muss, schnell und effektiv alle geeigneten Mittel einzusetzen, einschließlich der Kernwaffen, im Interesse der nationalen Sicherheit, und dass die Planungen dieser Aufgabe entsprechen müssen.

12. Die Entscheidung über den Einsatz der Kernwaffen im Falle eines Krieges liegt beim Präsidenten, wenn er davon ausgeht, dass eine solche Entscheidung erforderlich ist.

13. Angesichts der Festlegungen in diesem Dokument sollten gegenwärtig keine Aktivitäten unternommen werden,

---

4 - Diese Aussage bezieht sich auf das Votum der Sowjetunion, Polens und der Ukraine gegen den Baruch-Plan in der Atomenergie-Kommission der Vereinten Nationen – Anm. d. Hg.

a.um eine Entscheidung zu erreichen, über den Einsatz oder Nichteinsatz von Atomwaffen in jedem zukünftigen Konflikt;

b.eine Entscheidung zu erreichen über Zeitpunkt und Bedingungen, unter denen Kernwaffen in Gebrauch genommen werden.

Kommentar der Herausgeber:

In der Folge der Krise in der Tschechoslowakei und mit Beginn der Berlin-Blockade begann der Nationale Sicherheitsrat im Mai 1948 eine Diskussion über eine politische Erklärung zum Einsatz von Kernwaffen. Das Ergebnis war die Direktive des NSC Nr. 30, die vorbereitet wurde in Konsultationen mit dem Außenministerium, den Ministerien der Armee, Marine, Luftwaffe, dem Rat für Ressourcen der Nationalen Sicherheit und der CIA. Nach den Erwägungen, ob eine öffentliche Politik über den Gebrauch oder Nicht-Gebrauch von Kernwaffen in einem zukünftigen Konflikt durchgesetzt werden sollte, entschied der NSC, bei Widerspruch durch die Vereinigten Stabschefs, dass selbst die Diskussion über die Möglichkeit eines Verzichts auf den Einsatz von Atomwaffen zu unakzeptablen Gefahren führen würde, sowohl in Richtung einer Ermunterung der Russen als auch einer Verunsicherung der Verbündeten Amerikas in Westeuropa.

Am 16. September 1948 bestätigte der NSC die Paragraphen 12 und 13 der Direktive Nr. 30 mit den Festlegungen, dass die nationalen Militärstrukturen die Planungen für den Einsatz der Kernwaffen aufnehmen sollten. Nach Auffassung von W. Walton Butterworth, Leiter der Fernost-Abteilung im State Department, war diese Festlegung im Endeffekt eine Vorwegnahme der Entscheidung zugunsten des Einsatzes der Atomwaffen, denn die Planungen über den Einsatz von Kernwaffen würden im Krisenfalle gar keine andere Alternative zulassen. Die wirkliche Frage, so schrieb er in einem Memorandum vom 15. September 1948, war „wann und wie sollten solche Waffen eingesetzt werden. Sollten wir, zum Beispiel, im Falle eines Krieges, mit der Bombardierung von Hauptzentren der Bevölkerung in den feindlichen Territorien beginnen oder der Beginn eher die Bombardierung von kleinen Zentren mit entsprechender Bedeutung für das Transportwesen oder mit speziellen Industrien sein? Diese Frage könnte jedoch nicht so sehr auf der Grundlage humanitärer Prinzipien als vielmehr auf der Grundlage einer praktischen Abwägung des weitreichenden Fortschritts für dieses Land erfolgen."[5]

---

5 - Zitiert nach Foreign Relations of the United States: 1948, I (Teil 2), S. 630-631

Quelle:

Thomas H. Etzold und John Lewis Gaddis (ed.):

"Containment: Documents on American Policy and Strategy, 1945 – 1950
New York, Columbia University Press; S. 339ff.

(Übersetzung: Klaus Eichner)

Diesen in sich widersprüchlichen und bewusst irreführenden Formulierungen in der NSC-Direktive Nr. 30 sollte ein Kommentar aus dem Handbuch Abrüstung, Staatsverlag der DDR, 1982 entgegengestellt werden:

„Der Einsatz der Kernwaffen gegen Japan stellte eine für die Erringung des Sieges der Antihitlerkoalition völlig überflüssige und grausame Handlung dar, da Japan nach der Niederlage seiner Verbündeten im zweiten Weltkrieg isoliert und angesichts des bevorstehenden vereinbarten Kriegseintritts der UdSSR zur Niederlage verurteilt war. Vielmehr handelte es sich um eine Demonstration militärischer Stärke, die die USA als die dominierende Macht der Nachkriegszeit ausweisen sollte. Besonders richtete sich diese Machtdemonstration gegen die UdSSR und alle anderen fortschrittlichen Kräfte in der Welt, die zur Unterordnung unter die Weltherrschaftsbestrebungen des Monopolkapitals der USA gezwungen werden sollten.

Für die UdSSR und alle anderen Friedenskräfte wurde die Abwehr der Atomwaffenbedrohung durch die USA bei der Sicherung des Weltfriedens und des Sozialismus zu einer erstrangigen Aufgabe. Deshalb forderte die Sowjetunion ein unverzügliches absolutes Verbot dieser Waffen. Nachdem auf der ersten UN-Vollversammlung im Januar 1946 in London durch Resolution 1(I) die Atomenergiekommission der Vereinten Nationen gebildet worden war, brachte die UdSSR am 19. Juni 1946 in dieser Kommission den Entwurf einer Resolution ein, die das Verbot der Produktion und der Anwendung von Kernwaffen sowie die Vernichtung aller Bestände an diesen Waffen innerhalb von drei Monaten forderte. Verletzungen dieses Verbots sollten als Verbrechen gegen die Menschlichkeit behandelt werden.

Im Gegensatz zu diesen Forderungen, deren Verwirklichung die Beseitigung der Kernwaffen zu einem frühen Zeitpunkt und ein für allemal gewährleistet hätte, gingen die USA den Weg der Erhaltung und des Ausbaus ihres Kernwaffenpotentials. Zugleich unternahmen sie den Versuch, im Interesse ihrer Weltherrschaftspläne ein dauerndes Monopol an den Kernwaffen für sich zu sichern.

Im Juni 1946 unterbreitete der USA-Vertreter in der Atomenergiekommission,

Bernard Baruch, dazu einen Plan, der vorsah, eine internationale Atombehörde zu errichten. Ihr sollten alle atomaren Rohstoffe, Anlagen und Einrichtungen in allen Ländern der Welt unterstellt werden. Die Leitung dieser Organisation sollte kapitalistischen Organisationsprinzipien folgen und den USA eine dominierende Rolle sichern. Die friedliche wie die militärische Nutzung der Kernenergie sollte damit ihrem Weltherrschaftsstreben dienstbar gemacht werden. Die Forderungen der UdSSR, das Verbot und die Zerstörung der Kernwaffen zur Voraussetzung für die Errichtung einer internationalen Organisation auf diesem Gebiet zu erklären und bei ihrer Gründung die Respektierung der nationalen Souveränität der Teilnehmer zu sichern, wurde von den USA und anderen kapitalistischen Staaten abgelehnt. Die eindeutigen Bestrebungen der USA, ihr Kernwaffenmonopol zu erhalten, diese Waffen weiterzuentwickeln, die Bestände zu erweitern und die auf dem Monopolbesitz an Kernwaffen gegründete Politik der Erpressung und des „Zurückrollens" des Sozialismus anzuwenden, zwang die UdSSR, ihrerseits Kernwaffen zu entwickeln. Bereits im Jahre 1948 wies sie darauf hin, dass die Herstellung von Kernwaffen keineswegs ein Geheimnis sei, und im Jahre 1949 führte sie die erste Versuchsexplosion eines Kernsprengkopfes durch. Die Entwicklung eigener Kernwaffen war die notwendige Konsequenz aus der Weigerung der USA, einem umfassenden Kernwaffenverbot zuzustimmen."

Quelle:

Manfred Müller: Handbuch Abrüstung; Staatsverlag der DDR, Berlin, 1982, S.64ff.

TOP SECRET

Übersicht über den Entwurf eines Kriegsplanes für den Notfall
(OFFTACKLE)

JSPC 877/59   26. Mai 1949

I. Problemstellung

1. Es besteht die Aufgabe, einen Entwurf eines Kriegsplanes für den Notfall
für die ersten zwei Kriegsjahre, beginnend am 1. Juli 1949, auf der Grundlage
der Ressourcen, die im Budget des Haushaltsjahres 1950 vorgesehen sind,
vorzubereiten.

II. Grundlegende Annahme

2. Am 1. Juli 1949 wurden die Vereinigten Staaten durch Aggressionsakte der
UdSSR und/oder ihrer Satelliten in einen Krieg gezwungen.

III. Voraussetzungen

3. a. Die folgenden Staaten sind Verbündete der Sowjetunion: Bulgarien,
Rumänien, Ungarn, Polen, Albanien, Tschechoslowakei sowie Nord- und
Zentralchina (einschließlich der Mandschurei, Mongolei und Sinkiang)

b. Obwohl die folgenden Länder wünschen, als Verbündete der anglo-
amerikanischen Mächte zu agieren, ist ihre politische oder strategische
Situation so prekär, dass sie dafür nicht in Betracht gezogen werden können und sie höchstwahrscheinlich schnellstens von der Sowjetunion überrannt würden: Österreich, Griechenland, Iran, Finnland, Westdeutschland,
Südchina und Südkorea.[6]

c. Jugoslawiens Zielstellung wird sein, eine aktive Beteiligung zu vermeiden und insbesondere eine Besetzung durch sowjetische Truppen zu
verhindern. Jugoslawien wird vermutlich versuchen, diese Ziele zu erreichen durch Erklärung der Neutralität bzw. der Verbundenheit mit der
UdSSR. Eine Erklärung der Neutralität wird wahrscheinlich verbunden
sein mit einer halbherzigen Unterstützung der UdSSR. Auf jedem Fall
wird Jugoslawien einer generellen Besetzung durch sowjetische Truppen
Widerstand leisten, könnte aber einen Transit sowjetischer Truppen durch

---

6 - Fußnote im Original: Ostdeutschland und Nordkorea wurden bereits von der Sowjetunion okkupiert.

das Land erlauben. Sobald jedoch Jugoslawien von besonderer strategischer Bedeutung für die UdSSR wird, dann wird es überrannt und okkupiert.

d. Die folgenden Länder werden Verbündete gegen die UdSSR sein: Vereinigte Staaten, Großbritannien, Kanada, Australien, Neuseeland, Südafrikanische Union, Ceylon, das britische koloniale Empire, Frankreich, die Beneluxstaaten, Norwegen, Dänemark, Portugal, Italien, Island und die Philippinen, zusammen mit ihren überseeischen Besitzungen.

e. Die folgenden Länder werden versuchen, neutral zu bleiben, jedoch in freundlicher Haltung gegenüber den anglo-amerikanischen Mächten und werden mit ihnen zusammenwirken, wenn sie angegriffen werden: Türkei und Spanien.

f. Die folgenden Länder werden neutral bleiben, soweit man es ihnen erlaubt: Irland, Schweiz, Schweden und Afghanistan. Irland und die Schweiz werden jeden Angriff, egal von welcher Seite, abwehren, aber werden bei einem Angriff durch die Sowjets als Verbündete der anglo-amerikanischen Mächte agieren. Schweden und Afghanistan könnten eine Besetzung durch die Sowjetunion akzeptieren.

g. Die arabischen Staaten hegen gegenüber der Sowjetunion ein tiefes Misstrauen und würden, wenn sie nicht neutral bleiben können, es vorziehen, die anglo-amerikanischen Kräfte zu unterstützen, trotz ihrer großen Desillusionierungen hinsichtlich der US- und britischen Politik bezüglich Palästina. Obwohl jedoch die politischen Unruhen in den arabischen Ländern vermutlich andauern werden, werden die arabischen Regierungen, obwohl sie wohl kaum eine Nutzung der Territorien und Ressourcen unter arabischer Kontrolle verwehren können, kaum in der Lage sein (auch wenn sie es wollten) eine bedeutende Zusammenarbeit mit den Westmächten zu leisten, wenigstens nicht zu Beginn. Israel, obwohl kaum in effektiver Opposition zu den Westmächten, wird ihnen nur widerstrebend Unterstützung gewähren.

h. Von anderen asiatischen Ländern, einschließlich Indien und Pakistan, aber ausgeschlossen die sowjetischen Satelliten, kann erwartet werden, dass sie neutral bleiben, aber sie könnten unter zwingenden Umständen darauf vorbereitet sein, ihre wirtschaftlichen Ressourcen und evtl. auch ihre Territorien den anglo-amerikanischen Kräften zur Verfügung zu stellen.

i. Obwohl die Staaten, die den Atlantik-Pakt unterzeichnet haben, sich im wirtschaftlichen und militärischen Aufschwung befinden, werden sie nicht in der Lage sein, mit Ausnahme von Großbritannien, einen effektiven Widerstand zu leisten, wenn sie von den sowjetischen Streitkräften überfallen und okkupiert werden.

j. Andere Länder in Mittel- und Südamerika werden in Übereinstimmung mit dem Interamerikanischen Vertrag über gegenseitigen Beistand[7] Verbündete der Vereinigten Staaten sein.

k. Nach Zustimmung der höchsten Regierungskreise werden die Vereinigten Staaten Atomwaffen einsetzen. Wenn die Sowjetunion im Besitz von Atomwaffen ist, wird sie diese auch einsetzen. (Geheimdienst-Informationen besagen, dass die UdSSR im Verlauf des Haushaltsjahres 1950 noch keine Kernwaffen besitzen wird).

l. Eine biologische und chemische Kriegführung wird von beiden Seiten unter der Beachtung möglicher Vergeltungsmaßnahmen eingesetzt werden. Die Sowjets werden effektiv einsetzbare biologische Kampfstoffe im begrenzten Umfang zur Verfügung haben, aber die Alliierten werden keine genügenden Mengen haben, um sie in dem angenommenen Zeitraum für offensive Maßnahmen einsetzen zu können. Sowohl die Vereinigten Staaten als auch die UdSSR haben chemische Kampfstoffe entwickelt, die sie im großen Maßstab einsetzen können.

m. Unter günstigen Voraussetzungen geht dem Krieg eine Periode politischer Verhandlungen und wachsender Spannungen voraus. Unter diesen Bedingungen bleiben den Alliierten einige Monate Vorwarnzeit vor einem möglichen Krieg. Die Entscheidung über den Kriegsbeginn kann von den Regierungen der Alliierten getroffen werden, wodurch auch einige vorbereitende Maßnahmen ermöglicht werden. Im anderen Fall kann ein Krieg auch ohne jede Vorwarnung ausbrechen.

n. Nach den aktuellen Einschätzungen ist der Zugriff zum Öl des Nahen Ostens nicht lebensnotwendig,[8] jedoch höchst wünschenswert. Der Zugriff zu diesen Ressourcen am Ende des zweiten Jahres des Krieges kann Sicherheiten gegen unvorhergesehene Entwicklungen bieten.

IV. Nationale Kriegsziele

4. Die nationalen Ziele der Vereinigten Staaten gegenüber der UdSSR werden in der Direktive des Nationalen Sicherheitsrates 20/4 formuliert. Wesentliche Auszüge sind:

Vgl. die Punkte 19. und 22. der NSCD 20/4 in diesem Anhang (Anm. d. Übers.)

---

7 - Der Rio-Pakt vom 2. September 1947 (Anm. d. Hg.)
8 - Fußnote im Original: Nach den Bestätigungen durch die zuständigen Regierungsbehörden.

V. Aufgabenstellung

5. Die militärische Niederlage der UdSSR und ihrer Satelliten in einem solchen
   Grad zu erreichen, aus der eine politische und militärische Situation entsteht, die es den Vereinigten Staaten ermöglicht, ihre nationalen Aufgaben,
   wie sie in der NSC-Direktive 20/4 festgeschrieben sind, zu erreichen.

VI. Übergreifendes strategisches Konzept

6. Im Zusammenwirken mit unseren Verbündeten die Kriegsziele der
   Vereinigten Staaten gegenüber der Sowjetunion durchzusetzen durch die
   Zerstörung des Willens und der Fähigkeiten der Sowjets zum Widerstand,
   durch Realisierung einer strategischen Offensive im westlichen Eurasien
   und einer strategischen Verteidigung im Fernen Osten.

VII. Grundlegende Aktivitäten

7. In Zusammenarbeit mit unseren Verbündeten:

   a. Den Zusammenhalt der westlichen Hemisphäre absichern und die Kriegs-
      führungs-Kapazitäten verbessern und entwickeln.

   b. Sicherung, Instandhaltung und Verteidigung solcher Basen, Gebiete an
      Land und auf See, sowie Kommunikationslinien, soweit sie erforderlich
      sind für die Realisierung dieses Konzepts.

   c. Aspekt „A"
      Zu einem frühestmöglichen Zeitpunkt eine strategische Luftoffensive
      gegen die lebenswichtigen Elemente der sowjetischen Kriegsführungs-
      Kapazitäten durchführen.[9]

      Aspekt „B"
      Zu einem frühestmöglichen Zeitpunkt eine strategische Luftoffensive
      gegen die lebenswichtigen Elemente der sowjetischen Kriegsführungs-
      Kapazitäten sowie gegen andere Elemente der sowjetischen Angriffs-
      Kapazitäten durchführen.

   d. Die sowjetische Offensive so früh wie möglich durch geeignete Mittel in
      der Luft, zur See und an Land sowie mittels spezieller Operationen auf-
      zuhalten.

   e. Die Entwicklung von Offensivkraft der Streitkräfte für solche späteren

---

9 - Da die Planungen noch in der Diskussion waren, werden in dieser Fassung unterschiedliche
Gesichtspunkte der Teilstreitkräfte zur Entscheidung durch die höheren Ebenen der Vereinigten
Stabschefs vorgelegt. Die unterschiedlichen Standpunkte in den Aussagen in Aspekt A und B
widerspiegeln die Ablehnung der Marine (Aspekt A) gegenüber einem umfassenden strate-
gischen Luftkrieg, wodurch eine größere Rolle und ein größerer Anteil an Ressourcen für die
Luftwaffe erreicht würde. In einer späteren Version wurde Aspekt A bestätigt (Anm. d. Hg.)

Operationen auszulösen, wodurch die nationalen Kriegsziele erreicht werden können.

f. Bereitstellung effektiver Hilfe für die Verbündeten zur Unterstützung aller Bemühungen, mit denen direkt zur Realisierung des umfassenden strategischen Konzepts beigetragen werden kann.

g. Zu einem frühestmöglichen Zeitpunkt die Möglichkeiten durch Informations-Aktivitäten und Sonderoperationen zu nutzen, die die psychologischen Schwachstellen der UdSSR und ihrer Satelliten bieten.

VIII. Bewertung

8. Kriegsausbruch

Es besteht die Möglichkeit, dass jederzeit ein Krieg ausbrechen kann als Folge einer Fehlkalkulation durch die UdSSR oder ihrer Satelliten bis zu jenem Ausmaß, dass die Vereinigten Staaten oder andere Westmächte deren gegenwärtiger Politik der Expansion Widerstand entgegensetzen können und wollen. Außerdem besteht die Möglichkeit, dass der aktive Widerstand der Verbündeten gegen die sowjetische Expansionspolitik die Sowjets veranlassen zu glauben, dass es von Vorteil oder zwingend erforderlich sein kann, dem ständig wachsenden Widerstand durch die Auslösung eines Krieges zu begegnen. Ein solcher Krieg beginnt ohne oder mit nur geringer Vorwarnzeit.

9. Operationen durch die Sowjets

Sollte ein Krieg innerhalb des Zeitraumes, den diese Planung umfasst, ausbrechen, ist zu erwarten, dass die Sowjets Angriffe vortragen in das westliche und nördliche Europa, nach Südeuropa, dem Nahen und dem Fernen Osten. Es ist jedoch zweifelhaft, ob die Sowjets die Führungskapazitäten und Ressourcen besitzen, um alle diese Operationen gleichzeitig zu realisieren. Es wird eingeschätzt, dass die frühen Kriegsziele der Sowjets, nicht in der Reihenfolge ihrer Bedeutung, sein könnten:

a. Sicherung des Nahen Osten und seiner Ölressourcen.

b. Zerschlagung oder Neutralisierung aller Streitkräfte der Alliierten auf dem eurasischen Kontinent.

c. Besetzung oder Neutralisierung jener Gebiete, von denen aus die Westmächte schnelle und effektive Schläge gegen die UdSSR führen könnten.

d. Neutralisierung oder Besetzung Großbritanniens.

e. Expansion und Sicherung der Positionen in den Satellitenländern, in China und Korea.

f. Beeinträchtigung der alliierten Kriegsführungs-Kapazitäten durch Subversion und Sabotage.

g. Unterbrechung lebenswichtiger Kommunikationslinien der Alliierten durch aggressive U-Boot-Kampfführung, Verminungen und Luftschläge.

h. Durchführung von Diversionsakten in Territorien, die von den Alliierten gehalten werden, um die Entfaltung der alliierten Streitkräfte zu stören.

IX. Bewertung der alliierten Operationsplanung

10. Allgemein

Die Aktionsplanung der Alliierten besteht aus drei verschiedenen, aber voneinander abhängigen Operationen:

a. Wirkungsvolle Verteidigungsaufgaben

b. Eine strategische Luftoffensive

c. Operationen im westlichen Eurasien, welche als unmittelbare Ziele die Sicherung möglichst großer Teile Westeuropas vor einer militärischen Kontrolle durch die Sowjets beinhalten, als grundlegendes Ziel jedoch die militärische Niederlage der sowjetischen Streitkräfte vorsehen.

11. Aufgaben der Verteidigung

Die folgenden Verteidigungsaufgaben müssen auf einer genügsamen Basis durchgesetzt werden, unabhängig von der jeweiligen Angriffsrichtung:

a. Gewährleistung der Sicherheit der westlichen Hemisphäre, darin eingeschlossen.

(1) Verteidigung des Territoriums der Vereinigten Staaten.

(2) Verteidigung des Raumes Fairbanks-Anchorage-Kodiak in Alaska

(3) Verteidigung der Ölfelder in Venezuela

(4) Verteidigung des Panamakanals

b. Gewährleistung der Sicherheit von Island, Grönland und der Azoren.

c. Sicherung des ständigen Zugriffs auf Okinawa als Basis für militärische Operationen. Verteidigung Japans mit Kräften, die unmittelbar zu Kriegsbeginn zur Verfügung stehen, zusätzlich solche geringen Kräfte, die während der ersten Monate des Krieges freigesetzt werden können.

d. Sicherung der Verbindungslinien von den Vereinigten Staaten und Kanada nach Großbritannien, zur Straße von Gibraltar, Zentralafrika, Südamerika, Alaska, Okinawa und Japan.

12. Strategische Luftoffensive

Diese Operation erfordert die direkte Nutzung aller Kräfte, die zu Kriegsbeginn zur Verfügung stehen, für einen maximalen Einsatz der Atombombe.

Aspekt „A"[10]

Es ist davon auszugehen, dass der Grad einer erfolgreichen Offensive mit Atombomben im großen Maße die Geschwindigkeit bestimmt, mit der der Krieg zu einem erfolgreichen Abschluss gebracht werden kann, mit nachfolgender Wirkung auf den Verlauf der Aktionen der Alliierten. Es müssen jedoch Prioritäten der operativen und logistischen Unterstützung gesetzt werden, um eine frühzeitige Auslösung einer konzentrierten strategischen Luftoffensive zu ermöglichen, mit der die Kriegsführungs-Kapazitäten der UdSSR zerstört werden können. Diese Luftoffensive wird so lange anhalten, bis entscheidende Ergebnisse erreicht werden bzw. bis die sowjetischen Kapazitäten soweit vernichtet sind, dass gewährleistet ist, dass damit jede Entfaltung von Streitkräften verhindert wird, die eine Gefährdung der nationalen Wirtschaft darstellen könnten.

Aspekt „B"

Es ist davon auszugehen, dass der Grad einer erfolgreichen Offensive mit Atomwaffen die nachfolgenden Aktionen der Alliierten im bedeutenden Maße beeinflusst. Es müssen jedoch Prioritäten der operativen und logistischen Unterstützung gesetzt werden, die eine rechtzeitige Auslösung dieser Aktionen ermöglichen. Diese Luftschläge werden solange fortgesetzt, bis die sowjetischen militärischen Kapazitäten soweit zerstört sind, dass die Aktionen der alliierten Streitkräfte soweit ermöglicht werden, die eine Gefährdung unserer nationalen Wirtschaft verhindern können.

13. Operationen im westlichen Eurasien

a. Die Sicherheit der Vereinigten Staaten erfordert – mit Blick auf Kontinentaleuropa – die Verfolgung einer kontinuierlichen Politik, um zu einem frühestmöglichen Zeitpunkt gemeinsam mit den Nationen Westeuropas Kapazitäten zu entwickeln, mit denen eine Linie zum Schutz von Westeuropa nicht weiter westlich als bis zum Rhein errichtet werden kann. Die logische Ausdehnung dieser Linie umfasst Großbritannien

---

10 - In diesem Fall ist Aspekt „A" die Sicht der Luftwaffe. Aspekt „B" ist jene der Konkurrenten im Wettbewerb um strategische Aufgabenstellungen und Ressourcen. Später lautet diese Passage: „Eine strategische Luftoffensive mit Atombomben und konventionellen Bomben sollte zu einem frühestmöglichen Zeitpunkt ausgelöst werden, in direkter Folge des Ausbruchs von Feindseligkeiten. Diese Offensive ist zu richten auf lebenswichtige Elemente der sowjetischen Kriegsführungs-Kapazitäten und auf eine Verzögerung der sowjetischen Vorstöße im westlichen Eurasien. Prioritäten der operativen und logistischen Unterstützung sind zu setzen, um eine frühestmögliche Auslösung dieses Ereignisses zu ermöglichen. (Anm. d. Hg. Mit Quellenangabe im Original)

an der westlichen Flanke und das Gebiet von Kairo-Suez an der rechten Flanke. Um die Realisierung dieses Zieles mit den Kräften, die im Haushaltsjahr 1950 zur Verfügung stehen, zu gewährleisten, muss dieser Plan die Aufrechterhaltung eines wirkungsvollen Brückenkopfes in Westeuropa vorsehen. Oder, wenn dies undurchführbar erscheint, die frühestmögliche Rückkehr nach Westeuropa mit dem Ziel, die Ausbeutung und Kommunisierung dieses Gebietes mit langfristigen zerstörerischen Auswirkungen auf die Interessen der Vereinigten Staaten zu verhindern.

b. Dementsprechend enthält dieser Plan folgende grundlegenden Aufgaben in der Reihenfolge ihrer Prioritäten:

(1) Absicherung Großbritanniens gegen eine Invasion und dessen Verteidigung gegen Luftangriffe in einem solchen Maße, wie es notwendig ist, um Großbritannien jederzeit als eine Hauptbasis für alle militärischen Operationen zur Verfügung zu haben.

(2) Aufrechterhaltung der alliierten Kontrolle über den Raum westliches Mittelmeer – Nordafrika (einschließlich Tunesiens) in einem Ausmaß, das notwendig ist, um abzusichern, dass von diesem Raum aus effektive militärische Operationen vorgetragen werden können. Das beinhaltet auch, wenn möglich, die Pyrenäen-Linie zu halten bzw. als Minimum jene Räume der Pyrenäen-Halbinsel zu sichern, die notwendig sind, um den westlichen Zugang zum Mittelmeer zu sichern.

(3) Aufrechterhaltung der alliierten Kontrolle des Gebietes Kairo-Suez, um Unterstützung für die Türkei und andere befreundete Kräfte in diesem Raum zu gewährleisten, wodurch es den land- und seegestützten alliierten Luftstreitkräften ermöglicht werden kann, befreundete Kräfte im östlichen Mittelmeer zu unterstützen, strategische Luftangriffe gegen lohnende Ziele von Basen in diesem Raum zu starten sowie die natürlichen Ressourcen auszubeuten und jegliche feindliche Schwächen im Nahen Osten zu nutzen.

c.Sicherung der Verbindungslinien in der Luft und zur See für jene alliierten Streitkräfte, die zur Erfüllung der unter b. genannten Ziele eingesetzt werden.

14.Periodisierung

Es ist einzuschätzen, dass die folgenden Phasen nur annähernd geschätzt sind und dass sie sich in unterschiedlichem Maße überschneiden werden mit den verschiedenen einzelnen Operationen und Kampagnen und dass sie auch grundlegend verändert werden können, wenn im aktuellen

Vorgehen der Sowjets unvorhergesehene Veränderungen auftreten. Dieser Aktionsplan für die ersten zwei Jahre eines Krieges enthält drei Phasen mit nachfolgenden Operationen in einer vierten Phase.

a. Erste Phase. Die erste Phase – sie wird geplant für einen Zeitraum von drei Monaten ab Kriegsbeginn (D + 3) – umfasst die Periode des Krieges, in der die anfängliche Kernwaffenoffensive sich voll entfaltet hat und deren Auswirkungen beurteilt werden können; davon wird die nächste Phase des Krieges abhängig sein. In dieser Phase werden die alliierten Streitkräfte soweit entfaltet sein, um die in den Paragraphen 11 bis 13 und hier festgelegten Aufgaben zu verwirklichen, einschließlich der Operationen, einschließlich des Abfangens einer sowjetischen Offensive.

b. Zweite Phase. Die zweite Phase – geplant für den Zeitraum von drei bis zu 12 Monaten nach Kriegsbeginn (D+3 bis zu D+12) ist geprägt von der Fortsetzung der Luftoffensive; von der Bereitstellung aller anderen verfügbaren Kräfte, um einen sowjetischen Vorstoß aufzuhalten sowie danach die alliierten militärischen Positionen im westlichen Eurasien zu festigen; gleichzeitig jene Kräfte in Stellung zu bringen, die der Durchsetzung der alliierten militärischen Ziele in Westeuropa dienen sollen.

c. Dritte Phase. Die dritte Phase – voraussichtlich der Zeitraum von 12 bis 24 Monaten nach Kriegsbeginn (D+12 bis zu D+24) umfasst jene Periode, in der die alliierten Streitkräfte ihre Operationen aus der ersten und zweiten Phase kontinuierlich fortsetzen und die strategischen Vorteile aus diesen Operationen ausbauen, um die sowjetischen Streitkräfte im Falle einer Invasion in Westeuropa zu besiegen.

d. Vierte Phase. Die vierte Phase – das ist der Zeitraum von 24 Monaten ab Kriegsbeginn bis zum Ende des Krieges – wird in diesem Plan nur in allgemeinen Zügen umrissen. Eine umfassende Bewertung möglicher Szenarien der danach folgenden Operationen für den Fall, dass der Krieg länger als zwei Jahre andauern wird, muss fortgesetzt werden.

X. Generelle Aufgaben (in allen Phasen)

15. Einführung

a. In diesem und dem folgenden Abschnitt werden die speziellen Aufgaben definiert, die realisiert werden müssen, um das Konzept und die Aktionspläne der Alliierten durchzusetzen.

b. Soweit das praktikabel ist, werden diese Aufgaben für die jeweilige Operationsphase diskutiert. Im Rahmen der fortlaufenden Aufgaben werden die Veränderungen im Inhalt dieser Aufgaben entsprechend der jeweiligen

Realisierungsphase dargestellt. Soweit keine entscheidenden Veränderungen in den einzelnen Phasen zu erwarten sind, werden diese Aufgaben nicht weiter behandelt.

c. Im Falle bedeutender Aufgaben ist die Entfaltung der Kräfte für jede einzelne Phase in der Planung enthalten. Eine weitere Untersetzung der Aufgaben zur Entfaltung der Kräfte und der notwendigen Dienste dafür ist in den einzelnen Anlagen dieses Dokumentes enthalten. Die Festlegungen für spezielle Aufgaben sind nicht unveränderlich. Es muss mit Aufgabenstellungen gerechnet werden, in denen diese Kräfte für die Realisierung mehrer Ziele eingesetzt werden müssen.

d. Dieser Plan wurde nicht erarbeitet im Hinblick auf eine fertige Kommandostruktur, aber es ist auch nicht auszuschließen, dass bestimmte Aufgaben im Rahmen bestehender Strukturen gelöst werden können. Festlegungen dieses Planes, in denen die Durchsetzung bestimmter Aufgaben im Rahmen bestehender oder künftiger Kommandostrukturen vorgesehen ist, werden durch entsprechende Durchführungsbestimmungen untersetzt.

16. Zusammenarbeit

a. Dieser Plan ist nicht das Ergebnis einer abgestimmten Ausarbeitung. Jedoch wurden alle verfügbaren Informationen über die Planungen und Kapazitäten unserer Verbündeten im entsprechenden Umfang genutzt. Es wurde vorausgesetzt, dass unser Hauptverbündeter, Großbritannien, seine Kräfte so entfalten wird, wie es in der letzten gemeinsamen Planung vorgesehen war. Eine Veränderung der Kräfteentfaltung könnte sich aus zwingenden Veränderungen der Aufgaben nach den Prioritäten 1 und 2 mit dem Ergebnis einer besseren Ausgangsbasis ergeben.

b. Eine grundlegende Beachtung wurde der Hilfe, welche die Vereinigten Staaten von unseren Alliierten angesichts des laut diesem Plan dargestellten Krieges erwarten können, gegeben. Eine der bedeutendsten Aufgaben der Vereinigten Staaten besteht darin, diese Unterstützung effektiv auszunutzen. Das erfordert sowohl politische als auch militärische Konsultationen, um abzusichern, dass die Planungen zur Durchsetzung dieser Konzeption effektiv zwischen den Verbündeten abgestimmt werden mit dem Ziel, ein maximales Ergebnis bei der Nutzung dieser Unterstützung zu erreichen.

17. Hilfe für die Verbündeten. Ein spezieller Plan ist vorzubereiten, in welchem die mögliche Unterstützung für jene Nationen festgelegt wird, die ihren Beitrag für den Krieg der Verbündeten durch die Hilfe für die

Realisierung der strategischen alliierten Konzeption leisten, einschließlich jener Minimalhilfe, die erforderlich ist für alle Nationen, die lebenswichtig zur Realisierung unserer Planungen beitragen. Anfänglich wird der Umfang dieser Hilfe noch relativ gering sein, wird dann auch nur entsprechend den bedeutsamsten Zielen weiterentwickelt werden.

18. Unkonventionelle Kriegführung. Die Kriegsplanung ist darauf vorbereitet, Richtlinien für die Durchführung psychologischer Kriegführung und anderer Mittel und Methoden der unkonventionellen Kriegführung zur Unterstützung der laufenden Kriegsfallplanung auszuarbeiten. Nach Bestätigung werden diese Richtlinien direkt den Befehlshabern übermittelt, die unter der direkten Anleitung durch die Vereinigten Stabschefs tätig sind.

[Die Paragraphen 19 bis 48 enthalten eine detaillierte Beschreibung von Aufgaben, der verfügbaren Kräfte und der Operationen in den jeweiligen Phasen des Krieges, wie sie bisher dargestellt wurden. Anm. d. Hg.]

Quelle:
Thomas H. Etzold und John Lewis Gaddis (ed.):
"Containment: Documents on American Policy and Strategy, 1945 – 1950
New York, Columbia University Press; S. 324ff.
(Übersetzung: Klaus Eichner)

SECRET

Politische Auswirkungen der Zündung einer Atombombe durch die UdSSR
(Political Implications of Detonation of Atomic Bomb by the U.S.S.R.)

PPS 58   16. August 1949

Problemstellung

Bewertung der politischen Auswirkungen, wenn die USA-Regierung mit Sicherheit Gewissheit erlangt, dass die UdSSR eine Atombombe erproben wird.

Analyse und Schlussfolgerungen

Das Außenministerium kann offensichtlich nicht an der Frage vorübergehen, ob die wissenschaftlichen Voraussetzungen und technischen Ausrüstungen entwickelt werden können, um die Explosion eines Kernsprengkopfes der UdSSR festzustellen, und es kann kein Urteil über die widerstreitenden Forderungen nach Finanzen für die Forschung oder für die Entwicklung dieser Voraussetzungen fällen. Es ist jedoch klar, dass nur, wenn ein hoher Grad von Sicherheit im System der Überwachung von Testexplosionen erreicht wird, die Regierung Gewissheit haben wird für die grundlegenden politischen Entscheidungen, die auf den Aufklärungsergebnissen beruhen müssen.

Eine eindeutige Gewissheit der USA-Regierung über eine Explosion der ersten Bombe der UdSSR ist für das Außenministerium aus folgenden Gründen erforderlich:

1. Es löst einen stabilisierenden Effekt auf das amerikanische Volk aus und gibt ihm einen Sinn für die Sicherheit, wenn diese Regierung uns die Gewissheit verleiht, dass die UdSSR keine Bombe oder Bomben für einen gewissen Zeitraum im Besitz haben kann, von der wir keine Kenntnis erhalten. Mit dieser Kenntnis kann die Regierung ankämpfen gegen intelligente Defätisten oder irrationale Haltungen, die aus der Ungewissheit erwachsen, ob die UdSSR fähig ist zum Einsatz von Kernwaffen, und wäre damit in die Lage versetzt, mit Überzeugung falsche Erklärungen oder Unruhen zurückzuweisen.

2. Es wäre von äußerster Wichtigkeit für uns zu wissen, ob die UdSSR erfolgreich einen Kernwaffentest durchgeführt hat, um mögliche Veränderungen

236

in der sowjetischen Außenpolitik, die daraus resultieren könnten, zu erfassen und ihnen auch entgegenwirken zu können und auch zu wissen, ob ein Wechsel in der Außenpolitik das Ergebnis des Besitzes der Atombombe ist. Wir können nicht wissen, ob die UdSSR die Öffentlichkeit informieren wird, wenn sie die Atombombe besitzt, aber wir wären auch in der Lage zu wissen, ob es wahr ist, was die UdSSR öffentlich erklärt.

3. Der sowjetische Besitz der Bombe oder von Bomben erfordert auch eine Neubewertung der USA-Politik in den Vereinten Nationen bei unseren Bemühungen, eine effektive internationale Kontrolle zu erreichen.

4. Die meisten freien Völker der Welt stehen gegenwärtig einer Zusammenarbeit mit den Vereinigten Staaten zur Begegnung einer sowjetischen Bedrohung wohlwollend gegenüber. Eine Gewissheit, dass die Vereinigten Staaten im alleinigen Besitz von Atomwaffen sind und die UdSSR wahrscheinlich keine Bombe besitzt, würde ihre Haltung zu einer Zusammenarbeit mit uns verstärken und auch ihren Sinn für ihre Sicherheit, wenn sie das tun. Diese Tendenz könnte verstärkt werden, wenn es weiterhin die Gewissheit gibt, dass die Sowjetunion die Bombe nicht besitzen wird und dass wir die Möglichkeiten haben, darüber sicheres Wissen zu erlangen, ob und wann die UdSSR in den Besitz der Bombe gelangen wird. Man muss jedoch auch einschätzen, dass das Wissen, dass die UdSSR tatsächlich im Besitz der Bombe ist, dritte Länder auch zu einer Position der Neutralität zwischen den Vereinigten Staaten und der UdSSR veranlassen wird.

5. Sobald wir später die Gewissheit haben, dass die UdSSR im Besitz der Bombe ist, ist dieses Wissen von Bedeutung für eine Neubewertung der Notwendigkeit von vorbeugenden Maßnahmen, um die Verwundbarkeit der USA gegen einen atomaren Angriff zu reduzieren. Das ist jedoch vordringlich eine Angelegenheit der nationalen militärischen Institutionen.

Das Wissen über die Produktionsrate von Kernbrennstoff wird von größerer Bedeutung sein als das Wissen über die Versuchsexplosion, aber ob diese Informationen mit wissenschaftlichen Mitteln erreicht werden können, kann im Außenministerium nicht kompetent beurteilt werden.

Kommentar der Herausgeber:
Es ist schon eine Ironie bezüglich der Bewertung des Policy Planning Staff über die möglichen Auswirkungen eines russischen Kernwaffentests im August 1949, da im gleichen Monat die Sowjetunion wirklich ihren ersten Kernwaffentest unternahm, eine Tatsache, die den amerikanischen Offiziellen

weder bekannt war noch von ihnen zu diesem Zeitpunkt erwartet wurde. Die amerikanische Regierung erhielt erst definitive Kenntnis von der Explosion Anfang September und Präsident Truman veröffentlichte diese Tatsache am 22. September. Ohne Zweifel waren die Erwägungen des PPS über die möglichen Auswirkungen auf die öffentliche Meinung hilfreich bei der Vorbereitung einer öffentlichen Stellungnahme.

Quelle:
Thomas H. Etzold und John Lewis Gaddis (ed.):
"Containment: Documents on American Policy and Strategy, 1945 – 1950
New York, Columbia University Press; S. 364f.
(Übersetzung: Klaus Eichner)

General Vernon Anthony Walters
Lebensdaten und Lebenswertungen

1. Stationen seines Lebens

Walters wurde am 3. Januar 1917 in New York als Kind eines britischen Immigranten und Versicherungskaufmanns geboren.

Als 6Jähriger ging er mit seiner Familie nach Großbritannien und Frankreich und kehrte im Alter von 16 Jahren in die Vereinigten Staaten zurück. Dort arbeitete er einige Zeit für seinen Vater als Versicherungsvertreter.

Seine Schulbildung erreichte er durch einige Jahre Grundschulzeit an der 400 Jahre alten Jesuitenschule Stoonhurst College in Lancashire, England. Er besuchte nie eine Universität. In späteren Jahren war er stolz auf die Tatsache, dass er seine steile Karriere ohne jede akademische Ausbildung erreichen konnte.

Zu seinen außergewöhnlichen Fähigkeiten gehörte aber die fließende Beherrschung von sechs westeuropäischen Sprachen, später noch Chinesisch und Russisch sowie die Aneignung der Grundlagen verschiedener anderer Sprachen.

Mai 1941	Eintritt in die US-Armee; Ausbildung in Fort Benning, Georgia, zum Heeresoffizier
1941 - 1945	Armeedienst in Afrika und Italien, vorwiegend als Verbindungsoffizier
1945 - 1948	stellvertretender Militärattaché in Brasilien
1948 - 1950	stellvertretender Militärattaché in Paris
1950	Assistent von Sonderberater Harriman in Korea
1951	zeitweiliger Einsatz im Iran
1951 - 1956	Gehilfe des stellvertretenden Stabschefs von SHAPE in Paris
1956 - 1960	Mitarbeiter im Stab von Präsident Eisenhower
1956, 1960	Mitglied der Standing Group der NATO
1958	Assistent von Vizepräsident Nixon bei dessen Reise durch Südamerika
1960 - 1962	Heeresattaché in Rom
1962 - 1967	Verteidigungsattaché in Rio de Janeiro
1967	Einsatz in Vietnam
1967 - 1972	Verteidigungsattaché in Paris
1969, 1970	Begleiter von Präsident Nixon bei Reisen in Europa

1972 – 1976	Deputy Director of Central Intelligence
1976 - 1981	Berater des Außenministers der USA, Referent und Autor
1981 - 1985	Sonderbotschafter von Präsident Reagan mit weltweiten Missionen
1985 - 1988	UNO-Botschafter der USA
1989 - 1991	Botschafter der USA in der BRD

2. Laudatio für den Träger der Freiheitsmedaille des Präsidenten der Vereinigten Staaten (Presidential Medal of Freedom)

General Vernon A. Walters

Ausgezeichnet durch Präsident George Bush am 18. November 1991

Als Soldat und Staatsmann hat General Vernon Walters den Dienst für sein Vaterland als sein Lebenswerk betrachtet. Er diente in unterschiedlicher Weise sechs Präsidenten im Verlauf eines halben Jahrhunderts mit ständigen Veränderungen, vom II. Weltkrieg durch den langandauernden Kalten Krieg bis zum Fall der Berliner Mauer. Er diente auf den Schlachtfeldern Europas und in den Führungsgremien der NATO, der UNO und der CIA, als Botschafter und als Helfer der Präsidenten. Dieser außerordentliche Abenteurer und Intellektuelle stellte seine diplomatischen, fremdsprachlichen und taktischen Fähigkeiten der Sache des Weltfriedens und der individuellen Freiheiten zur Verfügung. Amerika ehrt diesen standfesten Verteidiger unserer Interessen und Ideale, diesen wahrhaften Vorkämpfer der Freiheit.

3. Agenturmeldungen und Nachrufe nach dem Tode eines Staatsterroristen

3.1 Associated Press

Walters diente sieben Präsidenten

Der pensionierte Generalleutnant Vernon A. Walters, ein Helfer von sieben Präsidenten und ein US-Botschafter bei den Vereinten Nationen und in Deutschland, ist gestorben. Er war 85 Jahre alt. Walters starb am Sonntag im Medizinischen Zentrum „Zum Guten Samariter" in West Palm Beach.

Der international hoch ausgezeichnete Militärveteran hatte eine lange Karriere im öffentlichen Dienst. Er half mit bei der Bildung des Marshall-Planes nach dem II. Weltkrieg, diente als stellvertretender Direktor der CIA während der Watergate-Affäre, informierte Henry Kissinger über die Nord-Vietnamesen während des Vietnam-Krieges und war Mitglied der NATO-Standing Group.

„Er erreichte Außergewöhnliches in allen Tätigkeiten, die er ausübte – ob als Soldat, Geheimdienstoffizier oder Diplomat", schrieb CIA-Direktor George Tenet am Donnerstag. „Mit seinem bemerkenswerten Wissen über die Welt und seiner Haltung, sie in Veränderung zum Besseren zu begreifen, wird er für uns ein Beispiel bleiben, wie einer der Besten auf unserem Gebiet immer beschaffen sein muß", schrieb Tenet weiter.

Walters war in Staatsdiensten bis Anfang der 90er Jahre. Auf die Frage in einem Interview mit Associated Press, was ihn nach über 50 Jahren immer noch daran hindert, in Ruhestand zu gehen, antwortete der langjährige Kalte Krieger: „Meine Erkenntnis, dass allein die Vereinigten Staaten die reale Chance bieten, dass die Freiheit in der Welt überleben wird."

Sein langjähriger Freund, General Alexander Haig, nennt Walters „einen Mann von überragender Rechtschaffenheit" und „eine der bemerkenswertesten Persönlichkeiten im öffentlichen Dienst, den ich je kennen gelernt habe."

Geboren in New York City, ging Walters' Familie, als er sechs Jahre alt war, nach Europa. Dort lernte er Französisch, Spanisch, Italienisch und Deutsch. Später beherrschte er auch noch fließend Portugiesisch, Chinesisch und Russisch.

Walters' Sprachkenntnisse und sein photographisches Gedächtnis waren die Voraussetzungen für eine 35-jährige militärische Karriere und später für seine Tätigkeit als Diplomat.

Seine Übersetzung einer Rede von Präsident Nixon erregte die Aufmerksamkeit des französischen Präsidenten Charles De Gaulle. „Er sagte zum Präsidenten, ‚Nixon, Sie hielten eine bedeutsame Rede, aber Ihr Übersetzer war überragend'", berichtete Haig.

In einem Interview im Jahre 1991 berichtete Walters, dass zu seinen schönsten Erinnerungen eine Reise 1957 mit dem damaligen Vizepräsidenten Nixon durch Südamerika gehört.

Während die Wagenkolonne mit Nixon durch eine antiamerikanische Protestdemonstration fuhr, wurde Nixons Wagen mit einen Steinhagel beworfen. Eines der Geschosse zerschlug das Fenster am Sitz von Walters, er wurde mit Glassplittern überschüttet und verletzte sich am Mund. Nixon wandte sich an Walters und sagte: „Spucken Sie das Glas nur aus – Sie werden mir heute noch eine Menge Spanisch übersetzen müssen."

Walters arbeitete auch für Präsident Eisenhower als Stabsgehilfe, organisierte Reisen für Präsident Kennedy und diente Präsident Reagan als diplomatischer Troubleshooter.

Als Gehilfe von Präsident Truman verfasste er die Protokolle, als der Präsident Douglas MacArthur während des Koreakrieges von seinem Posten entfernte.

Er weilte 1953 in Teheran, als die CIA einen Putsch zugunsten des Schahs inszenierte und in Brasilien, als eine Gruppe von Generalen dort einen Staatsstreich durchführte.

Während der Geheimverhandlungen zwischen den USA und Nordvietnam hatte er die Aufgabe, Kissinger, damals Sicherheitsberater von Präsident Nixon, unerkannt nach Paris zu bringen.

Walters war stellvertretender Direktor der CIA von 1972 bis 1976 und 1973 amtierender Direktor der CIA.

Von 1981 bis 1985 war er Sonderbotschafter in der Reagan-Administration und besuchte in dieser Funktion mehr als 100 Länder. Er war Botschafter bei den Vereinten Nationen von 1985 bis 1988 und danach Botschafter in Deutschland bis 1991.

Walters war niemals verheiratet.

Er wurde mit allen militärischen Ehren auf dem nationalen Gedenkfriedhof in Arlington beigesetzt.

3.2 Reuters

Er diente als Botschafter der Vereinigten Staaten in Bonn und bei der UNO.

Der pensionierte Generalleutnant Vernon Walters, ein früherer Botschafter der USA bei den Vereinten Nationen und bevollmächtigter Globetrotter für alle Präsidenten seit dem II. Weltkrieg, starb mit 85 Jahren am Sonntag im Medizinischen Zentrum „Zum Guten Samariter" in West Palm Beach, Florida.

Als ein früherer stellvertretender Direktor der CIA und hervorragender Sprachkundiger, diente Walters fast vier Jahre lang unter Präsident Ronald Reagan als Botschafter der USA bei den Vereinten Nationen.

Später wurde er vom damaligen Präsidenten George H.W. Bush als Chef der US-Botschaft in Bonn eingesetzt, eine Berufung in eine Schlüsselfunktion in einer Zeit, als die neue Politik des Kreml drohte, die Bindungen zwischen Washington und einigen seiner traditionellen Verbündeten in Westeuropa zu lockern.

„Ich bin tief erschüttert über die Nachricht vom Ableben Vernon Walters", sagte CIA-Direktor George Tenet in einer Presseerklärung. „Bei einem ehrenhaften Patrioten mit enormer Begabung hat sich ein außerordentlich reiches Leben des Dienstes für sein Land und die Menschlichkeit erfüllt."

Walters, dessen Memoiren sehr passend den Titel haben „In vertraulicher Mission", traf eine Vielzahl von Staatsoberhäuptern und Regierungschefs der Welt, aber die Beratungen fanden fast immer hinter verschlossenen Türen statt, und ihre Ergebnisse waren vertraulich.

Direkt nach der Übernahme seines Postens als UNO-Botschafter im Mai 1985, unternahm er mehrfach Reisen ohne Information der Öffentlichkeit, einschließlich einiger Besuche in Damaskus mit dem Ziel, die Freilassung amerikanischer Geiseln im benachbarten Libanon zu erreichen.

Während seiner Tätigkeit für fast jede Regierung der USA im Verlauf von mehr als vier Jahrzehnten, kam „Dick" Walters, wie er von seinen Freunden genannt wurde, mit vielen Ereignissen in Europa, dem Nahen Osten, Afrika, Asien und Lateinamerika in Berührung.

Walters unternahm zumindest eine geheime Reise nach Kuba für einen Besuch bei Präsident Fidel Castro und war ein getarnter Begleiter des späteren Außenministers Henry Kissinger bei dessen Friedensverhandlungen mit den Nordvietnamesen zu Beginn der 70er Jahre.

Ein großer und offener Mann mit einer unheimlich schnellen Sprechweise, war Walters vermutlich am besten bekannt durch seine Fertigkeiten, sieben Fremdsprachen zu beherrschen – Französisch, Portugiesisch, Spanisch, Italienisch, Deutsch, Holländisch und Russisch.

Ein Fan von U-Bahnen
Es wird erzählt, dass Walters sich gern noch vor den offiziellen Gesprächen unangemeldet in einem fremden Land bewegte, um bei Fahrten mit den öffentlichen Verkehrsmitteln den örtlichen Dialekt zu erfassen.

Ein lebenslanges Hobby war das Studium der Systeme von Untergrund-Bahnen – passend für jemanden, der die meiste Zeit seiner Laufbahn in der unterirdischen Welt der Geheimdiplomatie verbracht hat. Er war im Besitz einer großen Sammlung von Karten über U-Bahn-Netzwerke, die sich unter den meisten Großstädten der Welt ausbreiten.

Walters wurde am 3. Januar 1917 in New York geboren als Sohn eines britischen Einwanderers, der als Versicherungskaufmann tätig war. Zwischen seinem sechsten und 16. Lebensjahr lebte er in Großbritannien und Frankreich, kehrte dann in die USA zurück und arbeitete ebenfalls in der Versicherungsbranche.

Mit dem Ausbruch des II. Weltkrieges ging er zur Armee und 1942, bedingt durch seine Sprachkenntnisse in Deutsch, erfüllte er seinen ersten geheimdienstlichen Auftrag – das Eindringen in eine Gruppe, die der Spionage für die Nazis verdächtigt wurde.

1944 kam er nach Rom als Gehilfe von General Mark Clark und organisierte dort eine Fahrt mit einem Panzer für einen 13-jährigen Jungen, der später Marokkos König Hassan II. wurde.

Dann diente Walters als Gehilfe von W. Averell Harriman in der Behörde des Marshall-Planes in Paris und 1951 kam er im Range eines Oberstleutnants mit General Dwight Eisenhower zurück nach Paris, um das Oberkommando der Alliierten Streitkräfte in Europa (Supreme Headquarters Allied Powers in Europe – SHAPE) mit aufzubauen.

In den 50er Jahren führten seine Sprachkenntnisse zu mehreren Sondereinätzen als Gehilfe und Übersetzer der Präsidenten Truman, Eisenhower und Nixon. Er übersetzte für Truman auf Gipfeltreffen mit Verbündeten in Südamerika, reiste mit ihm 1950 auf eine Pazifik-Insel, als der Präsident seine Beziehungen zu General Douglas MacArthur, Kommandeur der UNO-Streitkräfte in Korea, friedlich beilegen wollte.

Als Eisenhower Präsident wurde, begleitete ihn Walters bei einer Reihe von Gipfeltreffen.

Präsident Nixon berief im Mai 1972 Walters zum stellvertretenden CIA-Direktor.

Sein Leben lang Junggeselle, war Walters ein strenggläubiger Katholik und ein regelmäßiger Kirchgänger. Als Abstinenzler verbrachte er die endlosen diplomatischen Cocktail-Parties lediglich mit einem Softdrink oder einem Glas Mineralwasser.

Quelle: www. medaloffreedom.com

3.3 Erklärung von CIA-Direktor George J. Tenet vom 14. Februar 2002 zum Tode des früheren Stellvertreters des Direktors der Zentralen Aufklärung (DDCI) Vernon Walters

Ich bin tief erschüttert über die Nachricht vom Ableben Vernon Walters. Bei einem ehrenhaften Patrioten mit enormer Begabung hat sich ein außerordentlich reiches Leben des Dienstes für sein Land und die Menschlichkeit erfüllt. Als ein geborener Führer entwickelte er außergewöhnliche Leistungen in allen Tätigkeiten, die er übernahm, ob als Soldat, Geheimdienst-Offizier oder Diplomat.

Für die Mitarbeiterinnen und Mitarbeiter der CIA ist Vernon Walters mehr als eine weise Führungspersönlichkeit, der unsere Organisation in schwierigen Zeiten leitete. Mit seinen bemerkenswerten Kenntnissen über die Welt und seiner Grundüberzeugung, dass diese sich zum besseren wenden kann, wird er uns ein Beispiel dafür sein, wie der Beste auf unserem Gebiet immer beschaffen sein muss.

3.4 Michael Ledeen
Publizist und Stipendiat am American Enterprise Institute

General Vernon Walters ist gestorben, er war ein Mordskerl. Er hatte niemals eine Universität besucht, aber er sprach 16 Sprachen, davon manche so perfekt, dass Einheimische ihn für einen der Ihrigen halten konnten. Er begann seinen Militärdienst im II. Weltkrieg und diente sich bis zum Zwei-Sterne-General hoch. Er war stellvertretender CIA-Direktor in der Zeit der Watergate-Affäre und meisterte das ehrenhaft. Er wurde Sonderbotschafter des Außenministeriums und immer mit den unangenehmsten Missionen betraut, ob das schwierige Verbündete betraf, denen die Leviten gelesen werden mussten, wie der „verrückte Mobuto", wie er ihn immer wieder nannte, in Zaire oder die Mörder-Generale in Argentinien. Seine letzte Funktion war der Botschafter in Westdeutschland während der Präsidentschaft von G.W.H. Bush und er war vermutlich der erste Amerikaner, der offiziell verkündete, dass die Vereinigung Deutschlands bevorstehe und dass es für uns besser sein wird, unseren Anteil zu leisten. Genug Ruhm für fünf gute Männer. Und von Dick Walters konnte man noch eine Menge mehr bekommen. Man bekam wirkliche Kameradschaft, eine rare Qualität in den besten Zeiten und besonders in den vergangenen Jahren. Man traf auf einen, der bereit war, seine Weisheit mit jüngeren Kollegen zu teilen. Man traf auf einen religiösen Menschen, einen gläubigen Katholiken, der überhaupt nicht so vulgär auftrat, wie es für Militärs oft typisch ist. Und man erlebte den größten Redner, den ich jemals im öffentlichen Leben Amerikas gesehen habe.

Vor einigen Jahren erlebte ich ihn in einem Interview vor tausend Geschäftsleuten in Melbourne/Australien und der Interviewer konfrontierte ihn mit einer schwierigen Frage: „Sagen Sie mir bitte, General, haben Sie in Ihrer diplomatischen Tätigkeit jemals mit Schmeicheleien gearbeitet. Und wenn das so war, wie hat es gewirkt?" Walters antwortete innerhalb einer Nanosekunde: „Wenn jemand denkt, dass Schmeichelei nicht wirkt, hat er diese offensichtlich niemals selbst erlebt."

Als Walters Sonderbotschafter war, war ich sozusagen der kleine Botschafter (ein Wortspiel: ambassador-at-large im Vergleich zu ambassador-at-small – Anm- K.E.). Er übernahm die bedeutenden Aufgaben, ich die viel weniger bedeutenden. Ich gehörte niemals der Regierung an und er machte das so freundlich wie möglich. Er fand eine gute Sekretärin für mich, eine von diesen freimütigen, dreisten Typen, welche mir offen sagte, wenn mein Instinkt falsch war und sie mir damit half, das Schreiben von Memoranden zu vermeiden, die mich nur in Schwierigkeiten gebracht hätten. Und dann, von Zeit zu Zeit, nahm er mich mit und ich konnte dabei kibitzen und lernen, wie Diplomatie von einem der größten Praktiker auf diesem Gebiet gemacht werden kann.

Es war immer ein wahrhaftiges Vergnügen.

Er kannte genug Geschichten, um uns auch auf den längsten Reisen zu unterhalten, und er hatte immer Ratschläge zur Hand, von denen so manche als Richtschnur für das Leben in Washington dienten. Seine Lebensmaxime, die sich jeder im öffentlichen Dienst Tätige an die Pinwand heften sollte, war: Es gibt keine Begrenzung, um dein Ziel zu erreichen, wenn du bereit bist, auch andere an deinem Ruhm teilhaben zu lassen.

Als einer der größten Angehörigen einer großen Generation erwarb er sich große Ehre, aber er hielt nur wenig davon. Er war zu bodenständig, um von Intellektuellen beeindruckt zu sein, jedoch auch zu sehr belesen und kulturvoll, um in die Welt von Joe Six-pack zu passen. Er war niemals verheiratet, aber er nahm einen jungen Marineoffizier unter seine Fittiche und machte ihn zu seinem persönlichen Assistenten. Kapitän Lee Martini reiste mit ihm um die Welt, dachte sehr tiefgründig über all das nach, was er gelernt hatte ... und wurde Priester der Benediktiner. Und ich bin sicher, dass Vater Martini heute eine würdige Messe zu Ehren seines Freundes und Mentors zelebrieren wird.

Quelle: NationalReviewOnline; www.nro.com

3.5 Richard V. Allen
In der Reagan-Administration Chefberater für Außenpolitik und Nationaler Sicherheitsberater; heute Lehrtätigkeit am Hoover-Institut
Gastkommentar zu NationalReviewOnline

Meisterstratege Vernon A. Walters

Ein außerordentlicher Mensch, einer der dauerhaft Spuren in seiner Nation und bei allen, die das Glück hatten, ihn zu kennen, hinterlassen hat, wurde am Sonntag, den 10. Februar zu Gott gerufen. Generalleutnant Vernon A. Walters starb 85jährig an einer Herzattacke im Medizinischen Zentrum „Zum Guten Samariter" in West Palm Beach, Florida.

Das Ableben von Dick Walters markiert das Ende eines selbstlosen und hingebungsvollen Lebens im öffentlichen Dienst, das man nur als eine sensationelle und aktionsgeladene Karriere beschreiben kann. Für die *National Review* ist der Verlust besonders schmerzlich, denn General Walters war ein enger Freund der Herausgeber und Mitarbeiter und ein begabter Veranstalter der Kreuzfahrten der *National Review*, zuletzt im vergangenen September von Boston nach Montreal.

Die Nachrufe in den Zeitungen erwähnten seine vielfältigen Fertigkeiten, erwähnten insbesondere seine einzigartigen Sprechkenntnisse (er sprach sieben Sprachen fließend und konnte sich in mehreren anderen verständigen), sein Dienst für acht Präsidenten, seine Entwicklung vom einfachen Soldaten im II. Weltkrieg bis zum Generalsrang zum Zeitpunkt seiner Pensionierung im Jahre 1976, seine Erfahrungen als stellvertretender CIA-Direktor, als weitgereister Botschafter und UNO-Botschafter unter Präsident Reagan und sein Einsatz als Botschafter der Vereinten Nationen unter Präsident George H.W. Bush. (hier irrt Mr. Allen, gemeint sein dürfte der Einsatz als Botschafter in der BRD – Anm- K.E.). Seine Karriere ist besonders bemerkenswert für einen Menschen, der nie eine Universität besuchte, und der, nur durch sein Talent und seine Energie, zu solch hohen Funktionen kam und sich die Anerkennung der Führer der Welt erwarb.

Er bewahrte sich ein tiefes und andauerndes Verhältnis zu seinem Gott und zu seinem Lande, sein Leben lang unverheiratet und ein täglicher Kirchgänger, war Walters immer bei der nächsten Messe anzutreffen, selbst im Rollstuhl als er sich kaum noch bewegen konnte. Sein Glaube widerspiegelte sich in seiner Hingabe zur Sache der Freiheit, und er wurde niemals müde und erinnerte auch andere immer wieder daran, dass die Vereinigten Staaten die beste Hoffnung für die Menschheit waren und sind, ein Überleben unter den Bedingungen der Freiheit zu gewährleisten.

Walters genoss seine Fähigkeit, die Aufmerksamkeit seines Publikums, ob groß oder im kleinen Kreis, zu fesseln. Seine Fähigkeiten als Erzählertalent ermöglichten es ihm, die Lehren aus der Vergangenheit für eine Vorhersage für die Zukunft zu nutzen; er hatte in seinem Spruchbeutel immer unglaublich passende Insidergeschichten, um einen wichtigen Punkt entsprechend zu illustrieren. Er war sich auch nie zu schade, selbst auf die einfachste Frage eines Zuhörers zu reagieren, der General war gegenüber seinem Gesprächspartner geduldig und aufmerksam, bis er dessen Frage zur Zufriedenheit beantwortet hatte und wandte sich erst dann einem anderen Thema zu. Die Teilnehmer an den Kreuzfahrten der *National Review* saßen jeden Abend in anderer Zusammensetzung an den Tischen und wurden jedes Mal mit der Mitteilung begrüßt – „Gestern Abend war der General an unserem Tisch – er ist phantastisch und ich hoffe, dass wir bald wieder mit ihm zusammensitzen können." Ein anderer Beitrag zu seiner Art, wie er mit seinen Zuhörern umgeht, war geprägt von seinem Paradigma der Freundlichkeit. In den mehr als 30 Jahren unserer Bekanntschaft habe ich niemals eine Kritik von Dick Walters erhalten, eine Seltenheit in einer Stadt, die geteilt ist in Freund und Feind.

Die *New York Times* bemerkt in ihrem ansonsten fundiertem Nachruf, dass er „in seiner Karriere wohl kaum die Geschichte geprägt hat, aber er sah es wohl anders." All jene, die Dick Walters kannten, werden dieser Unterschätzung kaum zustimmen. Tatsächlich war Walters ein Gestalter der Geschichte, wenngleich auch im Hintergrund. Er hat gefühlt, auf welche Art und Weise er seinen Einfluß geltend machen konnte, in der für ihn charakteristischen Art, wie man eine übertragene Aufgabe akzeptiert und sie dann kultiviert und in einer eigenen sachkundigen Art verwirklicht. Die Betonung seiner Sprachfertigkeiten geht in Ordnung und viele sahen in ihm den Übersetzer. Aber er war immer ein „ganzer Mann" in dem Sinne, dass er sowohl das Thema beherrschte und gleichzeitig auch ausgerüstet war mit einem ganzen Arsenal von praktischen Fertigkeiten, nicht zuletzt mit seinen Fähigkeiten der Kommunikation. Anders gesagt, er war ein Meister der Strategie.

1980 folgte Walters dem Ruf zur Mitarbeit in einer außenpolitischen Beratergruppe für den Wahlkampf von Ronald Reagan. Dabei kam es zu einer Europareise mit dem Leiter des Wahlkampfteams, William J. Casey und mir während einer Pause im Wahlkampf. In Paris hatten wir eine Begegnung mit französischen Journalisten während eines Essens arrangiert. Walters war ebenfalls in Paris. Unsere Aufgabe bestand darin, den skeptischen französischen Journalisten die Sicht von Reagan auf die USA-Politik bezüglich Europa, Frankreich und der UdSSR zu erläutern sowie auf ihre Fragen und ihre offensichtlichen Zweifel zu antworten.

Gleich zu Beginn der Diskussion war offensichtlich, dass der anwesende Dolmetscher überfordert war und wir verzweifelt nach einer schnellen Lösung suchen mussten. Ich lehnte mich zurück und fragte Walters, ob er uns aus dieser misslichen Lage befreien könnte, augenblicklich war er mitten unter uns und mehr als drei Stunden lang übersetze er alles fließend.

Er war im Verlauf seiner Karriere in vielen sensitiven und hochgradig geheimen Missionen unterwegs, aber keine war für ihn interessanter – und hat ihn mehr bewegt – als seine Informationsbesuche bei Papst Johannes Paul II. Mit dem Wissen, dass der Vatikan tief verstrickt war in seine eigenen politischen Initiativen in Osteuropa (und besonders in Polen) und dass die Initiative von Reagan zur Aufstellung von Mittelstreckenraketen und Cruise Missiles in Westeuropa besonders kontrovers diskutiert wurde, besuchte Walters den Heiligen Vater mehrfach und legte dem Papst in delikater Weise Satellitenfotos und andere klare Beweise über die Aufstellung von sowjetischen SS-20-Raketen vor. Er brauchte nichts dazu zu sagen, die Beweise sprachen für sich. Was auch der Papst darüber denken mochte, der Vatikan äußerte sich nicht kritisch zur Raketenaufrüstung und entzog damit der europäischen Linken die für die öffentliche Meinung bedeutungsvolle Unterstützung der katholischen Kirche. Wenn das kein „Einfluß auf die Geschichte" war, wie sollte der sonst aussehen?

Am Morgen des 21. Januar 1981, dem ersten Tag von Präsident Reagan im Weißen Haus, stellte Reagan kommentarlos verschiedene Gegenstände auf dem Regal hinter seinem Tisch auf – Bilder von Nancy und den Kindern. An die Vorderseite der linken Ecke stellte er ein kleines Messingschild mit einer Nachricht an seine Besucher. Darauf stand: „Es gibt keine Begrenzung, um dein Ziel zu erreichen, wenn du bereit bist, auch andere an deinem Ruhm teilhaben zu lassen." Manche lasen es und verstanden die Nachricht, andere wiederum nicht.

General Walters las sie sicherlich und er hat sein ganzes Leben lang nach diesem einfachen Prinzip gelebt.

Quelle: National ReviewOnline; www.nro.com

Die Vereinigten Staaten und die europäische Sicherheit nach der Vereinigung Deutschlands

Vortrag von Botschafter Vernon A. Walters vor der Deutschen Gesellschaft für Auswärtige Politik in Bonn, am 7. November 1990

Ereignisse, die für unsere Sicht der Welt und die Art, wie wir uns als Gesellschaften organisieren, von entscheidender Bedeutung sind, haben uns wie eine sich ständig beschleunigende Lawine mitgerissen. Polen benötigte zehn Jahre, um erfolgreich seinen Willen nach Befreiung von Fremdherrschaft durchzusetzen. Ungarn schaffte es in etwa zehn Monaten, die ehemalige DDR in zehn Wochen und die Tschechoslowakei in zehn Tagen. Das ist Geschichte im Zeitraffer.

Wir wurden nicht nur Zeuge des Zusammenbruchs von Regimen, sondern der rapiden Erosion einer ganzen Ordnung, von Moskau bis Managua. Selten in der Geschichte haben Frieden und Demokratie in so kurzer Zeit solch große Fortschritte erzielt. Der heftige ideologische Konflikt, den wir als Kalten Krieg bezeichneten, ist vorbei.

Die Entschlossenheit des Westens

Die Entschlossenheit des Westens hat dieses Ergebnis ermöglicht. Wir haben unsere Entschlossenheit eindeutig bekundet, etwa durch kluge politische Entscheidungen wie den Marshall-Plan, durch die Stationierung von mehr als 300 000 amerikanischen Soldaten in Europa über eineinhalb Generationen hinweg, durch das erfolgreichste strategische Bündnis in der Geschichte und durch den Erfolg der Organisation für wirtschaftliche Zusammenarbeit und Entwicklung und der Europäischen Gemeinschaft.

Die Politik des Westens wurde auch durch die Bereitschaft des amerikanischen Volkes unterstützt, die stärkste Volkswirtschaft der Welt einzusetzen, um unsere militärische Stärke aufrechtzuerhalten.

Die Amerikaner haben acht Jahre lang bereitwillig 300 Milliarden Dollar für die Verteidigung ausgegeben. Damit haben wir der Sowjetunion und anderen potentiellen Aggressoren demonstriert, dass ein feindseliger Wettbewerb mit uns wirtschaftlich und militärisch sinnlos ist. Präsident Michail Gorbatschow war klug genug, den Tatsachen Rechnung zu tragen und eine Politik zu entwickeln, die maßgeblich zur Überwindung der Spaltung Europas beigetragen hat: die Perestrojka. Natürlich spielten noch andere Faktoren eine Rolle, vor allem der Verfall der sowjetischen Wirtschaft. Aber die Perestrojka ist nicht einfach vom Himmel gefallen. Durch die Standfestigkeit im Angesicht jahrzehntelanger Bedrohung die Voraussetzung für das Auftreten eines Gorbatschows geschaffen zu haben, bleibt indessen das historische Verdienst des Atlantischen Bündnisses.

Aufgrund dessen blickt die amerikanische Außenpolitik mit Optimismus in die Zukunft. Präsident George Bush selbst hat erklärt, dass wir die Nachkriegszeit hinter uns lassen und über die Politik des Containment hinausgehen. Wir verwechseln jedoch nicht Wunsch und Wirklichkeit. Der Sieg des demokratischen Kapitalismus über den Marxismus bedeutet nicht das Ende der Geschichte. Er bedeutet lediglich das Ende eines Kapitels der Geschichte, und obwohl ich nicht behaupten kann zu wissen, was das nächste Kapitel bringen wird, ziehen sich Konflikte wie ein roter Faden durch die Geschichte der Menschheit. Ihr Wiederaufflammen sollte also niemanden verwundern. Aus diesem Grund dürfen wir keine Strukturen aufgeben, die sich bewährt haben.

Unter diesem Blickwinkel möchte ich im folgenden die gegenwärtige und zukünftige Rolle der Vereinigten Staaten in Europa im einzelnen erörtern. Sie werden feststellen, dass ich dabei sowohl Wandel als auch Kontinuität betone: Ersterer ist unvermeidlich, die letztere unverzichtbar.

Europa als Schwerpunkt der amerikanischen Außenpolitik

Europa bleibt zentraler Schwerpunkt der amerikanischen Außenpolitik. Sicherlich bildet die irakische Aggression die größte Quelle der Besorgnis für Washington. Aber auch wenn der Blick der Vereinigten Staaten auf den Golf gerichtet ist, heißt das nicht, dass die politisch Verantwortlichen dort Europa übersehen. Im Gegenteil: Unsere intensiven Bemühungen im Nahen Osten leiten sich in nicht geringem Maß aus unserem Engagement in Europa ab. Gerade hier haben wir vor 50 Jahren der Art von Aggression die Stirn geboten, mit der wir es heute am Golf zu tun haben. Würde man Saddam Hussein erlauben, Preis und Abgabe des Öls zu diktieren, wäre dies für Westeuropa teuer und für Osteuropa katastrophal.

In der interdependenten Welt von heute ist Stabilität unteilbar: Die Interessen keiner Region lassen sich von Ereignissen andernorts abschotten. Mit anderen Worten: Die amerikanische Politik bleibt also eurozentrisch. In

Washington wird keine wichtige Entscheidung gefällt, ohne die Auswirkungen auf diese Region zu berücksichtigen, die immer noch für die Sicherheit der Vereinigten Staaten am wichtigsten ist. Trotz des drastischen Rückgangs der Spannungen zwischen Ost und West ist das amerikanischen Engagement in Europa für jegliche Hoffnung auf dauerhafte Stabilität von entscheidender Bedeutung.

Sicherlich ist die sicherheitspolitische Bedrohung in ihrer klassischen Bedeutung verschwunden. Mit dem Vollzug der deutschen Einheit sind die Chancen für einen dauerhaften Frieden drastisch gestiegen. Wenn den Reformen in der Sowjetunion und Osteuropa Erfolg beschieden ist, wird dies einen weiteren gewaltigen historischen Schritt nach vorn markieren.

Das „wenn" ist jedoch das entscheidende Wort. Da sich die sowjetische Wirtschaft im desolaten Zustand befindet, ist der Erfolg der Perestrojka bei weitem nicht gesichert. Jeder Ruf nach Reformen stößt auf einen Chor von Kritikern: den einen gehen die Veränderungen zu schnell, anderen zu langsam.

Jeder Versuch des Kreml, dem Föderalismus wirklich Bedeutung zu verleihen, führt zu neuen Forderungen nach Selbstbestimmung einzelner Nationalitäten. Zahlreiche Elemente der sowjetischen Gesellschaft, auf der Rechten wie auf der Linken, sind über den Zusammenbruch der russischen Macht aufgebracht; sie könnten handeln, Präsident Gorbatschow selbst hat bereits von Notstandsgesetzen gesprochen.

Selbst wenn die Wirtschaftsreformen greifen und das sowjetische Reich Bestand hat, ist es denkbar, dass Anhänger des alten Denkens das Experiment torpedieren könnten, um der Sowjetunion in der Weltpolitik erneut eine eher traditionelle Rolle zu verschaffen. In der Golf-Krise haben wir bereits ein Murren aus den sowjetischen Kasernen vernommen: Nicht alle Angehörigen des Militärs geben sich mit ihrer verringerten Rolle zufrieden.

Niemand erwartet die Wiederbelebung des Stalinismus. Das schiere Machtpotential der Sowjetunion ist jedoch eine zentrale Tatsache der Geopolitik. Obwohl wir die drastische Reduzierung der Streitkräfteniveaus und der Vorwarnzeit begrüßen, stellt die sowjetische Macht, wenn sie in die falschen Hände gerät, weiterhin eine Gefahr für ihre Nachbarn und eine Quelle der Instabilität für den gesamten Kontinent dar.

Kurzum: Es wäre verfrüht, dauerhafte und schnelle Schlüsse aus der gegenwärtigen in der Sowjetunion herrschenden Verwirrung zu ziehen. Denn welcher Staat auch immer aus den gegenwärtigen Erschütterungen hervorgeht, er wird wahrscheinlich groß, potentiell mächtig und deshalb geopolitisch bedeutend sein. Ein militärisches Gegengewicht im Westen wird deshalb benötigt. Dies gilt noch mehr, wenn die Reformen in Osteuropa scheitern. Die amerikanische Politik engagiert sich moralisch und materiell für ihren Erfolg. Aber die Einführung von Demokratie und freier Marktwirtschaft praktisch über Nacht ist ein beispielloses Experiment. Bei vielen wird vielleicht die Realität nicht den Erwartungen gerecht, andere könnten bei diesem Prozess zu Verlierern werden, und ein ungleichmäßiges Reformtempo könnte innere Unruhen auslösen. Spannungen zwischen den osteuropäischen Staaten, einschließlich der Sowjetunion, sind nicht auszuschließen: Die Landkarte ist in dieser Region unglücklich gestaltet worden, und die Reformen führen bereits zum Wiederaufleben alter Animositäten.

Selbstverständlich hoffen wir auf den Erfolg der Reformen. Eine kluge Politik muss jedoch Hoffnung als Ziel und nicht als Tatsache betrachten. Darüber hinaus sind diese Szenarien zwar keine Entschuldigung für das Festhalten an überholten Konzepten, aber sie erinnern uns daran, dass Stabilität Europa nicht in die Wiege gelegt wurde. Sie ist die Folge eines Gleichgewichts, und seit 1949 ist die amerikanische Präsenz ein entscheidender Faktor dieser Balance. Die europäische und die amerikanische Sicherheit haben gleichermaßen davon profitiert.

Die Vereinigten Staaten als europäische Macht

Es gibt sogar einen noch zwingenderen Grund, warum die Vereinigten Staaten eine Macht in Europa bleiben müssen und werden: Sie sind per definitionem eine europäische Macht. Die Vereinigten Staaten sind durch ein gemeinsames Erbe, gemeinsame Werte und Ziele mit diesem Kontinent verbunden. Ihre besten Verbündeten beim Streben nach einer stabilen Weltordnung befinden sich hier. Einem alten Sprichwort zufolge haben Staaten keine dauerhaften Freunde, sondern nur dauerhafte Interessen. Die Erfahrung lehrt uns jedoch auch, dass den vitalen Interessen jedes Staates durch lange bestehende Freundschaften gut gedient ist.

Seit 1949 verbindet die NATO die Vereinigten Staaten mit Europa. Es gibt keinen Grund, warum sich dies ändern sollte. Natürlich entwickelte sich die NATO während des Kalten Krieges als Teil der Bemühungen zur Eindämmung der sowjetischen Expansion. Aus gutem Grund wird die Sowjetunion im Nordatlantikvertrag mit keinem Wort erwähnt. Dieser Vertrag ist zudem unbefristet. Denn der grundsätzliche Zweck der NATO ging über die Politik des Containment hinaus: Eine transatlantische Sicherheitspartnerschaft sollte dem langfristigen Ziel dienen, eine stabile Sicherheitsstruktur in Europa zu gewährleisten. Die NATO bei Verwirklichung dieses Ziels preiszugeben, würde nicht mehr Sinn ergeben als die Abschaffung der EG beim Aufbau des europäischen Binnenmarktes.

In der vierzigjährigen Geschichte der NATO hat es keinen Krieg in Europa gegeben. Weder wurde ein Quadratzentimeter an Territorium preisgegeben, noch war der Tod eines einzigen Staatsbürgers zu beklagen, mit Ausnahme derjenigen, die ihr Leben bei dem Versuch verloren, in die Freiheit des Westens zu fliehen. Ich stehe sicherlich nicht allein, wenn ich hier einen Zusammenhang sehe.

Darüber hinaus sollte ich Sie wissen lassen – und dies ist meine persönliche Meinung –, dass der Kongress die amerikanische Truppenpräsenz in Europa unter anderer Schirmherrschaft als der der NATO nicht weiterhin billigen würde. Kürzlich hat mir eine zu Besuch in Bonn weilende Kongressdelegation erzählt, selbst mit der NATO bezweifeln sie die Notwendigkeit einer umfangreichen Militärpräsenz der Vereinigten Staaten in Europa.

Niemand bestreitet, dass sich die NATO ändern muss. Wie Außenminister James Baker erklärt hat, wird sie neue politische Aufgaben und einen mehr politischen Schwerpunkt entwickeln. All dies ist jedoch die Frage der Betonung, nicht der Substanz: Das westliche Bündnis war stets eine politische Institution, ein Forum der Koordinierung und des Dialogs von Staaten mit gemeinsamen Interessen. Die sich verändernden Bedingungen von heute bedeuten, dass neue Punkte auf seiner Tagesordnung erscheinen werden: Verbreitung von Raketen, Verifizierung von Rüstungskontrollabkommen und regionale Konflikte. Unsere Konsultationen zu Osteuropa und der Golf-Krise unterstreichen den Wert der NATO in dieser Hinsicht.

Ich verstehe diejenigen, die der Auffassung sind, die NATO müsse sich angesichts der positiven Veränderungen in Osteuropa in den Ost-West-Beziehungen zu einer mehr beratenden, politischen Organisation entwickeln. Aber wären diese Veränderungen ohne die NATO denkbar gewesen? Sicherlich nicht. Das Bündnis war über vierzig Jahre lang das wichtigste Forum für Politische Konsultationen im Westen, und dies wird meines Erachtens auch in Zukunft so bleiben. Sechzehn potentiell miteinander konkurrierende Staaten waren in der Lage, einen Konsens zu strategisch bedeutsamen Beschlüssen zu erlangen, weil sie gemeinsame demokratische Werte teilen.

Die NATO ist jedoch mehr als ein Forum. Sie ist eine Institution, die handeln kann. Einige behaupten gern, die Anfangsbuchstaben des Bündnisses in Englisch stünden für „No Action; Talk Only". Wiederum lehrt die Geschichte, dass solche Zyniker zwar oft clever daherreden, aber selten im Recht sind. Nichts beweist die Fähigkeit der NATO zum Handeln besser als der NATO-Doppelbeschluss zu INF, mit dem der sowjetischen Führung vor Augen geführt wurde, dass es für sie außer Verhandlungen keine Option gab. Dies öffnete den Weg zu einer echten Annäherung zwischen Ost und West.

Der politische Einfluss der NATO kann nicht wachsen, wenn man ihre grundlegende militärische Komponente nicht bewahrt. Natürlich haben wir angesichts der wachsenden Friedensaussichten damit begonnen, unsere Truppenstärke zu verringern, Stützpunkte zu schließen und auf die Modernisierung unserer Nuklearstreitkräfte zu verzichten. Auch die Strategie ist nicht sakrosankt. Die Londoner Erklärung stellt eindeutig fest, dass Vorneverteidigung und flexible Reaktion der grundlegenden Überarbeitung bedürfen. Darüber hinaus müssen die Nuklearstreitkräfte der NATO als Waffen behandelt werden, die nur als allerletztes Mittel eingesetzt werden.

Bestimmte militärische Elemente lassen sich jedoch nicht reduzieren. Die amerikanische Militärpräsenz in Europa ist ein wichtiger Schutz vor Instabilität. Amerikanische Nuklearwaffen geben der transatlantischen Sicherheit Gewicht und tragen dazu bei, dass der Krieg undenkbar wird: Solche Waffen müssen in der einen oder anderen Form in Europa stationiert bleiben. Darüber hinaus gewinnt das Bündnis seinen einzigartigen Einfluss durch den in der Geschichte einmaligen Grad militärischer Integration und gemeinsamer Formulierung der Politik innerhalb der NATO. Die Umstrukturierung von NATO-Truppen zu multilateralen Korps könnte diese Merkmale des Bündnisses verbessern.

Natürlich begrüßen wir die im Hinblick auf den langersehnten zweiten Eckpfeiler erzielten Fortschritte. Die Neubelebung der WEU ist ein wichtiger Schritt in diese Richtung, und ihre Charta verbindet sie ja mit der NATO. Darüber hinaus wertet Washington die 1990 zwischen Bonn und Paris ins Leben gerufene Initiative für eine EG-Sicherheit als weiteren Schritt auf einen besseren Zusammenhalt des Westens und nicht als Alleingang.

Die Politik der Vereinigten Staaten berücksichtigt die wachsende Bedeutung der KSZE. Hierbei handelt es sich um einen entscheidenden Prozess, der unterschiedlich gearteten Ländern die Möglichkeiten bietet, bei vielen – auch sicherheitspolitischen – Fragen eine gemeinsame Basis zu finden und den Ländern Osteuropas das Gefühl vermittelt, in den Sicherheitsdialog einbezogen zu werden. Die weitere Institutionalisierung der KSZE kann ihre Rolle als Forum stärken.

Sie kann jedoch die NATO nicht ersetzen. Das durch die tatsächliche Auflösung des Warschauer Pakts entstehende Sicherheitsvakuum kann nicht durch einen Stammtisch von 34 Nationen gefüllt werden. Wenn kritische Sicherheitsentscheidungen mit globalen Auswirkungen getroffen werden, sollten Länder vom Kaliber der Vereinigten Staaten nicht genauso behandelt werden wie beispielsweise Malta oder Bulgarien. (Das ist natürlich meine persönliche Meinung.)

Mit anderen Worten: Bei der KSZE handelt es sich um ein Forum für die Suche nach gemeinsamen Interessen, während die NATO ein Bündnis ist, in dem auf der Grundlage bereits bestehender gemeinsamer Interessen gehandelt wird. Damit ergänzen sich beide Organisationen auf natürliche Weise und leisten somit beide einen wichtigen Beitrag für die europäische Stabilität der Zukunft.

Ich habe unsere Überzeugung verdeutlicht, dass sich die NATO erheblich verändern wird, aber dennoch vorherrschendes Merkmal einer künftigen europäischen Sicherheitsstruktur bleiben muss. Was bedeutet das nun für Deutschland?

Das westliche Bündnis und das vereinigte Deutschland

Angesichts der schwindenden Spannungen zwischen Ost und West streben viele Deutsche nach einer greifbaren Erleichterung der Verteidigungslasten. In Stadt und Land strebt man nach mehr Normalität im Alltagsleben, und insbesondere junge Menschen erhoffen einen Abbau der durch die militärische Präsenz hervorgerufenen Umweltbelastungen.

Die Wünsche sind verständlich. Dennoch sollte eine Friedensdividende nicht auf Kosten unserer Investitionen in die europäische Sicherheit erzielt werden. Obwohl die NATO nunmehr politische und zivile Anliegen effektiver berücksichtigen kann, bleibt ihre wichtigste Aufgabe die Sicherheit. Das Bündnis hat militärische Aufgaben, zu deren Erfüllung unsere Truppen bereit sein müssen. Auf diese Weise können wir die Präsenz der Vereinigten Staaten reduzieren und neu gestalten, wir sollten sie nicht einzig und allein auf ihren Symbolcharakter reduzieren.

Aus diesem Grund bleiben amerikanische Stützpunkte für unsere Arbeit hier entscheidend. Wir müssen die Infrastruktur für unsere verbleibenden Streitkräfte erhalten. Diese Einrichtungen bieten die Möglichkeit für die – unerlässliche – Ausbildung von Einheiten. Sollte sich die Notwendigkeit ergeben, würden diese Stützpunkte darüber hinaus schnelle Verstärkung gewährleisten.

Von ebenso entscheidender Bedeutung bleiben Manöver im großen Stil – trotz Rüstungskontrolle, neuer Strategien und reduzierter Personalstärke. Sowohl Soldaten als auch Piloten müssen Gelegenheit haben, in den Regionen zu üben, die sie gegebenenfalls verteidigen sollen. Moral und Glaubwürdigkeit hängen von der Einsatzbereitschaft ab. Ein ausgehöhltes Heer und eine Luftwaffe am Boden sind nicht nur im militärischen Sinne handlungsunfähig, sondern politisch bedeutungslos.

Wir unternehmen Schritte zur Reduzierung der Anzahl und Auswirkungen von Manövern außerhalb der Stützpunkte. Unsere „intelligenten" Ausbildungstechniken bieten Computersimulationen als Alternative zu zahlreichen Geländemanövern und reduzieren damit mögliche Manöverschäden. Darüber hinaus haben die Vereinigten Staaten für Übungsflüge eine Mindesthöhe von 1000 Fuß festgelegt, um die Lärmbelästigung in den betroffenen Regionen so gering wie möglich zu halten.

Natürlich kann mit dem Abbau der Spannungen zwischen Ost und West die Last der militärischen Sicherheit erheblich verringert werden. Dieser Prozess hat bereits begonnen. Im Einklang mit dem INF-Vertrag von 1987 sind die letzten amerikanischen Marschflugkörper im Herbst dieses Jahres von deutschem Boden abgezogen worden. Anfang dieses Jahres hat Präsident Bush unsere Bereitschaft bekundet, über den Abzug aller Kurzstreckenraketen und der nuklearen Artillerie aus Europa zu verhandeln.

Vor einigen Wochen konnte ich einen der Züge begleiten, mit denen die amerikanischen Chemiewaffen aus Deutschland abtransportiert wurden. Diese

Systeme werden zerstört – ein Zeichen unseres Engagements, mit dem wir die Welt von einer schrecklichen und zerstörerischen Kraft befreien wollen.

Im September erklärten die Vereinigten Staaten ihre Absicht, bis Ende des Jahres 1991 40.000 Soldaten aus Deutschland abzuziehen. Von dieser Reduzierung sind mehr als 100 Militäreinrichtungen betroffen. Viele von ihnen werden geschlossen und anderweitig genutzt, etwa als Wohnraum oder Gewerbegebiet.

Was die Zukunft betrifft, so werden mit dem bevorstehenden Wiener Abkommen über konventionelle Streitkräfte Panzer und Artillerie in Mitteleuropa reduziert. Wir sehen mit Interesse der zweiten Runde der KSE entgegen, die sich mit Truppenreduzierungen beschäftigen wird. Obwohl ich nicht in eine Kristallkugel blicken kann, deuten die Anzeichen auf weitere Reduzierungen.

Der Wandel selbst wird jedoch seinen Preis haben. Die Schließung der Stützpunkte wird auch Auswirkungen auf die ortsansässige Wirtschaft haben. Wir suchen den Preis für diesen Übergang so niedrig wie möglich zu halten. Wenn ein amerikanischer Stützpunkt geschlossen wird, hat meine Regierung einen Prioritätenplan, um den deutschen Zivilangestellten einen Arbeitsplatz bei einer anderen Einrichtung der Vereinigten Staaten zu vermitteln.

Darüber hinaus sind wir uns der Notwendigkeit ausgewogener Reduzierungen in allen Regionen bewusst. Wo immer dies möglich ist, wollen wir die Schließungen zunächst in dicht besiedelten Stadtgebieten durchführen, damit hier Wohnraum geschaffen oder eine andere Nutzung gefunden werden kann.

Konsultationen sind der Baustoff unseres Bündnisses, das trifft heute noch genauso zu wie zur Zeit des Kalten Krieges. Wir haben in den Bereichen multilaterale Rüstungskontrolle und einseitige Truppenreduzierungen eng mit der Bundesregierung zusammengearbeitet. Ich habe in diesem Jahr viele Regierungsvertreter persönlich getroffen, um das Tempo und die Auswirkungen des Abzugs von amerikanischen Truppen zu erörtern.

Solche Konsultationen machen nicht an der Stadtgrenze von Bonn halt. In Zusammenarbeit mit der Bundesregierung haben wir versucht, die Ansichten der Regierungen aller betroffenen Länder zu berücksichtigen. Wir hoffen, das andere Anliegen der Länder in absehbarer Zukunft gelöst werden können.

Die Bürger dieses Landes sollen wissen, wie ernst wir es meinen, wenn wir die Verteidigungslasten gerecht verringern wollen. Wir verlassen uns darauf, dass die Bundesregierung auf allen Ebenen ihren Körperschaften versichert, dass wir für ihre Anliegen ein offenes Ohr haben. Gerade zu diesem Zeitpunkt dürfen keine Missverständnisse auftreten.

Partnerschaft bei der Führung

Zusammenfassend erscheint die Feststellung fast wie eine Binsenweisheit, dass die Umgestaltung der Weltpolitik schwindelerregend war. Vielleicht waren wir bereits durch das Tempo des Wandels benommen: Einige Ereignisse, die noch vor zehn Jahren als epochemachend erachtet worden wären, werden heute in den Abendnachrichten nicht einmal mehr erwähnt.

Angesichts der zahlreichen verbleibenden Probleme wäre Selbstgefälligkeit jedoch fehl am Platze. Die Tagesordnung der internationalen Politik wird viele Punkte umfassen – teils vertraut, teils unvorhersehbar. Die Vereinigten Staaten und Deutschland müssen die Grundlagen der europäischen Stabilität erhalten, auch während sie versuchen, die Herausforderungen und Probleme in den Griff zu bekommen, die über diesen Kontinent hinausgehen.

Partnerschaft bei der Führung ist nicht nur ein Schlagwort, sondern eine Beschreibung der Realität. Unsere beiden Länder üben Führungsrollen aus und unsere sehr eng koordinierte Beziehung ist nach wie vor ein großer Gewinn für Europa und in der Tat für die ganze Welt. Seit vierzig Jahren hat die deutsch-amerikanische Zusammenarbeit in jedem Bereich – Wirtschaft, Politik und Verteidigung – Wohlstand, Stabilität und Frieden hervorgebracht. Dies muss so bleiben, während wir uns der Zukunft stellen.

(aus: Europa-Archiv, Folge 22/1990, S. 655ff.)

Kommentar der Autoren:
Selten wurde eine Walters'sche Heuchelei von der Zeitgeschichte so schnell widerlegt wie diese.
    Der kurz danach vom Zaum gebrochene Balkankrieg zeigte jedem unvoreingenommenen Beobachter, dass die Existenz des Warschauer Paktes die friedenserhaltende Bedingung in Europa war.

Bibliographie

AGEE, PHILIP/WOLF, LOUIS: *Die CIA in Westeuropa*, VEB Deutscher Verlag der Wissenschaften, 1981

BAHR, EGON: *Zu meiner Zeit*, Blessing-Verlag, 1996

BAHRMANN, HANNES U.A.: *Killerkommando - Schwarzbuch: CIA und Contra*, Weltkreis-Verlag, 1986

BRUHN, JÜRGEN: *Der Kalte Krieg oder: Die Totrüstung der Sowjetunion*, Focus, 1995

BÜLOW VON, ANDREAS: *Im Namen des Staates - CIA, BND und die kriminellen Machenschaften der Geheimdienste*, Piper, 1998

CHARISIUS, ALBRECHT/DOBIAS, TIBOR/ROSCHLAU, WOLFGANG: *Presidential Directive No.59*, Militärverlag der DDR, 1981

CHARISIUS, ALBRECHT U.A.: *Weltgendarm USA - Der militärische Interventionismus der USA seit der Jahrhundertwende*, Militärverlag der DDR, 1983

Cunhal, Alvaro: *Wahrheit und Lüge über die Aprilrevolution. Die Konterrevolution bekennt sich*, Teilübersetzungen aus dem Portugiesischen; Ausgabe 1999

EISELT, GERHARD: *Nicht alle wollten sie ... Das Ausland und die deutsche Einheit* Herbig, 2002

ETZOLD, THOMAS H./GADDIS, John Lewis: *Containment: Documents on American Policy and Strategy, 1945-1950*, Columbia-Univeristy Press, 1978

FELDBAUER, GERHARD: *Agenten, Terror, Staatskomplott - Der Mord an Aldo Moro, Rote Brigaden und CIA*, PapyRossa, 2000

GARTHOFF, RAYMOND L.: *A Journey Through the Cold War A Memoir of Containment and Coexistence*, Brookings Institution Press, Washington D.C., 2001

HUTCHINGS, ROBERT L.: *Als der Kalte Krieg zu Ende war – Ein Bericht aus dem Inneren der Macht*, A. Fest Verlag, Berlin, 1999

JAKOVLEVW N. N.: *CIA contra UdSSR*, Deutscher Verlag der Wissenschaften, 1985

MARCHETTI, VIKTOR/MARKS, JOHN D.: *CIA (Taschenbuchausgabe des Originals: The CIA and the Cult of Intelligence)*, W. Heyne 1974

MAXWELL, KENNETH: *Portugal Under Pressure, The New York Review of Books*, Volume 22, Number 9, May 29, 1975

MECKLENBURG, JENS (Hg.): *GLADIO, Die geheime Terrororganisation der NATO*, Elefanten Press, 1997

NEUBERGER, GÜNTER/ OPPERSKALSKI, MICHAEL: *CIA in Westeuropa*, Lamuv, Ohne Jahrgang

NEUBERGER, GÜNTER/ OPPERSKALSKI, MICHAEL: *CIA im Iran*, Lamuv, 1982

PLATO VON, ALEXANDER: *Die Vereinigung Deutschlands – ein weltpolitisches Machtspiel, Bush, Kohl, Gorbatschow und die geheimen Moskauer Protokolle* Ch. Links Verlag Berlin, 2002

PRADOS, JOHN: *Presidents' Secret Wars, CIA and Pentagon Covert Operations from World War II through Iranscam*, Quill, William Morrow, New York, 1986

PROKOP, SIEGFRIED (Hrsg.): *Die kurze Zeit der Utopie Die „zweite DDR" im vergessenen Jahr 1989/90*, Elefanten Press 1994

RICE, CONDOLEEZZA/ZELIKOW, PHILIP: *Sternstunde der Diplomatie, Die deutsche Einheit und das Ende der Spaltung Europas*, Propyläen, 1997

ROTH, JÜRGEN: *Die Mitternachtsregierung, Reportage über die Macht der Geheimdienste*, Rasch und Röhring, 1990

SCHWEIZER, PETER: *Reagan's War, The Epic Story of his Forty-Year-Struggle and Final Triumph over Communism*, Anchor Books/Doubleday, New York, 2003

SEIDEL, KARL: *Berlin-Bonner Balance*, edition ost, 2002

Spoo, Eckart (Hg): *Die Amerikaner in der Bundesrepublik*

Darin: Hippler, Jochen: *Der Botschafter*, Kiepenheuer & Witsch, 1989

Stafford, David: *Berlin underground, Wie der KGB und die westlichen Geheimdienste Weltpolitik machten*, Europäische Verlagsanstalt, 2003

Steiniger, Klaus: *Tops und Flops, Die Geschäfte der US-Geheimdienste*, Elefanten Press, 1998

Steininger, Rolf: *Der Kalte Krieg*, Fischer TB, 2004

Stockwell, John: *In Search of Enemies – A CIA Story*, Futura Publications Ltd.

Walters, Vernon A.: *In vertraulicher Mission*, 1990

Walters, Vernon A.: *Die Vereinigung war voraussehbar, Hinter den Kulissen eines entscheidenden Jahres, Die Aufzeichnungen des amerikanischen Botschafters*, Siedler Verlag, 1994

Walters, Vernon A.: *Die Vereinigten Staaten und die Europäische Sicherheit nach der Vereinigung Deutschlands*, In: Europa-Archiv, Folge 22/1990, S. 655ff. Deutsche Gesellschaft für Auswärtige Poltik, 1990

VII. Außerordentliche Materialien

Parteitag der Portugiesischen Kommunistischen Partei, Materialien, Dietz-Verlag, 1974

Zeitschriftenartikel

Covert Action Information Bulletin, Nr. 26 (Summer 1986),
Ellen Ray and William Schaap: Vernon Walters: *Crypto-diplomat and Terrorist* (deutsche Fassung in GEHEIM, Nr. 2/1987)
weitere Ausgaben:
Nr. 18 (Winter 1983)
Nr. 29 (Fall 1987)

Counter Spy
Vol 3, No.4, April/May 1979
The National Reporter, Winter 1986
"A Contra Renounces the Cause", Fall 1987, „*Savage Missionary"*

Nicht länger ...GEHEIM (ISSN 0930-8571)
Nr. 2/1987
Nr. 1/1989

Manuskript

WDR Köln, Redaktion MONITOR, „*Ein Mann für's Grobe, Der neue US-Botschafter in Bonn*

Internetadressen

www.cia.gov/CIA/di/DDCIA/Walters
www.cia.gov/csi/studies/vol46no1
www.nationalreview.com
www.nybooks.com/articles

Glossar

	Breshnew-Doktrin	Doktrin der Sowjetführung zum Einsatz militärischer Gewalt bei Versuchen der anderen RGW-Staaten zur Abweichung vom sowjetischen Modell
	Country-Team	Lageabstimmung zwischen Botschafter, CIA-Resident und Sicherheitschef in den US-Botschaften
	Direktorat für Operationen (Directorate for Attaches & Operations – DIA)	Führungsstab für nachrichtendienstliche Aktionen im militärischen Geheimdienst der USA
	Intelligence Community	Gesamtheit der Einrichtungen der USA mit geheimdienstlichen Aufgaben
	Executive Order	Verwaltungsanordnung des Präsidenten der USA (ohne Bestätigung durch den Kongress)
	Church-Komitee	Untersuchungsausschuss des Kongresses der USA zur Bewertung von Praktiken und Aktivitäten der CIA unter Leitung des Senators Church

	National Security Act	Gesetz zur Bildung des Nationalen Sicherheitsrates und der CIA vom 18. 09. 1947
	Pike-Komtee	Untersuchungsausschuß des Repräsentantenhauses über Praktiken der CIA, 1975
6912th ESG	6912. Electronic Security Group	Einheit der fernmelde-elektronischen Spionage der US-Luftwaffe in Berlin-Marienfelde
AJAX	Deckbezeichnung	CIA-Operation im Iran 1953
BfV	Bundesamt für Verfassungsschutz	Zentraler Inlandsgeheimdienst der BRD
Bloodstone	Deckbezeichnung	Geheimdienstliche Nutzung von Emigranten gegen die UdSSR und Ostblockstaaten auf der Grundlage der NSCD 20
BOB	Berlin Operation Base	CIA-Residentur in Westberlin
Broiler	Deckbezeichnung	Operationsplan von 1947 für Angriffe gegen die UdSSR
Brother Sam	Deckbezeichnung	USA-Operation zur Unterstützung des Putsches in Brasilien, 1964

Centauro	Deckbezeichnung	CIA-Operation zur Organisierung des Putsches in Chile, 11. September 1973
Charioteer	Deckbezeichnung	Operationsplan von 1948 für Angriffe gegen die UdSSR
CIA	Central Intelligence Agency	Zentraler Auslandsgeheimdienst der USA
COCOM	Coordinating Committee for Multinational Export Control	Westliches Bündnis zur Durchsetzung einer Embargopolitik gegenüber den sozialistischen Ländern
COS	Chief of Station	Leiter einer Auslandsresidentur der CIA
DCI	Director of Central Intelligence	Koordinator der Intelligence Community; immer in Personalunion mit dem Direktor der CIA
DDCI	Deputy Director of Central Intelligence	Stellvertreter des DCI; Operativchef der CIA
DGS	Direccao General de Securana	Nachrichtendienst und Geheimpolizei Portugals ab 60er Jahre; sh. a. PIDE
DIA	Defense Intelligence Agency	Zentraler militärischer Geheimdienst der USA
DINA		Chilenischer Geheimdienst nach 1973

Dropshot	Deckbezeichnung	Kriegsplanung von NSC und JCS gegen die UdSSR von 1949
ECA	Economic Cooperation Administration	US-Behörde in Frankfurt/M zur Kontrolle der Ostexporte/ des Interzonenhandles für die Durchsetzung des Embargos (sh.a.COCOM)
ERP	European Recovery Plan	Offizielle Bezeichnung für den Marshallplan
Fleetwood	Deckbezeichnung	Frühere Bezeichnung der Kriegsplanung Halfmoon gegen die UdSSR von 1948
Gates-Group	Auch: European Strategy Steering Group des NSC	Arbeitsgruppe des NSC zur Ausarbeitung der Grand Strategy gegen den Sozialismus in Europa
GLADIO	Bezeichnung eines römischen Kurzschwertes, genutzt von den Gladiatoren	Sammelbezeichnung für eine Geheimorganisation der NATO, gesteuert von den USA-Geheimdiensten, zur Schaffung sogen. Überrollgruppen (stay-behind)
Halfmoon	Deckbezeichnung	Kriegplan gegen die UdSSR von 1948 (sh.a. Fleetwood)
Iafeature	Deckbezeichnung	CIA-Operationen in Angola, 1975/76

JCS	Joint Chiefs of Staff	Vereinigte Stabschefs der US-Streitkräfte - Generalstab
JIC	Joint Intelligence Committee	Vereinigtes Komitee für die militärische Aufklärung
JSPC	Joint Strategic Planning Committee	Vereinigtes Strategisches Planungskomitee als Struktur des JCS
JUSMAPG	Joint U.S. Military and Planning Group	Führungsstab der US-Militärs im Bürgerkrieg in Griechenland 1947 bis 1949
KoKo	Kommerzielle Koordinierung	Teil des Ministeriums für Außenhandel der DDR unter Leitung von Alexander Schalck-Golodkowski
Kondor	Deckbezeichnung	Gemeinsame Operationen der Diktaturen Südamerikas zur Erfassung und Liquidierung politischer Gegner ab Mitte der 70er Jahre
MSI	Movimento Sociale Italiano	Neofaschistische Partei in Italien
NIOC	National Iranian Oil Company	Nationale Erdölgesellschaft des Iran nach der Verstaatlichung
NSC	National Security Council	Nationaler Sicherheitsrat der USA; höchstes Gremium zur Koordinierung der Sicherheitspolitik der USA

NSCD	National Security Directive	Direktiven des NSC (in laufender Nummerierung)
Offtackle	Deckbezeichnung	Kriegsplan gegen die UdSSR von 1949
OSI	Office of Special Investigation	Abwehrdienst der US-Luftwaffe
OSS	Office of Strategic Services	Militärischer Geheimdienst der USA im II.Weltkrieg
Piano solo	Deckbezeichnung	USA-Operationen zur Verhinderung von Wahlerfolgen der Linken in Italien
PIDE/DGS	Policia Internacional e da Defesa do Estada/Direccao General de Securana	Nachrichtendienst und Geheimpolizei Portugals bis 1974/GDS ab den 60er Jahren
Phoenix	Deckbezeichnung	Programm der CIA zur Subversion in Vietnam zwischen 1968 und 1971; dabei wurden 26.369 Zivilisten ermordet.
POLYP	Deckbezeichnung	BND-Operation zur Unterstützung der portugiesischen Sozialdemokratie gegen die „Nelken-Revolution"

RSHA	Reichssicherheits-hauptamt	Einheitliche Führung aller Auslands- und Inlandsgeheimdienste des faschistischen Deutschland
SID	Servizio Informazioni della Difesa	Italienischer Geheimdienst der Verteidigung von 1965-1977 (Nachfolger von SIFAR)
SIFAR	Servizio Informazioni Forze Armate dell Republica	Italienischer Geheimdienst der republikanischen Streitkräfte vom 1.9.1949 bis 1965 (Vorgänger von SID)
SIOP-62	Single Integrated Operation Plan 62	Weiterentwicklung des Planes "Dropshot"; gültig seit April 1961
Task Force	Einsatzgruppe	Bezeichnung für ad-hoc-Arbeitsgruppen zur Realisierung bestimmter Aufgaben
Task Force 157	Einheit des Marine-geheimdienstes Naval Intelligence der USA	Einsatz im Raum des Südpazifik
Track I u. II	Deckbezeichnung	Teilpläne zur Realisierung der Operation "Centauro" – Organisierung des Putsches in Chile
TTAC	Technology Transfer Assessment Center	Struktureinheit der CIA-Zentrale zur Aufklärung des illegalen Technologietransfers (vgl. COCOM)

UP	Unitad Popular	Demokratische Koalition linker Kräfte in Chile; stellte 1970 die Regierung in Chile und den Präsidenten Salvador Allende
WINTEX	Winter Exercises	Bezeichnung für regelmäßige Stabsübungen der NATO
X-2-Dienst		Bereich Gegenspionage/ Abwehr des OSS

PERSONENREGISTER

Edition Zeitgeschichte

Band 3

DAS SCHWEIGEKARTELL – Fragen & Widersprüche zum 11. September

Arnold Schölzel (Hg.)

Seitdem am 11. September 2001 Flugzeuge in die Twin Towers rasten, reißen die Spekulationen um die Täter und Hintergründe nicht ab. Eben nur Spekulationen. Es bleiben Fragen, die nicht beantwortet, Fakten, die verschwiegen werden. Autoren aus Ost und West analysieren, fragen nach, gehen den Hintergründen auf den Grund. Sie brechen das Schweigen!

Februar 2003, 2. aktualisierte Auflage

**ISBN 3-89706-892-3, 320 S.,
gebunden, 18 EUR**

Edition Zeitgeschichte

Band 11

KRIEGSLÜGEN – Vom Kosovokonflikt zum Milosevic-Prozess

Jürgen Elsässer

„Er hat sich als unerbittlicher Ankläger der deutschen Jugoslawienpolitik seit 1991 hervorgetan, für ihn die bewußte Fortsetzung der Eroberungspolitik von Kaiserreich und Nationalsozialismus."

FAZ

**ISBN 3-89706-884-2, 336 S.,
gebunden, 18 EUR**

Edition Zeitgeschichte

Band 10

AMERICAN EMPIRE No Thank You! Andere Stimmen aus Amerika.

Max Böhnel und Volker Lehmann; mit Beiträgen von Chomsky, Sharabi, Hardt, Zinn, Hartung, Fox Piven, Susskind, Williams, u.a.

Stehen Rumsfeld, Wolfowitz, Cheney oder Bush für ganz (Nord)Amerika? Was denken Chomsky, Michael Hardt, Yifat Susskind, Fox Piven, Howard Zinn über sich, die USA und den Rest der Welt, insbesondere das alte Europa? Herausgekommen ist ein Kaleidoskop von Meinungen und Anschauungen, herausragend ist Chomsky, lesenswert sind alle. Aufgeschrieben und kommentiert von Max Böhnel & Volker Lehmann, beide New York.

**ISBN 3-89706-885-0, 288 S.,
gebunden, 18 EUR**

Edition Zeitgeschichte

Band 6

ANTHRAX und das Versagen der Geheimdienste

Erhard Geißler

Einfach unglaublich. Die Geheimdienste waren entweder desinformiert oder wussten schlechtweg gar nichts. Aber die Biowaffen wurden trotzdem entwickelt, Kriege geführt, gedroht und gewarnt. Und immer wieder vertraut man den Fehlinformationen der Geheimdienste, wie zuletzt auch Colin Powell vor der UN Februar 2003.

**ISBN 3-89706-889-3, 418 S.,
gebunden, 22 EUR**

Reiseziele einer Region
Band 4

DIE 68ER IN BERLIN. SCHAUPLÄTZE UND EREIGNISSE

Christopher Görlich

„Immer drängender taucht die bange Frage auf: Ist Springer bereits enteignet? Es wäre ein nicht wegzudenkender Verlust."

Dieter Hildebrandt

Vorliegender Band führt zurück an die Schauplätze jener Zeit, in der die so bewegten Studenten die Stadt ein ums andere Mal „durcheinander" brachten. Die heute so benannte 68er Bewegung war damals die erste Generation, die nach dem Krieg in der Bundesrepublik aufwuchs. Geprägt durch das „Wirtschaftswunder", konfrontiert mit den sehr engen Moralvorstellungen jener Zeit, erschüttert durch die *SPIEGEL*-Affäre, entwickelte sich in den 60er Jahren vorwiegend unter den Studenten latent ein Protestpotential, welches nur irgendeines Anlasses bedurfte.

Die Protagonisten auf beiden Seiten sind schnell benannt, hier Rudi Dutschke dort Axel Cäsar Springer. Dann waren da noch die Jubelperser und Benno Ohnesorg. Einer hetzte und die anderen demonstrierten.

Der junge Autor Christopher Görlich, Jahrgang 78, beschreibt sehr anschaulich die Zustände und Ereignisse in dieser Stadt in den Jahren 1965 bis 1968 aus der Sicht des „Danachgeborenen". Man wird bei ihm daher den unverstellten Blick finden, dessen, der später erst diesem Faszinosum „68er" erlegen war, der kritisch hinterfragt und analysiert. So ist es ein ganz anderes Buch über jene Jahre in Berlin geworden.

ISBN 3-89706-904-0, 380 S., gebunden, 200 Abb., 18 EUR

Edition Zeitgeschichte
Band 16

GEHEIMDIENSTE, POLITIK UND MEDIEN
Meinungsmache UNDERCOVER

Erich Schmidt-Eenboom

Geht es um mögliche Verstrickungen deutscher Medien mit östlichen Geheimdiensten wie MfS oder KGB, so ist das öffentliche Interesse oft riesig. Merkwürdig ruhig ist es dagegen, wenn die Verbindungen zum Bundesnachrichtendienst dokumentiert werden.

Erich Schmidt-Eenboom als versierter Fachmann mit Geheimdiensten vertraut, hat in den letzten Jahren intensiv dazu recherchiert. Er ist dabei auf einige Hundert neue Geheimdienstdokumente zum Thema des Buches gestoßen. Sie erlauben es, so manche Story über die Verquickung von BND und Medien fortzuschreiben, aber auch über völlig neue Fälle zu berichten, wie die Ausforschung von Gustav Heinemann.

Exakter noch als vorher war es ihm nunmehr möglich, das stille Miteinander - in anderen Fällen das auch verschwiegene Gegeneinander - von Bundesnachrichtendienst und Medien zu analysieren. Neben den Porträts einzelner Medien und Personen ist es ihm so möglich, die Methoden, Sachzusammenhänge und illustrierten Typologien nachrichtendienstlich-medialer Arbeit darzustellen und ein weiteres Stück Zeitgeschichte zu schreiben.

Meinungsmache UNDERCOVER eben.

ISBN 3-89706-879-6, 400 S., gebunden, 24,80 EUR

Wer mitdenkt,
abonniert ...

Der »Verteidigungsminister« vor einer der neusten deutschen Angriffswaffen: Peter Struck am 4. November mit der Fregatte »Sachsen«

FOTO: JÖRG SARBACH

Beispiel Militärische Interventionen.
Sie heißen jetzt »Neue Kriege«. Die Bundeswehr wird seit 15 Jahren dafür fit gemacht. In jW ist zu lesen, wie das geschieht und mit welchem Ziel.

... die Zeitung
gegen den Krieg

Abonnieren unter: www.jungewelt.de oder anrufen 0 30/53 63 55-80